회 　 심

회심 거듭남의 의미와 적용

편 집 인   홍성철
발 행 인   홍성철
개정 1쇄   1998년 1월 15일
개정 3쇄   2006년 3월 20일
발 행 처   **도서출판 세 복**
주   소   서울특별시 중랑구 면목5동 149-6 한밀빌딩 301호
           Tel. (02) 2209-5562
           홈페이지: http://www.saebok.net
           E-Mail: werchelper@hanmail.net
등록번호   제1-1800호 (1994년 10월 29일)
총 판 처   예영커뮤니케이션
           Tel (02) 766-7912, Fax (02) 766-8934
I S B N   89-86424-01-0   03230

값 7,000원

ⓒ **도서출판 세 복**

거듭남의 의미와 적용

회 심

홍 성 철 편저

도서출판 세 복

CONVERSION

Edited by
Dr. Sung Chul Hong

서   문

지난 100여 년간 하나님께서는 한국 교회를 일으키시고 많은 은총을 부어 주셨습니다. 그 은총 가운데 빼놓을 수 없는 것은 전도였습니다. 선교 초기부터 다각적인 방법을 통한 전도의 역사는 기독교 역사(歷史)에서 그 유래를 찾기 어려울 정도로 큰 것이었습니다. 그 열매가 바로 오늘의 교회입니다.

근자에 이르러 하나님께서 한국 교회에 부어 주신 또 다른 은총은 세계복음화에 대한 책임 의식이라 할 수 있겠습니다. 교회와 기관에서 파송된 많은 선교사들, 선교지에서의 놀라운 보고들, 선교사들을 위한 지속적인 기도와 후원들, 사방에서 일어나는 선교 단체들과 선교 훈련원들…. 그 은총은 너무 다양해서 일일이 헤아릴 수 없습니다.

그러나 이처럼 큰 은총 속에서 자칫 희석되기 쉬운 점도 없잖아 있습니다. 첫째, 복음의 본질에 대한 깊은 성찰입니다. 여러 가지 영적 역사와 외형적 발전은 기독교의 심장인 복음의 의미와 능력에 대한 초점을 흐리게 할 여지도 있습니다. 그러므로 이때야말로 복음의 본질을 성경적으로 뿐 아니라 신학적으로 재조명하여 그 초석(礎石)을 다시 든든히 쌓아야 할 필요가 있겠습니다. 둘째, 효과적인 선교 수행을 위한 구체적인 정책과 학문적 정보 교환입니다. 선교를 위한 헌신과 열정은 뛰어나나, 그것들을 뒷받침하며 방향을 조절할 학문적 바탕과 선교 정책의 제시에 대한 요구는 어제 오늘만의 절규는 아닙니다. 셋째, 세계화를 위한 도약입니다. 이 세계는 언젠가부터 "지구촌"이라고 불리울만큼 작은 공동체가 되었습니다. 그러나 한국 선교는 아직도 지역적 면모를 뛰어넘지 못한 감이 없지 않습니다. 그러므로 복음의 세계화라는 명제는 너와 나만의 문제가 아니라 "우리"가 함께 담당해야 할 사명인 것입니다. 새로운 세기를 눈앞에 둔 한국 선교는 이러한 약점들을 보완할 수 있다면 또 한 번 도약할 수 있을 것입니다.

이러한 사명을 깊이 인식하고 세계복음화라는 중차대한 사역의 한 모퉁이를 보다 효과적으로 감당하기 위하여, 확실한 비전과 순수한 열정을 지닌 사람들이 모여 「세계복음화문제연구소」를 탄생시켰습니다. 그리고 이 「연구소」는 첫 사역으로 『회심』이라는 도서를 출판하게 되었습니다. 이 『회심』을 통하여 기독교의 핵심적 교리이자 경험인 회심의 중요성이 한국 교회의 각계 각층의 분들에게 다시 한 번 크게 부각되기를 바랍니다.

회심이 내포하는 모든 면을 한 권의 도서에 다 다룬다는 것은 불가능합니다. 그러나 이 『회심』은 가능한 대로 기초적이면서도 포괄적인 내용을 다각적으로 담으려고 했습니다. 처음 두 장은 회심을 신학적으로, 그리고 다음 세 장은 경험적으로 각각 접근하려 했습니다. 나머지 네 장은 사역 현장에서 어떻게 회심을 적용할 수 있는지 조명해 보고자 했습니다. 그런 까닭에 저자들도 포괄적이 되

었습니다. 그리고 저자들은 각 분야의 권위자들입니다. 바쁜 중에
서도 회심의 중요성을 인지하고 옥고(玉稿)를 주신 모든 분들에게
깊은 감사의 뜻을 표합니다.

마지막으로, 이 『회심』이 탄생되기까지 같이 산고(産苦)를 나누
신 여러분들에게 어떻게 고마움을 표해야 할 지 모르겠습니다. 처
음부터 시간과 물질, 그리고 마음을 아끼지 않으신 「연구소」의 이
사들과 이 「연구소」의 뜻에 십분 동감하고 이름 없이 기도와 성금
으로 후원하여 주신 회원들, 영어 원고를 정성스럽게 번역하여 주
신 여러분들, 틈틈이 땀을 흘려 준 서울신학대학교 대학원생들, ...

이 『회심』으로 인하여 사역 현장에 있는 영적 지도자들에게 회
심의 의의를 보다 깊이 일깨워 드리고, 신학도들에게 회심의 신학
적 추구에 대한 도전이 되고, 선교사들에게 "이방인"들의 회심에 더
헌신하게 하고, 평신도 지도자들에게 그분들의 회심 경험을 이론적
으로 정리하며 감사하게 하는 계기가 될 수 있다면, 모든 분들의 산
고는 오히려 기쁨이 될 것입니다. 그리고 겸손히 모든 영광을 우리
의 회심을 계획하시고 성취하시고 경험케 하신 성부, 성자, 성령님
께 바칩니다.

세계복음화문제연구소

소 장 홍 성 철

차 례

1

회심의 조감도

홍 성 철

I. 서 론

바울 사도가 기독인들을 핍박하기 위하여 다메섹으로 가던 노상에서 부활하신 예수 그리스도를 만나 그의 삶이 완전히 변화된 회심의 사건은 너무나 유명하다. 바울은 그리스도를 대적하는 유대인이었다가 그리스도를 전하는 유대인 기독인이 되었던 것이다. 다시 말해서, 바울의 회심은 어떤 의미에서 그가 그 때까지 믿고 생명을 걸었던 성경과 메시야의 의미를 새롭게 깨닫고, 그 깨달음이 그의 삶을 변화하게 한 그런 경험이었다. 그 이후로도 바울은 여전히 긍지를 가진 유대인 기독인으로서 그의 구세주가 되신 예수 그리스도를 전하였다. 그 이후 지금까지 많은 사람들이 바울과 같은 "다메섹의 노상"과 유사한 회심을 경험하였고, 또 재해석된 그리스도를 전하였다. 존 번연, 마틴 루터, 존 웨슬리와 같은 인물들이 바로 이 범주(範疇)에 속할 것이다.

그러나 회심이 이처럼 천편일률적(千篇一律的)으로만 경험되는 것은 아니다. 고넬료는 이방인이나 처음부터 하나님을 경외하는 사람이었다. 그런 까닭에 그는 항상 기도와 구제에 힘쓰면서 하나님 만나기를 간구하였다. 그 기도의 응답으로 하나님은 그에게 베드로를 소개하셨고, 베드로는 그와 그 가족에게 예수 그리스도를 통한 회심을 경험하게 하였다. 바울의 경우와는 달리, 고넬료의 회심이 강조하는 것은 변화가 아니라 그의 하나님에 대한 추구와 인간에 대한 사랑이었다. 그는 십중팔구 회심 이후에도 기도와 구제를 게을리하지 않았을 것이다. 아니, 오히려 그에게 부어진 하나님의 은혜 때문에 더 많이 기도하고 더 넓게 구제하였을 것이다. 이 범주에 속하는 사람들도 적지 않은데, 그중 구약의 룻, 신약의 에디오피아 내시, 그리고 스탠리 존스(E. Stanley Jones), 빌리 그래햄 등이 있다.

사도행전 16장에 나오는 빌립보 간수의 회심은 또 다른 유형의 회심이다. 이 간수는 바울처럼 기독인들을 앞장 서서 잔해(殘害)하지도 않았다. 그렇다고 고넬료처럼 기독인들을 도와주며 동시에 하나님을 추구하는 사람도 아니었다. 그는 그에게 맡겨진 적은 임무에 지극히 충성하는 평범한 이방인 간수에 불과하였다. 그가 얼마큼 충성하였는지는 그의 임무를 다하지 못했다고 간주하였을 때 책임을 지고 자살하려는 그의 시도에서도 충분히 엿볼 수 있다. 그러나 그의 종교적인 태도와 상관 없이 그는 바울의 전도를 받고 회심을 경험하였다. 그와 가족은 즉각적으로 세례를 받고 큰 기쁨을 맛보게 되었다. 그의 삶은 변화되었다. 바울과 그 일행에게 기독인의 사랑을 보이며 치료와 접대를 아끼지 않았다. 그런 행위는 간수의 임무도 아닐 뿐 아니라, 오히려 상관들로부터 오해를 불러일으킬 수 있는 소지가 있었다. 그러나 그리스도를 만나 회심을 경험한 이 간수의 삶은 순간적으로 변화되어 과거와는 전혀 다른 삶을 영위하기 시작하였던 것이다. 이처럼 회심을 통하여 무신(無神)의 삶에서 유신(有神)의 삶을, 그리고 하나님의 영광을 위한 삶을 시작한 사람도 많은데, 그 중 성 어거스틴, 존 뉴톤, 찰스 피니, 시 에스 루이스(C. S. Lewis) 등이 있다.[1]

위에서 열거한 것처럼, 사람의 배경에 따라 회심의 경험이 지니는 효과가 다를 수 있으며, 그 효과에 의하여 그 회심이 어떤 범주에 속하느냐도 결정된다. 그 범주가 바울처럼 변화(transformation)이든, 고넬료처럼 변경(alteration)이든, 아니면 빌립보 간수처럼 격변(pendulum-like)이든 상관없이 공통분모가 하나 있다. 그것은 회심의 결과 그들 모두의 삶이 방향과 목표에서 그리스도를 중심으로 바뀌었다는 사실이다. 그리고 그 변화는 인간의 어떤 노력이나 방법으로 된 것이 아니라, 신비스로운 성령의 역사와 내주(內住)를 통해서 이루어졌다는 사실이다. 그런 까닭에 회심은 기독인의 순례에서 그 비중이 심히 무거우나 동시에 이해가 쉽지 않으며, 많은 경우 이해는커녕 오히려 혼돈과 곡해(曲解)를 불러 온 것도 사실이었다. 그러므로 본고(本考)에서는 이 신비한 회심의 의미, 필요, 경험, 결과 그리고 책임을 차례로 살펴봄으로 회심의 조감도를 일목요연(一目瞭然)하게 제시하고자 한다.

II. 회심의 의미

회심(回心)은 일반적인 의미에서 "마음을 돌려먹음"이라고 할 수 있으며, 종교적으로는 "일반적으로 과거의 속인적(俗人的), 죄악적 의지를 회개하여 옳은 신앙에 마음을 돌이키는 종교적 신앙 체험"이라고 할 수 있다.2) 영어 상당어(相當語)인 *conversion*은 그 어근(語根)을 보면 더 시사적이다. 이 단어는 라틴어의 "함께"라는 뜻을 지닌 *com*-과 "돌아가다"의 뜻을 지닌 *vertere*의 합성어(合成語)로서, 결국 "함께 돌아가다"(convertere)의 의미이다.3) 이것이 왜 시사적인지는 그 의미를 성경에서 찾게 되면 분명하여질 것이다.

먼저, 구약성경의 에스겔에서 이스라엘 족속이 온갖 죄들, 곧 강포, 살인, 우상숭배, 강간, 학대, 억탈 등 하나님의 백성답지 못한 죄들을 범하면서 하나님의 법을 어기고 있을 때, 하나님이 그들에게 하신 말씀을 인용하여 보자:

> 나 주 여호와가 말하노라, 이스라엘 족속아 내가 너희 각 사람의 행한 대로 국문할지라. 너희는 돌이켜 회개하고 모든 죄에서 떠날지어다. 그리한즉 죄악이 너희를 패망케 아니하리라. 너희는 범한 모든 죄악을 버리고 마음과 영을 새롭게 할찌어다. 이스라엘 족속아, 너희가 어찌하여 죽고자 하느냐? 나 주 여호가 말하노라, 죽는 자의 죽는 것은 내가 기뻐하지 아니하노니 너희는 스스로 돌이키고 살지어다(18:30-32).

본문에 의하면, 이스라엘 족속은 두 가지 문제를 안고 있었다. 하나는 지금까지 범한 과거의 죄 문제였다. 또 하나는 그 죄 때문에 그들이 당면할 미래의 죽음이었다. 하나님은 진퇴유곡(進退維谷)에 빠진 이스라엘 족속에게 빠져나올 방법을 제시하셨다. 그 방법이 바로 "돌이킴"이었다. 그러므로 위의 인용문에서 가장 중요한 말씀은 두 번씩이나 강조된 "돌이키라"는 명령이었다. 그들이 "돌이키기"만 하면 과거의 모든 죄도 용서받고 미래의 죽음도 피할 수 있기 때문이었다.

여기에서 "돌이키다"는 단어가 바로 회심이다. 물론 구약에서 회심의 의미를 함축하는 단어가 그 외에도 여럿 있으나, 단연 주도적이며 반복적인 단어는 "돌이키다"이다. 히브리어 상당어인 "슈브"(ㅂ ושׁ)는 구약성경 전체에서 자그마치 1146번이나 나온다.4) 이 사실은 비록 이스라엘 족속이 끊임없이 하나님을 떠나 죄 가운데서 살고 있으나, 그들을 향한 하나님의 다함없는 사랑--다시 돌아와 관계를 회복하자는 애절한 사랑--을 명명백백하게 드러낸다. 그러므로 구약이 지니고 있는 회심의 의미는 한 마디로 말해서 "떠나간 지점으로 다시 돌아오다"이다.5)

이제, 신약성경으로 와서, 바울 사도가 예수 그리스도를 만나 회심한 경험을 상당한 기간이 지난 후 아그립바 왕 앞에서 간증하며 자신의 입장을 변명한 사건을 보자. 예수님의 음성을 듣고나서 "주여 뉘시니이까?"라는 바울의 질문에 대한 예수님의 답변을 살펴보자:

> …내가 네게 나타난 것은 곧 네가 나를 본 일과 장차 내가 네게 나타날 일에 너로 사환과 증인을 삼으려 함이니, 이스라엘과 이방인들에게서 내가 너를 구원하여 저희에게 보내어 그 눈을 뜨게하여 어두움에서 빛으로, 사단의 권세에서 하나님께로 돌아가게 하고 죄사함과 나를 믿어 거룩케 된 무리 가운데서 기업을 얻게하리라 하더이다. 아그립바 왕이여, 그러므로 하늘에서 보이신 것을 내가 거스리지 아니하고, 먼저 다메섹에와 또 예루살렘에 있는 사람과 유대 온 땅과 이방인에게까지 회개하고 하나님께로 돌아가서 회개에 합당한 일을 행하라 선전하므로…(행 26:16-20).

바울의 간증에서도 추축(樞軸)이 되는 용어는 역시 "돌아가다"이다. 왜냐하면 "돌아감"을 전환점으로 전후좌우가 바뀌었기 때문이 었다. "돌아가기" 전에는 어두움 가운데 있으나 그 후에는 빛 가운데 있게 되며, "돌아가기" 전에는 사단의 권세 밑에 거하나 그 후에는 하나님과 동행하게 된다. 여기에서도 두 번씩이나 반복된 "돌아가다"(επιστςεφειν)는 육체적인 회전을 가리킬 때도 있으나, 본문에서는 영적 회심을 가리킨다.6)

　지금까지 살펴 본 "돌아오다", 곧 회심의 의미를 종합하면 다음과 같은 결론을 내릴 수 있다. 첫째, 회심은 죄에서부터 돌이킨다는 뜻이다. 하나님에게 불순종하고 반항하여 그분의 품에서 떠난 인간은 어두움 가운데 살면서 온갖 범죄를 자행하였다. 인격이신 하나님 대신 비인격인 우상을 섬기면서 행복하지 못한 삶을 영위하였다. 이처럼 추한 인생이 하나님을 떠난 죄 때문이라는 사실을 인식하고 그 죄로부터 돌이키는 것이 바로 회심이다.7)

　둘째, 회심은 하나님에게로 돌아온다는 뜻이다. 마치 아버지를 떠났던 탕자가 마침내 모든 것을 청산하고 아버지에게로 돌아온 것처럼 말이다. 아버지에게 용서와 화해가 있으며, 기쁨과 평화가 있고, 의복과 음식이 있는 것처럼, 하나님에게 이 모든 것이 있을 뿐 아니라 영원한 생명까지 있는 것이다. 이러한 신령한 축복을 기대하며 하나님에게로 돌아오는 것이 바로 회심이다.

　그런데, 이미 앞에서 언급된 것처럼, "함께 돌아가다"의 의미를 내포한 회심이 시사하는 것은 무엇인가? 성경에서 "돌아가다"의 행위자는 신구약을 막론하고 인간일 수도 있고 하나님일 수도 있다. 구약에서 인간이 하나님에게로 돌아가는 행위로 묘사된 경우는 74회인데 반하여, 회심을 하나님의 행위로 묘사된 회수는 5번이다. 신약에서도 26회와 3번씩 각각 인간의 행위와 하나님의 행위로 묘사된다.8) 물론, 강조는 인간이 하나님에게로 돌아오는 것이나, 그래도 동시에 하나님의 행위이기도 하다. 그러므로 회심은 결국 하나님이 인간을 이끄시고 그리고 인간이 돌아오는 신인(神人) 협동의 역사라고 할 수 있다.

III. 회심의 필요

인간에게 회심이 필요한 이유는 간단하다. 인간이 초점을 잃었기 때문이다. 하나님의 형상으로 창조된 인간은 필연적으로 하나님에 초점을 맞추고 살아야 하는데도 불구하고, 그 초점을 상실한채 방향감각 없이 살고 있다. 인간은 인생의 기원, 인생의 의미, 인생의 방향, 인생의 목적 등 아무 것도 모르고 담배 연기와 같은 짧은 인생을 헐떡거리며 그리고 무엇인가를 잡으려고 허우적거리며 살아가고 있는 것이다. 그런 까닭에 인간은 초점을 다시 조정하여 하나님에게로 맞출 필요가 있다. 이러한 초점의 재조정이 바로 회심이다.9)

그러면 인간은 어떻게 초점을 잃었는가? 인간은 하나님이 부여하신 자유와 의지를 오용(誤用)하여 하나님에게 불순종하였을 뿐 아니라 거역하였다.10) 하나님의 존재를 의심하면서, 자연과 역사와 양심을 통하여 알려진 하나님의 뜻—그것이 직접적인 뜻이든 간접적인 뜻이든—을 거부하였다. 한 발 더 나아가 하나님 대신 자신을 절대자로 만들었다. 이것이 바로 죄인데, 어느 신학자는 죄를 이렇게 정의하기도 하였다: "소극적으로, 죄는 하나님의 법을 어긴 것이다. 적극적으로, 죄는 하나님을 자신과 바꾸는 것이다...."11) 이 모든 의미를 종합하여 죄를 "교만"이라고 표현한 것은 정곡(正鵠)을 찌른 정의라 아니할 수 없다.12)

그러나 이토록 교만해진 인간의 모습은 어떠한가? 하나님으로부터 고립된 인간은 내적 공허와 죽음의 공포를 스스로 극복할 수 없어 결국 우상을 섬긴다. 혹자는 목석(木石)으로 만든 우상을, 그리고 혹자는 더 정교(精巧)한 우상—인간, 국가, 주의(主義), 물질, 명성, 쾌락 등—을 섬긴다. 그리고 인간 관계에서도 타인의 행복을 증진시키는 대신 절대자가 된 자신의 이윤 추구를 위한 수단으로 타인을 이용한다. 언어의 미장(美裝)으로 진리 대신 거짓을 내뱉으며, 타인을 돕는 대신 상처를 주고 도둑질하며, 성적 유희(遊戱)를 위하여 약한 자를 서슴치 않고 파괴시킨다. 보다 도덕적인 사람은 그의 도움을 필요로 하는 사람들에게 무관심할 뿐이다.

인간은 하나님이 선물로 주신 자연을 어떻게 대하는가? 절대자라는 착각 속에 사는 인간은 그에게 맡겨진 자연을 하나님의 영광과 타인의 유익을 위하여 아끼고 가꾸는 대신 자신의 이기적인 목적만을 위하여 사용한다. 사람들은 아무데나 서슴치 않고 쓰레기를 버리며, 공장들은 보다 많은 벌이를 위하여 폐수를 강물에 흘리고 오염된 공기를 토해낸다. 골프장과 호텔을 건설하기 위하여 숲과 산을 파괴하며, 오물(汚物)과 기름을 바다에 마구 버려 바다와 해물이 죽어가고 있다. 그뿐 아니라, 나라마다 핵 개발에 혈안이 되어, 온 인류와 지구가 종말적인 멸망을 향하여 점증적(漸增的)으로 그리고 가속적(加速的)으로 치닫고 있는 것이다.

하나님의 형상을 따라 창조된 인간이 이처럼 비인간화(非人間化)된 모습으로 존재할 수밖에 없는 분명한 이유가 있다. 그것은 인간이 영적으로 하나님과 분리되었기 때문이다. 성경적으로 분리는 사망을 의미한다. 결국 하나님 밖에 있는 인간은 영적으로 죽은 상태라는 말이다. 본래 하나님이 인간을 창조하실 때 하나님은 인간에게 영을 넣어주셨다(창 2:7). 그리고 그 영 때문에 인간은 위로 하나님과 사귐을 향유하였을 뿐 아니라, 아래로 다른 사람은 물론 자연과도 하나님 안에서 서로를 위하는 관계를 누렸다. 그러나 인간이 죄를 범했을 때 하나님의 영이 인간을 떠났던 것이다.13)

이처럼 영적으로 죽은 인간은 몸과 마음은 여전히 살아있으나 사람다운 삶을 영위할 수 없게 된 것이다. 그는 육체와 마음이 이끄는 대로 끌려다니는 육체의 종이 된 것이다. 그뿐 아니라 세상의 풍습을 뛰어넘지 못하는, 아니 그것에 이끌리는 연약한 인생을 살아간다. 거기다가, 마귀가 세상의 풍습으로 육체의 욕심을 자극할 때 인간은 아무런 저항도 변변히 못해보고 그 올가미에 걸리는 것이다. 마귀와 세상과 욕심이 삼위일체(三位一體)이기나 한 것처럼 한 덩어리가 되어 영적으로 죽은 인간을 어디에서나 그리고 언제나 파도 물결처럼 파죽지세(破竹之勢)로 밀려오니 굴복하지 않을 인간이 어디 있겠는가!14)

그러나 영적으로 죽은 인간은 숙명적으로 대면하여야 할 또 하나의 비극이 있다. 그것은 육적 사망이다. 죄에 대한 심판은 영적 사망으로 끝나지 않고, 육적 죽음으로 연결된다. 그런 이유 때문에 성경은 "죄의 삯은 사망이요"라고 선포한다(롬 6:23). 그런데 죽음으로 모든 것이 끝나지 않는데 문제가 있다. 비인간화된 삶에 대하여 책임을 져야한다. 그것이 바로 죄에 대한 영원한 심판이다. 하나님을 미워하고 대신 자아를 섬기며 우상을 만든 행위에 대해 책임을 지고 심판을 받아야한다. 다른 사람들을 하나님의 형상대로 지음을 받은 존귀한 인격으로 대하지 않고 이용한 행위에 대한 책임을 반드시 져야한다. 자연을 무시하고 학대한 소행에도 책임을 져야한다.

무엇 보다도, 하나님의 말씀인 성경의 경고--"한 번 죽는 것은 사람에게 정하신 것이요 그 후에는 심판이 있으리니"—를 소홀히 여기고,15) 회심의 초청—"수고하고 무거운 짐진 자들아, 다 내게로 오라; 내가 너희를 쉬게하리라"—을 거부한 교만에 대하여 책임을 져야한다.16) 그 책임은 하나님과의 영원한 분리이며 영원한 고통이다.17) 여기에 회심의 필요가 있으며, 동시에 하나님은 그 필요를 채워주시기 위하여 모든 사람이 회심을 경험할 수 있는 기회를 제공하신다.

IV. 회심의 경험

인간이 자기가 처해 있는 현재의 불행을 정확하게 진단하고 미래의 운명을 날카롭게 직시(直視)하면 그는 그때부터 해결책을 추구하게 된다. 그가 추구를 시작할 때 그의 회심을 누구보다도 간절히 원하시는 하나님의 손길이 그를 향하여 펼쳐진다. 아니, 하나님은 이미 그에게 그 자신의 상태를 그만큼 알려주셨는지도 모른다. 왜냐하면 하나님은 성령을 통하여 인간의 죄를 지적하여줄 뿐 아니라 책망도 하시기 때문이다(요 16:8). 인간이 인생의 의미와 목적을 모르고 외로움과 공허를 느끼고 있을 때, 그리고 아무런 대책도 발견하지 못하고 있을 때, 성령은 이미 그를 찾아와서 해결책을 추구하도록 마음에 감동을 주셨던 것이다.18)

이 때에 "진리의 영"이신 성령은 추구자로 하여금 참 진리인 성경의 말씀을 접할 수 있게 하신다(요 14:17, 26). 그리고 성령은 성경의 말씀을 통하여 죄인의 모든 문제를 해결해 주시는 구세주를 찾게하는 것이다. 다시 말해서, 성령은 말씀에서 구세주되신 예수 그리스도를 알려주기 시작하신다. 왜냐하면 그분이 누구인지를 깨닫지 못하고선 아무도 회심을 경험할 수 없기 때문이다. 그런데 그 분이 어떤 분인지 그리고 어떤 일을 하셨는지 죄인에게 소상히 알려주는 것이 바로 성경이다.

그러므로 기독교 회심에 있어서 말씀과 성령의 역할이 없어서는 아니된다. 성경 말씀은 예수 그리스도의 역사적인 생애--탄생, 교훈, 기적, 죽음, 부활, 승천 등--를 가르친다. 이처럼 그리스도에 대하여 지적으로 배우는 것은 회심에 있어서 절대적으로 필요하다. 그렇지 않다면 무엇 때문에 예수님 자신도 씨 뿌리는 비유에서 깨달아야 좋은 땅이 되며 또 백배의 결실을 거둘 수 있다고 하셨겠는가?(마 13:23). 그런 까닭에 회심은 일차적으로 지적(知的)이어야 한다.19)

그러나, 지적 중요성을 아무리 강조해도 지나칠 수는 없지만 그렇다고 지적인 깨달음 자체가 회심은 아니다. 벨릭스 총독도 회심에 필요한 모든 지식을 갖게 되어 "두려워하기"까지 했으나 회심을 경험하지 못했고, 유대인들 중에는 "하나님의 선한 말씀을 ... 맛보고"도 회심은커녕 오히려 타락해 버린 사람들도 있었다.20) 그러므로 이 시점에서 죄인을 도와 회심시킬 수 있는 것은 차원 높은 성령의 개입이다. 지금까지 지적으로 예수 그리스도를 위대한 종교가요, 훌륭한 선생이요, 탁월한 도덕가로서만 알았던 죄인에게 성령은 새로운 차원에서 그분을 깨닫게 하시고 또한 회심을 경험하게 하신다.21)

성령은 죄인에게 예수 그리스도가 바로 그의 죄와 심판의 문제를 해결하신 구세주라는 엄청난 사실을 계시(啓示)하기 시작하신다. 어떻게 그분이 죄와 심판의 문제를 해결하셨는가? 먼저, 예수가 십자가 위에서 죽으셨기 때문이다. 죄없이 이 세상에 태어나시고 또

죄없이 사시다가 마침내 십자가에서 그토록 처참한 죽음을 맛보셨던 것이다. 그 죽음이 특별한 의미를 지닌 것은 그의 완전한 생애 때문만은 아니다. 그 죽음이 대속적(代贖的)이라는 사실 때문이다.

하나님은 본래 거룩하시기에 어떤 죄도 간과(看過)하지 않고 반드시 심판하셔야 된다. 그 심판이 바로 사망이다.22) 그러므로 모든 죄인은 지금도 영적으로 죽은 상태에 있을 뿐 아니라 영원한 심판과 사망을 향하여 매진(邁進)하고 있다. 그러나 하나님은 그 형상대로 창조하신 존귀한 인간을 너무나도 사랑하신 나머지 그의 아들 예수 그리스도로 하여금 죄인을 대신하여 죽음을 당하게 하셨다. 그리고 예수는 하나님의 뜻에 순종하여 십자가 위에서 죄인의 죄값을 치루고 죽으셨던 것이다.23)

예수가 십자가 위에서 몸이 찢기며 그리고 피를 쏟으며 대속적인 죽음을 맛보았기에, 하나님의 공의(公義)--죄를 심판하실 수 밖에 없는 그의 거룩한 속성--가 만족되었던 것이다. 바꾸어 말한다면, 십자가 위에서 흘리신 죽음의 피는 죄에 대한 하나님의 진노(震怒)를 풀어드린 화목제물(和睦際物)이 되었던 것이다.24) 이제 예수의 죽음은 죄를 향한 하나님의 진노와 정죄를 풀어드린 제물이 되었기에, 그리고 동시에 죄인이 받아야 될 심판과 사망을 대신한 것이었기에, 어떠한 죄인도 하나님 앞에 나올 수 있게 된 것이다.

그 다음, 성령이 성경을 통하여 예수 그리스도를 구세주로 소개하시는 두 번째의 계시는 그분이 이처럼 죄의 값으로 죽으셨을 뿐 아니라, 죽음으로부터 삼일만에 다시 살아나셨다는 엄청난 사실이다. 그리스도는 부활하여 살아계신 분이다.25) 이 부활 때문에 기독교는 다른 모든 종교와 다르다. 그리고 이 부활 때문에 영적으로 죽은 상태에 있는 죄인이 회심을 통하여 다시 영적으로 살아날 수 있는 것이다.

그러면 그리스도는 왜 부활하셨는가? 무엇보다 그분의 부활은 용서를 선포하기 위함이다. 하나님이 십자가에서 이미 죄를 다 심판하셨기에, 그리고 그 증거로 그리스도가 다시 살아나셨기에 어떤 죄도 용서받을 수 있다는 선포이다.26) 그리고 죄인이 용서를 받았다면, 두 말할 필요도 없이, 영원한 심판 대신에 영원한 생명을 얻게 된 것이다.27) 그러므로 회심을 경험한 사람은 자연히 죄의식과 죽음의 공포에서 해방된 진정한 자유인이 된 것이다. 그러나 불행하게도 회심을 경험하지 못한 죄인은 영원한 심판을 결코 피하지 못할 것이다. 왜냐하면 그리스도의 부활이 용서의 축복은 물론 심판의 실제를 확실히 증거하기 때문이다.28)

결국 예수 그리스도의 죽음과 부활은 죄인에게는 진정으로 기쁜 소식이며, 그런 까닭에 기독교의 모든 가르침 가운데 가장 핵심이 된다. 성경은 이것을 지칭하여 복음이라고 한다.29) 그러나 예수 그리스도가 이처럼 죄인을 위하여 죽으셨다가 다시 살아나신 사실 때문에 모든 죄인이 자동적으로 회심을 경험하지는 못한다. 하나님이 예수 그리스도를 통하여 제시하신 회심의 방법을 죄인이 인격적으로 받아들여야 한다. 그 방법이 바로 회개와 믿음이다.

그러므로 세 번째, 성령이 죄인으로 하여금 회심을 경험할 수 있도록 성경을 통하여 계시하시는 것은 회개와 믿음이다. 성령의 계시라는 의미에서, 회개와 믿음은 하나님의 역사이나, 죄인이 인격적인 회개와 믿음을 통하여 회심을 경험해야한다는 의미에서는 죄인의 결단이요 책임이다.30) 물론 성령의 선행은총 안에서지만, 결국 죄인도 인격적으로 그리고 책임있는 결단을 할 수 있다. 그 이유 때문에 예수는 첫 번째 복음 전파에서 결단을 촉구하는 초청을 하

셨다: "때가 찼고 하나님 나라가 가까왔으니 회개하고 복음을 믿으라."[31] 그리고 복음을 들은 죄인이 이 초청에 인격적이고도 적극적으로 반응하면 그는 회심을 경험하게 된다.[32]

회개와 믿음은 서로 다르나 그렇다고 분리할 수 있는 것도 아니다. 마치 동전의 양면과 유사하다. 그러므로 믿음이 따르지 않는 회개나 혹은 회개 없는 믿음은 회심을 유발(誘發)하지 못한다. 그 이유는 분명하다. 믿음 없는 회개는 가롯 유다에서처럼 순간적인 양심의 가책에 불과하며, 회개 없는 믿음은 부자 청년에서처럼 변화 없는 지적 동의에 불과하다.[33]

그러면 회개와 믿음의 의미는 무엇인가? 한 마디로 말해서, 회개는 소극적으로 죄에서 돌이키는 결단이고, 믿음은 적극적으로 하나님에게 자신을 맡기는 결단이다. 그런데 이 결단은 인격적이어야 됨으로 지성(知性)과 감성(感性) 그리고 의지가 다 내포된다. 지적인 회개와 믿음은 인간이 하나님의 법과 뜻을 어기고 마음대로 살았던 죄와 죄책을 시인하는 것이며, 그리고 하나님이 그리스도의 죽음과 부활을 통하여 이루신 사랑의 역사를 알고 받아들이는 것이다.[34]

정적인 회개와 믿음은 죄와 그 결과에 대하여 진정으로 아파하는 것이며, 그리고 예수 그리스도가 모든 죄의 대가를 십자가 위에서 대신 담당하신 사랑의 희생에 대하여 고마워하는 마음이다.[35] 마지막으로, 의지적인 회개와 믿음은 죄로부터 돌이킬 뿐 아니라 죄를 미워하며 죄의 용서를 간구하는 것이며, 그리고 구원을 위하여 자신을 의지하던 것을 포기하고 오로지 예수 그리스도만 의지하는 것이다.[36] 이처럼 인격적으로 회개와 믿음을 구사하면 회심을 경험하는 것이다.

V. 회심의 결과

어떤 사람이든 회심을 경험하는 순간 그는 하나님 아버지 품 안으로 돌아 온 것이다. 그 품 안에서 돌아온 "탕자"가 누렸던 모든 특권을 누리기 시작하게 된다. 이러한 새로운 삶을, 다시 말해서, 회심의 결과를 다음과 같이 잘 표현한 사람이 있다:

> 회심이 일어난 순간...회심자는 하나님의 자녀가 되어 이제 새로운 길, 곧 하나님을 아버지로 모신 아들의 길; 그리스도를 주님으로 모신 제자의 길; 그리스도를 머리로 모신 몸(body) 안에서 나누는 사귐의 길; 성령의 가르침 밑에 있는 성도들의 교회에서 있어야 될 신앙 성장과 성화의 길; 그리고 성령의 지도 밑에서 증거와 봉사의 길을 걷는다.37)

위의 내용은 새로운 회심자가 기독인으로서 누려야 할 구원의 은총과 동시에 감당해야 할 책임을 포함하고 있다. 먼저, 회심자는 어떤 구원의 은총을 누리는가? 수없이 많은 은총이 열거될 수 있겠으나, 그 가운데서 가장 기초가 되며 동시에 기독교의 핵심이 되는 구원의 은총 셋만 살펴보자.

첫 번째 구원의 은총은 칭의(稱義) 또는 의인(義認)인데, 영어 상당어는 *justification*으로서 직역하면 의인화(義人化)이다. 이 용어들의 의미를 간단하게 풀면 "의롭다고 불린다", "의롭다고 인정된다", 또는 "의로운 사람이 된다"이다. 그런데 인간은 하나님 앞에서 죄인이기 때문에 아무도 "나는 죄가 없다", 또는 "나는 의인이다"라고 말할 수 없다(롬 3:10을 보라). 그러나 인간의 모든 죄를 위하여 대신 죽으시고 또 용서의 증거로 부활하신 예수 그리스도의 구속 사역을 회개와 믿음을 통하여 받아들이면, 심판자이신 하나님이 모든 죄를 용서하여 주신다. 그리고 모든 죄의 문제가 법적으로 용서되었기에 하나님 보시기에는 아무런 하자(瑕疵)도 없게 된 셈이다. 그러므로 하나님은 회심을 경험한 사람에게 법적으로 의롭다고 선포하시는 것이다. 그러므로 의인화라는 구원의 은총은 "소극적으로는 죄의 용서이며, 적극적으로는 믿는 자를 의롭다고 인정하는" 하나님의 행위이다.38)

의인화는 죄인을 위하여 하나님이 시작하시고, 하나님이 이루시고, 하나님이 "값없이" 주시고, 그리고 하나님이 선포하시는 하나님의 사역이다.39) 물론, 하나님은 예수 그리스도의 죽음과 부활을 통하지 않고서는 회심자를 의롭다고 선포하시지 않는다.40) 그러나 하나님의 이런 선포를 믿음으로 받아들이면 누구라도 "의롭다하심"을 얻게된다(롬 5:1). 그리고 의인화가 되는 순간 성령이 그의 마음과 생애 가운데 들어오셔서 삶을 변화시킨다.41)

두 번째 구원의 은총은 중생(重生) 또는 신생(新生)인데, 그 의미는 문자 그대로 "다시 태어난다," "새로 태어난다," "거듭난다," 또는 "위에서 태어난다"이다(요 3:3,5; 딛 3:5). 죄인이 하나님의 선포로 "의롭다하심"을 받는 순간 성령이 그의 마음 안으로 들어오시어 내주(內住)하신다. 이것이 바로 중생이다. 그러므로 중생이 성령의 역사라면 의인화는 하나님의 역사이다. 중생이 내적 경험이라면 의인화는 하나님의 법적 선포이다. 중생이 도덕의 변화라면 의인화는 관계의 변화이다. 그리고 예수 그리스도의 구속적 사역과 관련시킨다면, 의인화는 예수의 죽음 때문에 가능한 은총이며(롬 5:9), 중생은 그리스도의 부활 때문에 가능한 은총이다(벧전 1:3).42)

　　이처럼 성령의 역사로 거듭난 기독인은 "신의 성품"을 지니게 되었으므로(벧후 1:3) 그의 삶이 달라질 수밖에 없는 것이다. 그의 신분이 마귀의 자녀에서 하나님의 자녀로 바뀌었고,[43] 인생의 목적이 자신의 영광에서 하나님의 영광으로 바뀌었다.[44] 인생의 방향과 방법이 죄와 세상을 지향하였으나, 이제는 위로 하나님을 경외하며 아래로 사람을 사랑하게 된 것이다. 특히 하나님과의 관계에서, 그분의 속성(屬性)을 깨달으며 삶에 적용하기 시작한다.[45] 그 속성 중에서 무엇보다도 거룩과 사랑 때문에 거듭난 기독인은 이 세상에서 성별(聖別)된, 그러면서도 사랑의 삶을 영위하게 된다. 그리스도와의 관계에서, 그는 그분 안에 있는 모든 기독인들을 형제 자매처럼 사랑하며, 아직 그리스도를 알지 못하는 사람들에게 관심과 사랑으로 복음을 나누려고 한다. 그리고 성령과의 관계에서, 거듭난 기독인은 성령의 능력으로 거룩한 삶, 사랑의 삶, 전도의 삶을 영위하며 그리스도의 모습을 닮아간다.[46]

　　세 번째 구원의 은총은 양자(養子)이다. 양자는 죄와 교만 때문에 하나님으로부터 분리되어 있던 자들, 다시 말해서 이 "세상에서 소망이 없고 하나님도 없는 자"들(엡 2:12)이 의롭다하심을 받고 거듭나는 순간 하나님의 자녀가 되는 은총이다. 그러므로 의인화는 죄에 대한 형벌과 죄의식을 해결하여 주며, 중생은 영적 생명을 주어 "새로운 피조물"이 되게하며(고후 5:17), 양자는 하나님의 자녀로서 누릴 수 있는 자격과 특권을 부여한다.[47] 그런 까닭에 사도 요한은 자녀된 "권세"를 강조하면서 이렇게 선언하였다: "영접하는 자, 곧 그 이름을 믿는 자들에게는 하나님의 자녀가 되는 권세를 주셨으니"(요 1:12).

　　그러면 그 특권은 어떤 것들이 있는가? 무엇보다 가장 중요한 특권은 하나님이 그의 아버지가 되신 사실이다. 이 부자(父子)의 관계 때문에 그는 언제 어디서나, 그리고 희로애락(喜怒哀樂)의 상태에 상관없이 그분에게 접근할 수 있게 된 것이다(히 4:16을 보라). 그뿐 아니라, 하나님을 아버지로 모신 사람들은 같은 아버지 안에서 모두 한 가족이 된 것이다(엡 2:19). 그러므로 주기도문에서도 하나님을 "우리 아버지"라 하여 가족 관계를 강조하고 있다.48) 그 다음의 특권은 예수 그리스도와의 관계이다. 그분은 영원 전부터 하나님의 아들이시나 믿는 자들은 입양(入養)된 아들이요 딸들이다(갈 3:26). 그럼에도 불구하고 그리스도는 입양된 자녀들을 서슴치 않고 형제라고 부르셨고,49) 그런 이유로 그들은 당연히 그리스도와 함께 유산을 물려받는 특권을 갖는다(롬 8:17, 갈 4:7). 마지막으로, 성령이 "양자의 영"으로 믿는 자들에게 임하셔서(롬 8:15), 그들이 성령의 띠로 묶여진 하나님 아버지의 자녀가 된 사실을 확인하여 주신다. 그뿐 아니라, 성령은 그들이 아버지의 자녀이며 그리스도의 형제된 신분에 걸맞는 삶을 영위할 수 있는 적합한 능력과 적절한 훈련을 공급하신다.

VI. 회심과 책임

이처럼 더 할 나위 없는 특권을 누리는 회심자는 그 특권에 걸맞는 삶을 영위해야 한다. 초대 교회에서도 회심을 경험한 최초의 삼천명이 어떠한 삶을 영위하였는지를 보여주는데, 그들의 삶은 모든 시대와 장소를 초월하여 회심자의 모델이 된다.

저희가 사도의 가르침을 받아 서로 교제하며 떡을 떼며 기도하기

를 전혀 힘쓰니라. 사람마다 두려워하는데 사도들로 인하여 기사
와 표적이 많이 나타나니 믿는 사람이 다 함께 있어 모든 물건을
서로 통용하고 또 재산과 소유를 팔아 각 사람의 필요를 따라 나
눠 주고 날마다 마음을 같이 하여 성전에 모이기를 힘쓰고 집에서
떡을 떼며 기쁨과 순전한 마음으로 음식을 먹고 하나님을 찬미하
며 또 온 백성에게 칭송을 받으니 주께서 구원받는 사람을 날마다
더하게 하시니라 (행 2:42-47).

위의 모델에 의하면 회심자는 적어도 세 측면에서 책임을 갖는
다. 첫째는 개인적 측면이고, 둘째는 교회적 측면이며, 그리고 셋째
는 세상적 측면이다. 먼저, 개인적 측면에서 회심자의 책임은 무엇
보다도 신앙의 성장이다. 예수 그리스도를 만나는 회심 자체는 순
간적이며 결정적인 경험일 수 있으나, 그 경험은 시작에 불과하다.
이제부터 기독인 순례자의 여정(旅程)을 한 걸음씩 걸어가야 하는
것이다. 그런 까닭에 회심은 그 자체가 목표가 아니라, "그리스도
안에서 완전"한(골 1:29), 다시 말해서, 신앙적 성장이란 목표를
향한 노정(路程)의 시발점이다.[50]

그런데 신앙 성장의 열쇠가 되는 매개(媒介)는 하나님의 말씀이
다. 그런 이유 때문에 초대 교회의 회심자들이 제일 먼저 한 일은
"사도들의 가르침을 받는" 것이었다. 물론 사도들이 가르친 내용은
성경이었으며, 그 성경을 통하여 회심자들은 하나님의 뜻을 발견하
였다. 그리고 회심자들은 그 뜻과 배치(背馳)되는 생활 방식을 버
릴 뿐 아니라, 그 뜻과 부합(符合)되는 삶으로 변화되어 갔다.[51]
성경을 배우는 것이 너무나 중요하기 때문에, 초대교회에서 가르침
에 핵심 역할을 하던 베드로 사도는 수 십년 후에도 "갓난 아이들같
이 순전하고 신령한 젖을 사모하라 이는 이로 말미암아 너희로 구

원에 이르도록 자라게 하려 함이라"고 권면하며(벧전 2:2), "오직
우리 주 예수 그리스도의 은혜와 저를 아는 지식에서 자라 가라…"
고 부탁하였다(벧후 3:18).

회심자는 결국 예수를 배우는 자이기에 처음부터 제자라고 불리
었을 것이다(행 2:41). 그러나 그에 대한 지식만으로는 제자가 될
수 없다. 그분의 사고 방식과 언행, 곧 그분의 삶 자체를 닮아가야
한다(롬 8:29). 고로, 그리스도는 그를 닮기 원하는 제자들을 위하
여 자신을 거룩하게 하셨으며, 따라서 그분의 제자들도 거룩하게
되어야 한다(요 17:19). 물론, 거룩하게 되는 매개도 말씀이다(요
17:17). 그러므로 회심자의 책임은 말씀으로 성장해야 하며 동시
에 말씀으로 거룩하게 변화되어야 한다.

회심자의 두 번째 책임은 교회적 측면이다. 회심자는 하나님에게
소속되는 동시에 그리스도의 몸인 교회에 반드시 소속되어야 한다.
그리고 교회의 소속 절차는 세례이다. 다시 말해서, 회심자는 세례
를 통하여 교회의 정회원이 된다.52) 이처럼 회심자의 교회 소속을
강조하기 위하여 초대 교회는 회심의 초청에 세례를 포함시켰는지
도 모른다(행 2:38).

여하튼, 초대 교회의 회심자들은 교회를 중심으로 교제를 나누었
다. 이 교제는 주로 "집에서" 소수의 사람들이 모이는 작은 구룹이
었을 것이다. 이 작은 구룹에서 회심자들은 자발적으로 그리고 아
무 형식도 없이 함께 기뻐하고, 함께 찬양을 하며, 함께 음식을 나
누는 등, 함께 교제를 나누었다.53) 그들은 교제권 속에서 서로 돌
보고, 서로 사랑하였다. 그들은 서로의 필요에 대하여 예민하였을
뿐 아니라, 구체적으로 그러나 희생적으로 그 필요를 채워주는 사
랑의 교제를 나누었다.

　그러나 초대 교회의 회심자들이 작은 구룹의 교제만으로 만족한 것은 아니었다. 그들은 동시에 "성전에 모이기를 힘쓰면서" 공식적인 예배에도 게을리하지 않았다. 공예배에서 회심자들은 기도를 통하여 하나님을 의지하고 또 하나님의 능력을 갈구하면서 하나님과의 관계와 교제를 돈독히 하였다. 뿐만 아니라, 그들은 성찬을 나누면서 예수 그리스도 안에서의 연합과 복음의 사명을 다짐하곤 하였다.54)

　회심자의 세 번째 책임은 세상적 측면이다. 회심자가 그리스도와 교회에 소속되어 있다는 사실은 결코 세상과의 결별을 뜻하지 않는다.55) 회심자는 오히려 세상 속으로 파고 들어가서 변화된 삶과 종된 모습으로 "소금과 빛"의 역할을 감당해야 한다.56) 그러면, 초대 교회의 회심자들은 어떻게 세상 속으로 침투하여 어떤 영향을 끼쳤는가?

　우선, 많은 사람들이 그들을 "두려워"하였다는 사실을 보자. 두려워한 이유는 사도들이 "기사와 표적"을 행했기 때문인데, 틀림없이 세상 사람들은 사도들과 새로운 회심자들을 한 무리로 간주하였을 것이다. 그러면 왜 많은 "기사와 표적"이 나타났는가? 세상 사람들의 육체적인 필요를 채워주기 위함일 수 있다. 예수도 많은 사람들 --포도주, 왕의 신하의 아들, 중풍병자, 굶주린 사람들, 장님, 죽은 자 등--의 필요를 조건없이 채워주셨는데,57) 그분의 제자들이 그렇게 하지 않을 이유가 없었을 것이다.

　여하튼, 초대 교회의 회심자들은 "온 백성에게 칭송을 받았을" 뿐 아니라, "주께서 구원받는 사람을 날마다 더하게 하셨다". 회심자들의 변화된 깨끗한 삶 그리고 사람들의 필요를 채워주는 희생적인 삶은 불신자로부터 칭찬을 이끌어내기에 충분했다. 그리고 그들이 찬란하게 보여주는 주님에 대한 남다른 헌신과 열정, 그 위에 그들

이 보여준, 그야말로 주님만이 주실 수 있는 현상적인 능력은 많은
사람들로 하여금 구주되신 예수 그리스도 앞으로 돌아오게 하고도
남음이 있었다.58)

VII. 결   론

기독교에서 회심이 차지하는 위치는 너무나 중요하다. 성경이 그
렇게 보여준다. 예수 그리스도의 제자들이 그분의 부르심으로 그리
고 그들의 호응으로 회심을 경험하였다. 바울 사도도 역시 그랬다. 그
이외도 성경에는 십자가 상의 강도, 에디오피아의 내시, 고넬료, 루디
아, 빌립보 간수, 디모데 등 많은 사람들의 회심의 이야기가 있다.

역사적으로도 마찬가지다. 성 어거스틴, 존 번연, 블레스 빠스
칼, 데이빗 리빙스톤, 마틴 루터, 존 웨슬리, 레오 톨스토이, 이기
풍, 주기철, 이성봉--이 모든 사람들은 어느 시점에서 회심을 분명
히 경험했고, 그리고 그 시대의 영적 분위기를 결정하였을 뿐 아니
라 후세에까지 큰 영향을 끼쳤다.

오늘날에도 회심이 필요한 것은 우리가 처해 있는 사회를 보아서
도 분명하다. 이 사회의 양태는 인간의 노력으로 어느 정도는 개선
이 될는지 모르나 근본적인 치료는 불가능해 보인다. 아니, 수렁에
빠진 사람처럼 갈수록 사회는 더 무서운 악으로만 치닫고 있는 것
같다.

오늘날 회심이 필요한 더 중대한 이유가 있다. 그것은 교회의 영
적 상태 때문이다. 교회가 많은 프로그램과 회의에 시간과 정력을
쏟고있는 동안 회심을 경험한 성도들은 개인적으로 성장하지 못하
며, 교회적으로는 그들이 습관적으로 예배에 참여하나 큰 기쁨과

능력을 경험하지 못하며, 따라서 세상적으로 영향을 미치기는커녕 오히려 세상적 생활 방식을 따라가는 세속적인 기독인들이 된다. 다른 말로 표현한다면, 성경과 교회가 삶의 방법을 제시하지 못하고, 거꾸로 교회가 세상으로부터 생활 방식을 습득하고 있는 것이다.

결과적으로, 회심의 이론과 실제를 십분 이용하는 소수의 교회들은 사랑의 사귐과 성령의 임재를 느끼게 하는 예배와 능력 있는 전도를 무기로 많은 젊은이들과 지성인들을 끌어들인다. 그런 교회들은 영적으로 숫적으로 성장에 성장을 거듭한다. 반대로, 회심의 중요성을 실천적으로 알지 못하는 교회들은 교회 성장의 방법들을 빌리며, 인맥과 직분과 조직으로 성도들을 묶으며, 인위적이거나 정치적인 수단을 동원하나, 교회는 변화와 성장을 거부한다. 영적 지도자들과 피지도자들은 똑같이 심신이 피곤하여져서 교회를 옮겨 보려고 무섭게 그러나 은밀하게 기회를 노린다.

우리는 다시 성경의 가르침에 순종하여 회심을 중요시하여야 한다. 사람들이 이미 교회를 다니든지, 기독인들을 핍박하든지, 아니면 기독교에 무관심하든지 그들의 회심을 위하여 관심과 기도를 아끼지 않으면서 말이다. 우리가 죄인들의 회심에 관심을 가지고 접근하면 그들도 우리의 관심에 고마워할 것이며, 성령도 도우시어 회심--그것이 변화의 회심이든, 변경의 회심이든, 아니면 격변의 회심이든--이 일어날 것이다.

주 (註)

1) Gaventa도 회심을 세 가지로 분류하여, 첫째 유형을 변화 (transformation)의 회심, 둘째를 변경(alternation)의 회심, 그리고 셋째를 격변 (pendulum-like)의 회심이라고 한다. Beverly R. Gaventa, "Conversion in the Bible," in *Handbook of Religious Conversion*, eds. H. Newton Malony & Samuel Southard (Birmingham, AL: Religious Education Press, 1992), 42. 그러나 Leininger는 회심을 1) 심리사회적 (psychosocial) 회심, 2) 제한적(restrictive) 회심, 3) 한계적(limited) 회심, 4) 총괄적(comprehensive) 회심으로 분류한다. C. Earl Leininger, "The Dynamics of Conversion: Toward a Working Model." *Perspectives in Religious Studies*, 1-2 (1974-1975): 192-93.

2) 국어사전편찬회 편, 『국어대사전』 (서울: 민중서원, 1994), 1809.

3) *Webster's New World Dictionary* (New York: The World Pub. Co., 1966), 323.

4) William Barclay, *Turning to God* (Grand Rapids, MI: Baker Book House, 1972), 24.

5) W. E. Vine, Merrill F. Unger, & William White, Jr., eds. Jr., eds., *Vine's Expository Dictionary of Biblical Words* (Nashville, TN: Thomas Nelson Publishers, 1985), 203.

6) "돌아오다"의 의미를 지닌 헬라어는 "στςεφω"를 어근(語根)으로 하는 여러 동사―άποστςεφω, διαστςεφχ, επιστςεφχ, μεταστςεφχ, υποστςεφχ 등―에서도 찾아 볼 수 있는데, 그 뜻은 근본적으로 "돌아오다" 이다. *Vine's Expository Dictionary of Biblical Words*, 646-47.

7) 혹자는 죄에서 돌이키기 위하여 다음의 요소가 포함되어야 한다고 제 안 한다: (1) 마음으로 죄―하나님을 기쁘시게 못한 행위―를 깨닫고, (2) 죄 에 대하여 진정으로 미안해 하고, (3) 죄를 하나님과 해당된 인간에게 고백하 고, (4) 죄를 미워하고, (5) 용서의 은총을 믿고 그리스도 안에서 은혜의 하 나님 아버지에게 돌아오고, (6) 하나님 안에서 진정한 기쁨을 누리고, (7) 하 나님과 인간을 사랑하여 봉사한다. Anthony A. Hoekema, *Saved by Grace* (Grand Rapids, MI: Eerdmans Publishing Co., 1989), 113-14.

8) Ibid., 115.

9) 이런 관점에서 회심을 "orientation"(방향)에서 "disorientation"

(방향 상실), 그리고 다시 "reorientaiton"(재방향)의 세 단어로 요약한 사람도 있다. George E. Morris, *The Mystery and Meaning of Christian Conversion* (Nashville, TN: Discipleship Resources, 1981), 106.

　　10) Anthony A. Hoekema, *Created in God's Image* (Grand Rapids, MI: Eerdmans Publishing Co., 1986), 169.

　　11) W. T. Purkiser, ed., *Exploring Our Christian Faith* (Kansas City, MO: Beacon Hill Press, 1960), 233-34.

　　12) Reinhold Niebuhr, *The Nature and Destiny of Man*, vol. 1 (New York: Charles Scribner's Sons, 1943), 186.

　　13) H. Orton Wiley, *Christian Theology*, vol. 2 (Kansas City, MO: Beacon Hill Press, 1952), 93-4.

　　14) 에베소서 2:1-4를 참고하라.

　　15) 히브리서 9:27.

　　16) 마태복음 11:28.

　　17) Wiley, *Christian Theology*, 95.

　　18) Calvin은 인간의 종교적 추구를 "일반 은총"(common grace)으로 지칭하였다. John Calvin, *Institutes of the Christian Religion*, vol. 1, ed. John T. McNeil (Philadelphia, PA: The Westminster Press, 1960), 276을 보라. 그러나 Wesley는 이것을 성령이 앞서 가서 준비시킨 "선행은총"(prevenient grace)이라고 하였다. Kenneth J. Collins, *A Faithful Witness: John Wesley's Homiletical Theology* (Wilmore, KY: Wesley Heritage Press, 1993), 63-64를 보라.

　　19) 이런 의미에서 Helm은 회심이 "이성적"(reasonable)이라고 언급하였다. Paul Helm, *The Beginnings: Word & Spirit in Conversion* (Edinburgh: The Banner of Truth Trust, 1986), 18.

　　20) 사도행전 24:25와 히브리서 6:5-6.

　　21) James Buchanan, *The Office & Work of the Holy Spirit*, 2nd ed. (Edinburgh: The Banner of Truth Trust, 1966), 54 이하를 보라.

　　22) 레위기 11:44-45, 19:2, 에스겔 18:20, 로마서 3:23, 6:23, 히브리서 9:27 등을 참고하라.

　　23) 이사야 53:5-6, 요한복음 3:16, 로마서 5:8, 에베소서 1:7, 요한일서 4:8-9 등을 보라.

　　24) 헬라어 신약성경은 "화목제물"이라는 용어를 4번 사용한다: 로마서 3:25, 히브리서 2:17, 요한일서 2:2, 4:10. 그리고 이 용어의 확대된 설명을 위하여 다음을 참고하라: James M. Boice, *Foundations of the*

Christian Faith (Downers Grove, IL: InterVarsity Press, 1986), 311 이하.

25) 마태복음 28, 마가복음 16, 누가복음 24, 요한복음 20-21, 사도행전 1, 고린도전서 15 등에서 그리스도의 부활을 읽을 수 있다.

26) T. C. Hammond, *In Understanding Be Men: A Handbook of Christian Doctrine*, ed. & rev. David F. Wright (Downers Grove, IL: InterVarsity Press, 1968), 108.

27) 요한복음 5:24과 고린도전서 15:22-24를 보라.

28) 간략하나 분명한 부활의 의미를 위하여, Boice, *Foundations of the Christian Faith*, 340 이하를, 그리고 부활의 변증을 위하여, Josh McDowell, *Evidence That Demands a Verdict*, 14th ed. (San Bernardina, CA: Campus Crusade for Christ International, 1977), 185 이하를 각각 참조하라.

29) 고린도전서 15:1-4. 그 이외에도 로마서 1:3-4, 4:25, 10:9-10을 보라.

30) 회심이 하나님의 역사라는 사실은 (1) 그리스도의 희생을 통하여, (2) 성령의 깨닫게 하는 역사를 통하여, (3) 성경의 기능을 통하기 때문이며; 동시에 죄인의 책임이라는 사실은 (1) 그가 죄를 버리고 그리고 (2) 그가 그리스도에게로 돌아와야 하기 때문이다. David F. Wells, *Turning to God: Biblical Conversion in the Modern World* (Grand Rapids, MI: Baker Book House, 1989), 21과 27을 보라. 또한 J. I. Packer, *Evangelism & the Sovereignty of God*, 7th ed. (Downers Grove, IL: InterVarsity Press, 1976), 25 이하를 보라.

31) 마가복음 1:15. 바울 사도도, 그리고 일반서신도 "회개와 믿음"을 함께 사용하였다. 사도행전 20:21과 히브리서 6:1을 보라.

32) R. Alan Streett, *The Effective Invitation* (Old Tappan, NJ: Fleming H. Revell Co., 1979), 39-40.

33) 마태복음 27:3-5와 마가복음 10:17-22를 보라.

34) Hoekema, *Saved by Grace*, 127과 140-41.

35) Ibid., 127-28과 142.

36) Ibid., 128-29와 142-43.

37) Hans Kasdorf, *Christian Conversion in Context* (Scottdale, PA: Herald Press, 1980), 55. Costas도 회심을 이와 유사하게 표현한다: Orlando E. Costas, "Conversion as a Complex Experience: A Personal Case Study," in *Down to Earth: Studies in Christianity & Culture*, eds. John Stott & Robert Coote (Grand Rapids, MI: Eerdmans Publishing Co., 1980), 183.

38) Wiley, *Christian Theology*, 393. Buchanan은 이 은총을 하나님의 선포이자 동시에 인간의 특권이라고 한다. James Bauchanan, *The Doctrine of Justification*, 4th ed. (Edinburgh: The Banner of Truth Trust, 1991), 250.

39) 로마서 3:24를 보라. Edmund P. Clowney, "The Biblical Doctrine of Justification by Faith", in *Right with God: Justification in the Bible & the World*, ed. D. A. Darson (Grand Rapids, MI: Baker Book House, 1992), 17 이하도 참조하라.

40) 예수의 죽음과 의인화의 관계를 위하여 로마서 5:9를, 그리스도의 부활과 의인화의 관계를 위하여 로마서 4:25를 각각 보라.

41) 고린도전서 6:11과 야고보서 2:24를 보라.

42) Wiley, *Christian Theology*, 402 이하를 보라.

43) 요한복음 8:44와 1:12를 비교하라.

44) 누가복음 4:5-7과 마태복음 6:13b를 비교하여 보라.

45) 이 두 성품을 도덕적 성품이라고 한다. 이에 대한 설명을 위하여 다음을 보라. Thomas C. Oden, *The Living God* (San Franscisco, CA: Harper & Row, Publishers, 1987), 97 이하.

46) 중생과 삼위일체의 관계에 대하여 다음을 보라: Wiley, *Christian Theology*, 424-28.

47) Ibid., 428.

48) "우리 아버지"를 가족 관계로 상술한 내용을 위하여 다음을 보라: J. I. Packer, *I Want to Be a Christian* (Wheaton, IL: Tyndale House Publishers, Inc., 1977), 180-83.

49) 마태복음 12:50, 25:40, 28:10, 롬 8:29, 히 2:11, 12, 17을 보라.

50) 이런 점에서 회심은 순간적이며 동시에 점진적 과정이라고 할 수 있다. 홍성철, "세속화와 회심", 『회심』 홍성철 편집 (서울: 도서출판 세복, 1994), 12를 참조하라.

51) 이것이 바로 탈교육(unlearning)과 재교육(relearning)이다. 홍성철, "주님의 지상명령에 대한 소고", 『오늘의 전도 어떻게 볼 것인가?』 로버트 콜만 편집 (서울: 죠이선교회출판부, 1993), 190을 보라.

52) Michael Green, *Evangelism in the Early Church*, 4th ed. (Grand Rapids, MI: Eerdmans Publishing Co., 1977), 153, 156과 홍성철, "주님의 지상 명령에 대한 소고", 189-90.

53) John Stott, *The Spirit, the Church, and the World: The Message of Acts* (Downers Grove, IL: InterVarsity Press, 1990), 85.

54) Ibid.

55) 요한복음 17:15와 고린도전서 5:9-10을 보라.

56) 마태복음 5:13-16. 고린도전서 4:5도 참고하라.

57) 요한복음 2, 4, 5, 6, 9, 11장을 보라.

58) 이 구원의 역사 때문에 Stott는 초대 교회를 "전도의 교회"라고 특징 지었다. Stott, *The Spirit, the Church, and the World*, 86-87. Green 은 초대 교회가 능력있게 전도할 수 있게 한 회심자들의 삶의 특징을 (1) 교제, (2) 변화된 인격, (3) 기쁨, (4) 인내, (5) 능력 등으로 묘사하였다. Green, *Evangelism in the Early Church*, 180 이하.

2

예수의 가르침 속에 나타난 회심의 의미
--요한복음 3장을 중심으로--

조 태 연

회심은 한 개인의 신앙 생활에 있어서나 목회자의 목회 실천에 있어서나 가장 중요한 현안 문제 가운데 하나이다. 그것은 한 개인이 처음으로 성령을 체험하고 예수를 믿으며 교회의 공동체 규율에 따라 성숙하게 생활하도록 하게 하는 사건이기 때문이다. 영적으로는 그가 하나님의 자녀가 되는 사건이다. 목회적으로는 회심한 자들을 일종의 통과의례(rite of the passage)인 세례의 예전에 참여케 함으로써 회심한 자들에게는 그가 회심한 사실을 교회적인 사건으로 확신하고 또 그 사실을 온 교회에 알린다. 사회적으로는 그가 교회의 책임있는 구성원으로서 헌법이 규정하는 여러 가지 방법으로 자신의 의사를 표현할 수 있는 사람이 되게 한다.[1]

이 글은 요한복음을 중심으로 예수님의 가르침 속에 나타난 회심의 신약성서적 의미를 재검토하는 것을 목적으로 한다. 요한복음을 택한 이유는, 회심을 다루는 예수 전승 가운데 요한복음 3장에 나타난 니고데모와의 대화가 가장 유명하고 또 전형적이기 때문이다.
이 글은 관련된 어휘들이나 개념들을 원어로 살피며, 회심의 본래
적 의미가 무엇인가 살필 것이다. 그리고 회심의 이 성서적 의미가
목회적 현장에서 어떻게 적용될 수 있을까 살필 것이다. 비교적 드
러나진 않지만, 이 글 전체를 통하여 예전(제의)에 대한 문화인류
학적 통찰이 수면 아래 있음을 밝힌다. 특히 인류학자 반 게넵
(Arnold van Gennep)의 『통과의례』(The Rites of Passage)
와2) 빅터 터너(Victor Turner)의 『제의적 과정』(Ritual
Process)을 그 기본으로 한다.3) 요한복음은 회심이라는 용어보다
는 거듭남의 용어를 더 선호한다. 이 글에서 거듭남은 곧 회심을 의
미한다.

이스라엘의 선생이
하나님께로서 오신 선생에게 나아갔다

요한복음은 회심을 중생(거듭남)으로 이해하고 있다. 요한복음
에 나오는 가장 대표적 회심 기사는 3장의 니고데모 사건이다. 그
가장 중요한 부분을 소개하면 다음과 같다:

(1) 바리새인 중에 니고데모라 하는 사람이 있으니 유대인의 관
원이라. (2) 그가 밤에 예수께 와서 가로되 랍비여 우리가 당신은
*하나님로께서 오신 선생*인 줄 아나이다. 하나님이 함께 하시지 아
니하시면 당신의 행하시는 이 표적을 아무라도 할 수 없음이니이
다. (3) 예수께서 대답하여 가라사대 진실로 진실로 네게 이르노
니 *사람이 거듭나지 아니하면 하나님의 나라를 볼 수 없느니라.*
(4) 니고데모가 가로되 사람이 늙으면 어떻게 날 수 있삽나이까?
두번째 모태에 들어갔다가 날 수 있삽나이까? (5) 예수께서 대답

하시되 진실로 진실로 네게 이르노니 *사람이 물과 성령으로 나지 아니하면 하나님 나라에 들어갈 수 없느니라.* (6) 육으로 난 것은 육이요 성령으로 난 것은 영이니 (7) 내가 네게 거듭나야 하겠다 하는 말을 기이히 여기지 말라. (8) *바람*이 임의로 불매 네가 그 소리를 들어도 어디서 오며 어디로 가는지 알지 못하나니 성령으로 난 사람은 다 이러하니라....(11) 진실로 진실로 네게 이르노니 우리 아는 것을 말하고 본 것을 증거하노라. 그러나 너희가 우리 증거를 받지 아니하는도다. (12) 내가 땅의 일을 말하여도 너희가 믿지 아니하거든 하물며 하늘 일을 말하면 어떻게 믿겠느냐? (13) *하늘에서 내려온 자 곧 인자 외에는 하늘에 올라간 자가 없느니라. (14) 모세가 광야에서 뱀을 든 것 같이 인자도 들려야 하리니* (15) 이는 저를 믿는 자마다 영생을 얻게 하려 하심이니라. (16) 하나님이 세상을 이처럼 사랑하사 독생자를 주셨으니 이는 저를 믿는 자마다 멸망치 않고 영생을 얻게 하려 하심이니라 (3:1-16).

이 본문을 이해하기 위해 요한복음에 나오는 니고데모는 누구인가를 알아야 한다.[4] 그는 바리새인 중 하나이고 또 유대인의 관원이다. 이 본문 외에 요한복음이 그에 관하여 소개하는 본문은 7장 45-53절과 19장 38-40절이다.

첫째. 7장 45-53절에서 대제사장들과 바리새인들은 우선 하속들에게 "어찌하여 〔예수를〕 잡아오지 아니하였느냐?"고 묻는다. 하속들은 "그 사람의 말하는 것처럼 말한 사람은 이 때까지 없었나이다"라고 말하며 예수님의 "가르침"에 대한 감탄을 표한다. 대제사장들과 바리새인들은 반문하며 다음과 같이 수사학적으로 말한다: "너희도 미혹되었느냐? 당국자들이나 바리새인 중에 그를 믿는 이가 있느냐? 율법을 알지 못하는 이 무리는 저주를 받은 자다"(47-49). 이것은 수사학적으로 "당국자들이나 바리새인 중에

그를 믿는 이가 있다"는 말이다. 이윽고 요한복음은 니고데모를 무
대 위로 등장시키고 있다:

> (50) 그 중에 한 사람 곧 전에 예수께 왔던 니고데모가 저희에게
> 말하되 (51) 우리 율법은 사람들이 말을 듣고 그 행한 것을 알기
> 전에 판결하느냐? (52) 저희가 대답하여 가로되 너도 갈릴리에
> 서 왔느냐? 상고하여 보라. 갈릴리에서는 선지자가 나지 못하느
> 니라 하였더라. (53) 다 각각 집으로 돌아가고 (7:50-53).

이 본문에서 50절은 중요하다. 그것은 복음서 기자의 해설로서,
니고데모는 일찍이 예수님께 간 사람이고, 또한 예수와 함께 있던
자들 가운데 하나로 소개되고 있다. 전체 문맥으로 볼 때, 니고데모
의 갑작스런 등장과 이러한 해설(소개)은 다분히 그를 예수님에 대
한 대제사장들과 바리새인들의 태도와 대조시키려함이 분명하다.
후자는 예수의 기원에 대하여 오해하고 있다(7:45-52).[5] 특히 52
절의 "너도 갈릴리에서 왔느냐?"는 질문이 문자적으로는 니고데모
를 향하고 있지만, 수사학적으로는 독자들에게 그가 대제사장들과
바리새인들과는 대조적으로 예수님께로부터 온 자 또는 예수님께
속한 자임을 보이려는 것이 분명하다.[6]

둘째, 19장 38-40절에서 예수께서 처형되었을 때 니고데모는 아
리마대 요셉과 함께 예수님의 시신을 장례하는 자로 묘사되고 있다:

> (38) 아리마대 사람 요셉이 예수의 제자나 [그러나] 유대인을 두
> 려워하여 은휘하더니 이 일 후에 빌라도더러 예수의 시체를 가져
> 가기를 구하매 빌라도가 허락하는지라. 이에 가서 예수의 시체를
> 가져가니라. (39) 일찍 예수께 밤에 나아왔던 니고데모도 몰약과

2. 예수의 가르침 속에 나타난 회심의 의미

침향 섞은 것을 백 근쯤 가지고 온지라. (40)〔아리마대 요셉과
니고데모는〕이에 예수의 시체를 가져다가 유대인의 장례 법대로
그 향품과 함께 세마포로 쌌더라.

이 본문에서 니고데모를 아리마대 요셉과 연결시켜 동일선상에
서 이야기하는 것은, 니고데모가 분명 예수님을 믿게 되었지만 자
신의 믿음이 드러나는 것을 두려워했다는 것을 의도한다. 요한복음
에서는 유대 관원들 가운데 많은 사람이 예수님을 믿으나 드러나게
말하지는 못하는데 이는 회당으로부터 축출당하는 것을 두려워하
기 때문이다 (12:42; 그 외에도 9장 22절과 16장2절을 비교, 참조
하라).7) 요한복음의 역사적/사회적 연구로 유명한 루이스 마틴(J.
L. Martyn)은 요한 공동체의 사회적 역사를 재구성할 때, 그는 유
대 회당 안에 있는 비밀 신자들로부터 시작하여 점차 회당으로부터
축출당하고 마침내 예수 신앙인의 독립적인 그리스도인 공동체를
구성해 가는 과정을 보여주고 있다.8)

거듭남은 다시 남이 아니라
"위로부터 나는 것"이다

니고데모는 밤에 예수께로 나아왔다. 그는 예수님을 "선생"으로
알고 있다(3:2). 요한복음에서 "선생"의 칭호는 예수께서 기쁘게
받으신 칭호이다(1:38; 11:28; 13:13-14; 20:16). 니고데모가
인정한 바에 의하면 선생 예수님은 바로 "하나님께로서 오신 선생"
이다: "하나님이 함께 하시지 아니하시면 당신의 행하시는 이 표적
을 아무라도 할 수 없음이니이다"(3:2).

그러나 니고데모의 예수님 이해는 "표적"에 근거하고 있다. 니고

데모 기사의 직전에 위치하여 가장 직접적인 문맥(context)을 형성하는 2장 23-25절에도 동일한 문제를 다루고 있다:

> (23) 유월절에 예수께서 예루살렘에 계시니 많은 사람이 그 행하시는 표적을 보고 그 이름을 믿었으나 (24) 예수는 그 몸을 저희에게 의탁지 아니하셨으니 이는 친히 모든 사람을 아심이요 (25) 또 친히 사람의 속에 있는 것을 아시므로 사람에 대하여 아무의 증거도 받으실 필요가 없음이니라 (2:23-25).

23절과 24절의 밑줄친 부분에서 우리말 성경은 번역에 아쉬움을 남긴다. 두 경우 원어로는 다음과 같이 모두 "믿다"의 단어를 사용하고 있다:

> 많은 사람이 그의 이름을 *믿었다* ($\epsilon\pi\iota\sigma\tau\epsilon\upsilon\sigma\alpha\nu$).
> 그러나 예수는 그들을 *믿지 않았다* ($o\upsilon\kappa\ \epsilon\pi\iota\sigma\tau\epsilon\upsilon\epsilon\nu$).

그들이 그의 이름을 믿은 것은 그의 행하신 "표적" 때문이다. 여기에 그들과 니고데모 사이의 공통점이 있다. "표적"이 니고데모로 예수를 하나님께로서 온 선생으로 인정케 한 것이다. 그러나 "표적"은 사람을 하나님께 속하도록 하지 못한다. 예수께서는 "표적의 사람들"을 믿지 않았다(2:24). 그가 그들을 아시고 또 그들에 관한 아무런 증거도 필요로 하지 않았기 때문이다. 요한복음에서 "표적"은 모든 것을 해결하는 그 무엇이 되지 못한다. 포트나(Fortna)에 의하면, 요한복음의 이전 단계엔 "표적의 복음"이 존재했고, 요한복음은 표적의 복음보다는 믿음의 복음을 더 참된 것으로 보고 있다.9)

오히려 니고데모에게 필요한 것은 "거듭남"(중생)〔sic〕이다: "사람이 거듭나지 아니하면 하나님의 나라를 볼 수 없느니라"

(3:3). 여기에서 "거듭나지"의 헬라어 원어는 $\gamma\varepsilon\nu\nu\eta\theta\eta\ \alpha\nu\omega\theta\varepsilon\nu$ 이다. 신약성서에서 $\alpha\nu\omega\theta\varepsilon\nu$ 은 "위로부터"와 "다시 한번"을 뜻한다.[10]

> 각양 좋은 은사와 온전한 선물이 다 위로부터 빛들의 아버지께로서 내려오나니...(약 1:17).
>
> 이제는 너희가 ... 하나님의 아신 바 되었거늘 어찌하여 다시 약하고 천한 초등 학문으로 돌아가서 저희에게 종노릇하려느냐 (갈 3:9)?

니고데모는 "거듭남"의 의미를 "다시" 태어남으로 해석했다. 그것은 그가 "사람이 늙으면 어떻게 날 수 있삽나이까? 두 번째 모태에 들어갔다가 날 수 있삽나이까?"라고 반문할 때 분명해 진다.

예수님의 의미는 그게 아니었다. 요한복음에서 $\alpha\nu\omega\theta\varepsilon\nu$ 은 "위로부터"를 뜻한다.[11] $\gamma\varepsilon\nu\nu\eta\theta\eta\ \alpha\nu\omega\theta\varepsilon\nu$은 "다시" 태어남이 아니라 "위로부터 태어남"이다. 그것을 요한복음의 예수께서는 "사람이 물과 성령으로 나지 아니하면 하나님 나라에 들어갈 수 없다"고 가르치신다(5절). "물"은 세례를 가르킨다.[12] 그러나 요한복음의 예수께서는 5절 이하에서 계속 성령을 언급하심으로써 물보다 성령에 더 큰 비중을 두신다. 영의 세계와 육의 세계는 타협함이 없이 확연하게 구분된다: "육으로 난 것은 육이요 성령으로 난 것은 영이니"(6절). 거듭남의 진리는 참으로 이 세상 사람들에게 깨닫기 어려운 신비이다(7절). 8절에서는 헬라어 $\pi\nu\varepsilon\upsilon\mu\alpha$를 두 차례 사용하여 "바람"과 "영"을 의미한다: "바람이 임의로 불매 네가 그 소리를 들어도 어디서 오며 어디로 가는지 알지 못하나니 성령[영]으로 난 사람은 다 이러하니라." 땅(아래)에 속하며 $\pi\nu\varepsilon\upsilon\mu\alpha$의 행로를 모르는 사람들이 어찌 $\pi\nu\varepsilon\upsilon\mu\alpha$로 나는 것에 대하여 알겠는가?

11절은 특히 예수를 통한 비의적 계시를 암시한다. 12절은 땅과 하늘을 날카롭게 대립시킴으로써, 영과 육의 대립(6절)을 반복, 발전시킨다. 땅에 속한 사람은 거듭남의 진리를 알 수 없는 사람이고 육의 사람이다: "내가 땅의 일을 말하여도 너희가 믿지 아니하거든 하물며 하늘 일을 말하면 어떻게 믿겠느냐"(3:12)? 그러나 예수께서는 위로부터 온 분이며 다시 위로 갈 분이다. 그는 하늘로부터 와서, 하늘의 일을 말씀하시고, 하늘로 올리우실 분이시기 때문이다: "하늘에서 내려온 자 곧 인자 외에는 하늘에 올라간 자가 없느니라. 모세가 광야에서 뱀을 든 것 같이 인자도 들려야 할 것이다"(3: 13-14). 그는 그러므로 땅에 속한 사람들이 결코 이해할 수 없는 분이다. 비록 그들이 예수님의 "표적"을 볼지라도 말이다.13)

이와 같은 하늘과 땅의 대립은 이어 나오는 세례 요한의 기사에서도 반복된다. 세례 요한의 공동체와 예수를 믿는 신앙 공동체가 서로 경쟁하고 있다. 3장 22절 이하는 예수께서도 직접 유대 땅에서 세례를 베푸시고 요한도 애논 강가에서 세례를 베푼다고 보도한다. 그러나 4장 2절은 "예수께서 친히 세례를 주신 것이 아니요 제자들이 준 것이라"고 말함으로써, 3장 22절의 예수께서 친히 세례를 베푸셨다는 명제를 뒤엎는다. 다른 한편으로, 3장 26절에서는 예수께 세례받는 이들이 요한에게 세례받는 사람들보다 "비교할 수 없을 정도로" 많다고 말한다. 요한의 제자들은 당황한다. 요한복음은 세례 요한 공동체의 상대적 열세에 대한 신학적 의미에 관심을 갖는다. 세례 요한의 제자가 예수님에 대하여 문제를 제기했을 때에, 요한은 이렇게 말한다:

(30) 그는 흥하여야 하겠고 나는 망하여야 하리라 하니라. (31) 위로부터 오시는 이는 만물 위에 계시고 땅에서 난 이는 땅에 속하여 땅에 속한 것을 말하느니라. 하늘로서 오시는 이는 만물 위에 계시나니 (32) 그가 그 보고 들은 것을 증거하되 그의 증거를 받는 이가 없도다(3:30-32).

세례 요한과 같이 "땅에서 난 이는 땅에 속하여 땅에 속한 것을 말한다." 특히 3장에서 예수의 "내림"과 "오름"을 니고데모 사건(3:1-21)과 세례 요한 기사(3:22-36; 5:32-35)에 연달아 이야기 하는 것은 무엇을 의미하는가? 이는 그가 이스라엘의 교사(니고데모)에게도 그리고 세례 요한의 종파에게도 납득될 수 없는 낯선 분임을 뜻하며, 이는 유대 계시 담화 전통의 한 패러디(parody)라 규정한다.14)

그러나 예수께서는 하늘에 속했고 따라서 위로부터 오신 분이다.15) 요한을 믿은 이들은 땅으로부터 나 땅에 속했고 땅의 것을 말할 뿐이다. 그러나 예수님을 믿고 그를 따라 위로부터 난 사람은 예수님을 따라 위에 속한 사람이며 위의 것을 말하고 위의 것을 도모할 것이다: "하나님의 보내신 이는 하나님의 말씀을 하나니 이는 하나님이 성령을 한량없이 주심이니라"(3:34). 이렇게 거듭나는 것은 "위로부터" 나는 것이고 "성령으로" 태어나는 것이다. 회심은 육의 것도 아니고, 땅의 일도 아니다. 그것은 영이며, 성령으로 난 것이고, 하늘 즉 위로부터 나는 것이며 예수께 속한 것이다.

"위로부터 나는 것"은 무엇인가?

요한복음에 나오는 예수님의 언어에서 "위"와 "하늘"은 앞에서 살펴본 바와 같이 언제나 "땅" "아래"의 대립 개념으로 나타나고 있다. 니고데모와의 대화에서 그가 "표적"을 보았고 또 예수님을 "하나님께로서 오신 선생님"으로 알지라도, 그는 거듭남의 신비를 알지 못한다. 이는 그가 땅에 속하였기 때문이다. 예수께서는 사람이 하나님의 나라를 볼 수 있기 위하여는 "위로부터 나야한다"고 말씀하신다. "위로부터 나는 것"은 무엇인가?

첫째, "위" "하늘"과 "땅" "아래"가 대립 개념이듯 "위"와 "땅"의 언어는 소속의 문제를 내포하고 있다. 요한복음이 종파주의적 특성을 가진 것과 일치하게,16) 요한 공동체는 이 세상으로부터 자유로와진 것을 이상형으로 꼽고 있다. 회심은 한 개인의 점진적 진보나 개선이 아니다. 그것은 오히려 자신의 소속을 이 세상으로부터 과격하게 옮기워, 자신의 기원을 "위에" 두는 것을 의미한다.17) 요한복음 17장에 있는 예수님의 마지막 유언 기도는 이렇게 진행된다:

> …(14)내가 아버지의 말씀을 저희에게 주었사오매 세상이 저희를 미워하였사오니 이는 내가 세상에 속하지 아니함 같이 저희도 세상에 속하지 아니함을 인함이니이다. (15)내가 비옵는 것은 저희를 세상에서 데려가시기를 위함이 아니요 오직 악에 빠지지 않게 보전하시기를 위함이니이다. (16)내가 세상에 속하지 아니함 같이 저희도 세상에 속하지 아니하였삽나이다. (17)저희를 진리로 거룩하게 하옵소서. 아버지의 말씀은 진리니이다. (18)아버지께서 나를 세상에 보내신 것같이 나도 저희를 세상에 보내었고 (19)또 저희를 위하여 내가 나를 거룩하게 하오니 이는 저희도 진리로 거룩함을 얻게 하려 함이니이다. (20)내가 비옵는 것은 이 사람들만 위함이 아니요 또 저희 말을 인하여 나를 믿는 사람들도 위함이니….

"위로부터 나는 것"은 그러므로 이 세상에 속하지 않고 예수님께 속하는 것이고, 예수님의 기원인 하나님께 속하는 것이다. 그러나 "위로부터 나는" 거듭남(회심)은 이 세상으로부터 아주 자취를 감추는 것이 아니다. 이 세상의 악으로부터 과격하게 단절하며 스스로를 보전하는 것이다. 회심 곧 거듭남(중생)은, 예수께서 위로부터 오셔서 위의 것을 말씀하시다가 위로 돌아가심으로써 이 땅에 속하지 않고 도리어 "스스로를 거룩하게" 하신 것같이, 그를 믿는 자가 이 세상의 악으로부터 오염되지 않고 오직 스스로를 "진리로 거룩하게" 하는 성결이다. 요한복음에서 "이 세상으로부터의 단절"은 아주 과격하다:

> (23)예수께서 가라사대 너희는 아래서 났고 나는 위에서 났으며 너희는 이 세상에 속하였고 나는 이 세상에 속하지 아니하였느니라. (24)이러므로 내가 너희에게 말하기를 너희가 너희 죄 가운데서 죽으리라 하였노라. 너희가 만일 내가 그인줄 믿지 아니하면 너희 죄 가운데서 죽으리라 (8:23-24). (18)세상이 너희를 미워하면 너희보다 먼저 나를 미워한 줄을 알라. (19)너희가 세상에 속하였으면 세상이 자기의 것을 사랑할 터이나 너희는 세상에 속한 자가 아니요 도리어 세상에서 나의 택함을 입은 자인고로 세상이 너희를 미워하느니라 (15:18-19).

둘째, 이 세상을 버리고 "위로부터 나는" 거듭남은 거듭나는 이 (회심자)와 예수님 사이의 적극적인 관계를 전제로 한다. 그것은 예수를 향한 회심자의 믿음이라 말할 수 있다. 니고데모와의 대화에서 예수께서는 당신이 위로부터 왔으므로 위를 향하여 돌아가리라 말씀하신 후에 그를 향하여 말씀하신다: "이는 저를 믿는 자마다 영생을 얻게 하려 하심이니라. 하나님이 세상을 이처럼 사랑하사 독생자를 주셨으니 이는 저를 믿는 자마다 멸망치 않고 영생을 얻게 하려 하심이니라"(3:15-16). "위로부터 나는 것"은 위로부터 오신 이를 믿는 것이며 곧 그 분의 진리의 말씀을 따르는 것이다. 거듭남(중생) 곧 회심은 위로부터 오신 그 분을 믿음으로써 이 세상으로부터 스스로를 보전하여 그 분과 함께 위의 세계에 속하는 것이다. 예수의 진리의 말씀을 믿음으로써 진리의 말씀으로 스스로를 거룩하게 하는 것이다. 믿는 이에게 영생이 있다(3:15-16). 그러나 믿지 않은 이에게는 죽음이 있다(8:24).

그러나 이러한 믿음의 관계가 일시적이어서는 안된다. 그것은 오히려 예수님을 포도나무로 그리고 자신을 가지로 하여, "지속적으로" 그리고 "풍성하게" 그 분께 내 생(生)을 그리고 내 생의 열매를 의존하는 것이다. 위로부터 오신 그 분을 떠나서는 그 분으로 말미암는 위로부터 오는 생명이 있을 수 없다. 위로부터 오신 그 분을 떠나서는 그 분의 말씀대로 얻는 위로부터의 과실을 맺을 수 없다:

> (1)내가 참 포도나무요 내 아버지는 그 농부라. (2)무릇 내게 있어 과실을 맺지 아니하는 가지는 아버지께서 이를 제해 버리시고 무릇 과실을 맺는 가지는 더 과실을 맺게 하려 하여 이를 깨끗케 하시느니라. (3)너희는 내가 일러준 말로 이미 깨끗하였으니 (4)내 안에 거하라. 나도 너희 안에 거하리라. 가지가 포도나무에 붙어있지 아니하면 절로 과실을 맺을 수 없음 같이 너희도 내 안에 있지 아니하면 그러하리라. (5)나는 포도나무요 너희는 가지니 저가 내 안에, 내가 저 안에 있으면 이 사람은 과실을 많이 맺나니 나를 떠나서는 너희가 아무 것도 할 수 없음이라. (6)사람이 내 안에 거하지 아니하면 가지처럼 밖에 버리워 말라지나니 사람들이 이것을 모아다가 불에 던져 사르느니라 (15:1-6).

그것은 이미 아버지께서 그들을 예수께 주신 바 되었기 때문이다:

(6)세상 중에서 내게 주신 사람들에게 내가 아버지의 이름을 나
타내었나이다. 저희는 아버지의 것이었는데 내게 주셨으며 저희
는 아버지의 말씀을 지키었나이다. (7)지금 저희는 아버지께서
내게 주신 것이 다 아버지께로서 온 것인 줄 알았나이다 … (10)
내 것은 다 아버지의 것이요 아버지의 것은 내 것이온데 내가 저
희로 말미암아 영광을 받았나이다(17:6-10).

"위로부터 나는 것"은 성령으로 태어나는 것이며, 믿음으로써 예수
에게 지속적으로 그리고 온전히 속하여 살아있고 과실을 풍성히 맺
는 것이다.

셋째, "위로부터 나는 것"은 성령을 받는 것이다. 예수께서는 거
듭남의 신비를 말씀하실 때, 그것은 물과 성령($\pi\nu\epsilon\nu\mu\alpha$)으로 나는
것이라 하였다. "육으로 난 것은 육"일 뿐이다. 반대로 "성령으로
난 것은 영"일 뿐이다(6절). 육신의 출생시 사람은 $\pi\nu\epsilon\nu\mu\alpha$(호
흡)를 얻는다. 사람이 위로부터 날 때 즉 영적으로 태어날 때에도
그는 $\pi\nu\epsilon\nu\mu\alpha$(성령)를 받는다. 육에 속한 사람들은 이 $\pi\nu\epsilon\nu\mu\alpha$
(바람)가 어디서 와서 어디로 가는지 모른다. 마찬가지로 위로부터
나는 것 즉 $\pi\nu\epsilon\nu\mu\alpha$(성령)로 나는 것이 무엇인지 그들은 알지 못
한다(8절).[18] 즉, 요한복음이 소개하는 바, 예수님의 말씀에서 "위
로부터 나는" 회심(거듭남, 중생)이란 성령을 받는 것을 의미한다.

결론 : 회심의 목회적 적용은 긴장 속에 있다

니고데모와 예수의 대화 기사에 대한 앞선 분석에서 요한복음이
전승하는 바 거듭남에 대한 예수의 교훈을 살펴보았다. 요약하여
말하자면, 그것은 세상으로부터의 과격한 단절, 예수 그리스도를

믿음으로 그 분과의 지속적 관계를 발전시키는 일, 그리고 성령을
받는 일이다. 한 마디로 말하면 그것은 다시 태어남이 아니라 "위
로부터 태어나는 것"이다. 그렇다면, 이러한 분석결과의 목회적 의
미와 적용은 무엇인가? 이상 분석결과에 대한 목회적 의미와 적용
은 긴장 속에 있다고 말할 수 있다.

　첫째, 세상으로부터의 단절, 예수 그리스도를 믿음, 그리고 성령
체험, 이 세 가지는 전형적으로 생의 일대 전환을 의미하는 "Born
Again" 체험이라 볼 수 있다. 다시 말하여 이것은 전적으로 개인
개인이 회심할 때 하나님의 은총으로써 얻는 신앙체험이며 또한 결
단이다. 이제 예수께 신앙을 고백하며 의의 사람이 되는 사람은 삶
의 구체적 환경과 구조와 속박으로부터 관습으로부터 온전히 벗어
난다. 그는 성령을 체험한다. 종교학적으로 그것은 극적인 흥분을
포함하는 일종의 황홀경 체험이라 할 수도 있다. 세상도 없고 나도
없고, 이 세상으로부터 나를 구속하신 주만 보이는 그런 체험이다.
이러한 의미 함축은 다분히 회심에 대한 목회의 개인주의적 접근이
다. 심령의 변화와 개인의 회심이 없이 구원은 있을 수 없다. 회심
은 심령의 전환을 뜻하고 목회는 개인의 영적 성장을 도모한다. 전
환이란 이 세상에 속하여 살던 이 세상의 사람이, "위로부터 와서"
"위의 것"을 말씀하시다가 "위로" 돌아가신 예수님의 모형대로 "위
로부터 태어나" 위의 것을 사모하며 위에 속해 살아가도록 과격하
게 변화하는 것이다.

　그러나 이러한 개인주의적 접근의 정반대 편에는 회심의 공동체
적 특성이 자리 잡고 있다. 우선 요한복음 3장 7절에 있는 "위로부
터 태어나라"는 예수님의 명령($\Delta\epsilon\iota\ \upsilon\mu\alpha\sigma\ \gamma\epsilon\nu\nu\eta\theta\eta\nu\alpha\iota\ \alpha\nu\omega\theta\epsilon\nu$)
은 2인칭 복수형 동사를 사용하고 있다. 이것은 예수님의 명령이

니고데모를 향하고 있음에도 불구하고 니고데모 한 개인의 회심만
을 의도하지는 않음을 의미한다. 예수께서 마지막으로 기도하신 것
은 예수께서 직면하신 그 열두 제자만을 위함이 아니라 "저희 말을
인하여 나를 믿는 모든 사람들도 위함이다"(17:20). 그뿐만 아니
라, 앞서 인용한 요한복음 15장의 포도나무 교훈에서, 모든 개별적
가지들(개인들)은 서로 분리되어 있지만 동시에 모두가 한 포도나
무에 붙어 있어 서로 교제의 관계를 형성하고 있다. 예수님을 믿어
예수께 속한 자는 동시에 서로서로에게 속해 있는 것이다. "아버지
께서 내 안에, 내가 아버지 안에 있는 것같이 저희도 다 하나가 되
어 우리 안에 있게" 하는 것이다(17:21). 그래서 그리스도의 진리
의 말씀 곧 새 계명은 "내가 너희를 사랑한 것 같이 너희도 서로 사
랑하라"는 것이다(13:12). "사람이 친구를 위하여 목숨을 버리면
이보다 더 큰 사랑이 없다"(13:13). 예수님은 이 공동체 원리를 따
라서 친구를 위해 목숨을 버리는 모범을 보이시고 인생의 모델
(Model) 되신다. 회심은 심령의 전환과 개인의 변화라는 개인주의
적 사건이지만, 이것은 동시에 공동체 사건으로서 목회를 성장시키
고 교회 공동체를 성숙시키는 단체적 성격을 갖는다.

둘째, 요한복음의 예수님 교훈에서 회심은 분명 "영으로 나는 것"
이며 심령의 사건이다. 그것은 그만큼 이 세상으로부터의 과격한
단절이고 이 세상을 벗어나는 일이다. 예수 그리스도를 믿는 자는
이 세상을 버리고 "위로부터 태어나" "위의 세계"에 속하여 살아가는
자들이다. 회심은 심령의 변화이며 심령적 차원의 영적 사건이다.
그것은 어디까지나 육체적, 물질적 차원과 극단적인 대립을 이룬
다. "육으로 난 것은 육이요 성령으로 난 것은 영이다" (3:6). 타협
은 있을 수 없다. 대결만이 있다.

그러나 회심은 예수 그리스도를 믿는 사람들을 저 세상으로 데려
가지 않는다. 오히려 이 세상 안에 두고 있다: 그리스도께서 의도
하시는 것은 "저희를 세상에서 데려가시기를 위함이 아니다." 오히
려 "오직 악에 빠지지 않게 보전하기 위함"일 뿐이다 (17:15). 여
기에 회심의 큰 교훈이 있다. 그것은 한 마디로 긴장 가운데 있는
교훈이다. 회심은 모든 세상적이고 육체적이며 물질적인 것들을 벗
어나는 심령적 사건이다. 그러나 회심은 그것들을 모두 기피하고
외면하는 도피적, 타계적 사건이 아니다. 오직 이 세상의 모든 육체
적이며 물질적인 "악"으로부터 "거룩"에의 과격한 전환일 뿐이다:
"저희를 진리로 거룩하게 하옵소서. 아버지의 말씀은 진리니이다
… 또 저희를 위하여 내가 나를 거룩하게 하오니 이는 저희도 진리
로 거룩함을 얻게 하려 함이니이다"(17:17-19). 회심은 도피주의
적, 타계주의적 영역에서 일어나는 사건이 아니다. 그것은 "성화"
(聖化)를 지향하도록 하는 전환이며, 동시에 이 세상의 "악에 빠지
지 않게" 하는 점에서 윤리적이다.

세째, 회심이 심령적 사건인만큼 그것은 카리스마적 사건이다.
그것은 성령 체험을 가장 중요한 것들 중 하나로 하여 구성되고 있
다. 그것은 말할 수 없는 감격과 주체할 수 없는 흥분과 때로는 걷
잡을 수 없는 황홀경 체험이 될 수도 있다. 여러 경우에서 성령의
체험은 카리스마적 사건이며, 그것은 각종 은사의 경연장이 될 수
도 있다. 사회학자들에게 카리스마는 제도 및 질서와 반대되는 개
념으로 이해되고 있다. 이러한 탈일상(脫日常), 초제도의 경험은
인류학적으로 거룩의 경험이고, 일선 목회에서는 필수적이다. 그것
은 종교의 가장 중요한 기본 요소이기 때문이다.

그러나 회심의 그러한 카리스마적 측면 배후에는 제도로서 일상

화되어 가는 세례의 예전이 자리하고 있다는 데에 바로 회심의 목회적 긴장이 있다. 탈일상적, 초제도적 경험은 목회 현장과 나아가서 지역 사회에서 반구조적 무질서와 혼란을 야기할 수도 있다. 개인들의 회심에 대한 교회 공동체의 목회적 접근은, 온갖 방향으로 무질서하게 분출하는 카리스마적 에너지를 세례의 예전이라는 잘 조직되고 극도로 절제된 "질서" 안으로 "길들이는" 것이다. 그것은 "사람이 물과 성령으로 나지 아니하면 하나님 나라에 들어갈 수 없다"는 예수님의 규범적 말씀 속에 잘 드러나고 있다(3:5). 니고데모의 이야기를 뒤따르는 요한복음의 한 전통은 심지어 예수께서 친히 세례를 베푸셨다고 보도한다(3:22). 세례는 그 그리스도교적 기원에 있어서 그렇게 신성한 제도인 셈이다. 심령적 카리스마 사건으로 회심을 경험하는 자들은 이 절제된 행동의 예전을 통하여, 공동체를 배우고 질서를 익히며 형제자매의 존재를 깨닫고 교회 공동체의 보다 더 책임있는 구성원으로 태어나게 된다. 세례의 예전은 신앙인들의 개인주의적 여러 성향을 질서있는 하나의 공동체로 통합시켜 줌으로써, "나 혼자"만의 유아독존적 이기주의로부터 "우리 함께"의 통일성에로 미숙한 신앙인을 거듭나게 하는 사회적 기능을 갖는다.

주 (註)

1) 이것은 회심의 사회적 기능을 말하는 것인데, 여기서 "사회적"이라 함은 물론 교회 밖의 일반 사회적 영역을 말하지 않는다. 오히려 교회 공동체 안에서의 사회적 기능을 말하는 것이다.

2) Arnold van Gennep, *The Rites of Passage* (Chicago: University of Chicago, 1960). 이 책은 우리 말로도 번역, 출판되었다: 『통과의례─태어나면서부터 죽은 후까지』 전경수 역 (서울: 을유문화사, 1992).

3) Victor Turner, *The Ritual Process. The Structure and Anti-structure* (Chicago: Aldin Pub. Co., 1969).

4) 그는 유독 요한복음에만 나오는 사람으로서 그만큼 요한복음에서는 특별한 사람인 셈이다.

5) Robert Kysar, *John's Story of Jesus* (Philadelphia: Fortress Press, 1984) 46-47을 보라.

6) 7장 45-53절을 흥미있게 분석한 것은 J. L. Martyn, *History and Theology in the Fourth Gospel* (Nashville: Aingdon Press, 1979), 161-63이다. 마틴은 이 글에서 이 본문과 사도행전 5장을 비교하는데, 니고데모와 가말리엘을 그리고 요한복음 7장의 산헤드린과 사도행전 5장의 산헤드린을 비교하며 놀라운 병행을 발견하고 있다. 그에 의하면, 요한은 7장을 구성하면서 예수와 요한 공동체의 운명을 일치시키고 있다는 것이다. 바로 이 요한 교회를 유대교는 체포하여 핍박하고자 하였다. 왜냐하면 그들은 이 요한의 교회가 사람들을 잘못된 길로 인도하였기 때문이다.

7) Raymond E. Brown, *The Gospel According to John I-XII* (Gaden City, NY: Doubleday & Co., 1966), 143-44를 보라.

8) 요한의 교회 사람들이 회당으로부터 축출당하고 점진적으로 "교회"를 구성하는 과정과 그 성서적 단서에 대하여는 J. L. Martyn, *History and Theology in the Fourth Gospel* (Nashville: Aingdon Press, 1979)의 제 2장(37-62쪽)을 보라. 또한 Raymond Brown, *The Community of the Beloved Disciple. The Life, Loves, and Hates of an Individual Church in New Testament Times* (New York: Paulist Press, 1979), 171-82는 Louis Martyn 뿐 아니라 Georg Richter, Oscar Cullmann, Marie-Emile Boismard, Wolfgan Langbrandtner 등이 요한 공동체의 역사를 재구성하도록 시도한 것들을 일목요연하게 소개하고 있

다. Brown의 시도에 대한 자신의 요약소개를 위하여는 같은 책 166-67의 도표를 참고하면 좋다.

9) 요한복음의 자료에 대한 여러 학설 가운데 가장 정평있고 또 널리 인정받는 것은 바로 Robert Tomson Fortna의 "표적의 복음"에 대한 연구이다. 예를 들어 2장 11절에서 가나 혼인잔치에서의 예수의 기적은 "처음 표적"이라 설명한다. 2장 23절에서는 그 외의 다른 표적을 언급한다. 그러나 4장 54절의 가버나움 한 관원의 아들을 치유하신 것을 가르켜 요한복음은 "예수께서 유대에서 갈릴리로 오신 후 행하신 두번째 표적"이라 부른다. 그리고 나서 12장 37절에서 "이렇게 많은 표적을 저희 앞에서 행하셨으나 저를 믿지 아니하니"라고 설명한 후, 다시 20장 30-31절에서 이렇게 말한다: "예수께서 제자들 앞에서 이 책에 기록되지 아니한 다른 표적도 많이 행하셨으나 오직 이것을 기록함은 너희로 예수께서 하나님의 아들 그리스도이심을 믿게 하려 함이요 또 너희로 믿고 그 이름을 힘입어 생명을 얻게 하려 함이니라." 그의 책을 보라: *The Gospel of Signs. A Reconstruction of the Narrative Source Underlying the Fourth Gospel* (Cambridge: University Press, 1970).

10) J. Beutler, "*ανωθεν*," *Evangelical Dictionary of the New Testament* (Grand Rapids, MI: William B. Eerdmans Publishing Company, 1990), vol. 1, 112-13. 그 외에도 시간적으로 "오래"(행 26:5)를 뜻하기도 한다.

11) 요한복음에서 이 단어는 모두 다섯 차례 사용되었다: 3:3, 7, 31; 19:11, 23. 우리 말 성경에서는 모두 "위로(부터)"라고 번역하였고, 3장 3절과 7절은 "거듭"이라 번역하였다. RSV 성경에서는 이 두 구절을 "새로"(anew)라 번역하며 대신 각주에 "위로부터"라고 읽을 수 있다고 지적한다. 그러나 필자의 생각으로는 이 구절에서조차 그 단어는 "위로부터"라고 읽어야 뜻이 온전히 통한다.

12) Rudolf Schnackenburg, *The Gospel According to St. John* (New York: Herder & Herder, 1968), 370-71; Raymond Brown, *The Gospel According to John I-XII* (Garden City, NY: Doubleday & Co., 1966), 130-31, 138-410.

13) W. A. Meeks, "The Man from Heaven in Johannine Sectarianism," *JBL*, 91 (1972): 52를 보라.

14) W. A. Meeks, "The Man from Heaven in Johannine Sectarianism": 57을 보라.

15) 믹스는 요한복음의 기독론을 연구할 때, 예수께서 반복하여 "내림"과 "오름" 신학적 언어로 소개되는 현상을 주목한다. W. A. Meeks, "The

Man from Heaven in Johannine Sectarianism," *JBL*, 91 (1972):
50-67. 요한복음에서 예수님의 내림과 오름은 오직 그 분만이 비의적 계시의
배타성을 가지며, 예수께서는 스스로 계시되지만 사람들은 그를 이해할 수 없
고, 따라서 이 세상이 그를 영접할 수 없으며, 이 세상은 그를 수용할 수 없고
오히려 오해와 공격의 대상이 되며, 그 자체가 이 세상에 대한 심판이고, 사회
적 림보 상태에 있는 요한 공동체의 자기 이해를 반영하는 것으로 Meeks는
분석하고 있다.

16) W. A. Meeks, "The Man from Heaven in Johannine
Sectarianism": 44-72. 특히 66-67쪽을 보라.

17) Rudolf Bultmann, *The Gospel of John* (Philadelphia:
Westminster Press, 1971), 137.

18) 요한복음에서 예수님의 제자들은 예수님의 부활 후에 성령($\pi\nu\varepsilon\upsilon\mu\alpha$)
을 받는다: "이 말씀을 하시고 저희를 향하사 숨을 내쉬며 가라사대 성령을
받으라" (20:22). A. R. Leaney, "The Johannine Paraclete and the
Qumran Scrolls," *John and Qumran*, ed. by J. H. Charlesworth
(London: Geoffrey Chapman, 1972) 51.

3

바울의 회심

로버트 물홀랜드

"바울"과 "회심"이란 용어를 동시에 사용하는 순간 우리는 한 가지 문제에 직면하게 된다. 사람들은 흔히 회심을 불신앙의 생활 가운데 지내다가 하나님을 믿게 되는 사람과 연관시킨다. 이것은 바울의 경우에는 거의 해당이 되지 않는다.[1] 바울은 그의 "회심" 이전에도 하나님을 믿는 자이었을 뿐만 아니라, 엄격하게 훈련된 하나님을 믿는 신앙인이기도 했다.

그의 "회심"(빌 3:5 이하) 이전의 하나님과의 관계에 대한 바울 자신의 간증을 보라. "팔 일 만에 할례를 받고"--바울은 분명히 유대교 율법을 엄격하게 지키는 것을 규범으로 삼았던 유대교 가정에서 성장했다.[2] 그의 유년기 전체를 통해서도 그와 똑같이 엄격한 유대교 전통과 습관이 생활 규범이었음을 우리는 추정해 볼 수 있다. "베냐민의 지파요"--베냐민(유다와 함께)은 유다 남왕국의 두 지파 중 한 지파였다. 이 두 지파는 북왕국(이스라엘)의 열 지파가 행한 것처럼 결코 이방인들과 결혼을 하지 않았으므로 그들의 혈통

을 순수하게 보전하였다. "히브리인 중의 히브리인이요"—바울의
혈통은 양쪽 부모 다 순수하였다. 양쪽 부모의 혈통은 아브라함으
로까지 거슬러 올라갈 수 있다.

"율법으로는 바리새인이요"—바울은 단지 충실한 유대인이었을
뿐만 아니라, 그 당시 성결 운동의 일원이었다. 바리새인들은 자신
의 삶이 성직자다운 거룩한 삶이 되어야 했기에 율법을 절대적으로
순종하는 삶을 위해 헌신된 유대인들이었다. "열심으로는 교회를
핍박하고"—바울은 열심당원이었던 것 같다(갈 1:14; 빌 3:6). 열
심당원들은 바리새인 중에서도 극단론자들로, 유대인들의 문서화
되고 구전된 전통을 철저히 순종하는 것으로 유명할 뿐 아니라, 또
한 율법을 범하는 일이라고 생각되는 것으로부터 "이스라엘을 정
화"시키려는 열망으로도 유명했다. 성결에 대한 그들의 추구는 개
인적이면서도 동시에 공동적이었다. 하나님이 그들을 대신하여 중
재하고자 하신다면 언약의 공동체는 거룩해야만 했다. "율법의 의
로는 흠이 없는 자로라"—바울은 유대교 신앙을 가진 어느 누구보
다도 더할 나위없이 거룩하였으며 또한 하나님과 올바른 관계를 가
졌다.

바울은 우리에게 니고데모를 연상시켜 준다(요한 3:1 이하). 우
리는 예수와 니고데모의 만남을 잘 이해하기 위해서 요한복음
2:23-25에 있는 좀 특이해 보이는 내용을 살펴보아야 하겠다. 요
한은 2장에서 예수가 물로 포도주를 만드신 가나의 혼인 잔치
(2:1-12), 예루살렘 성전 정화(2:13-22)를 자세히 기록하고 있으
며, 둘 다 2장에서 끝나는 완성된 내용이다. 3장은 니고데모와의
대화(3:1-21)로 시작되는데, 그 자체가 완성된 기록이다. 그러나
요한은 성전 정화와 니고데모와의 대화 사이에 다음과 같은 설명을

덧붙여 주고 있다: "유월절에 예수께서 예루살렘에 계시니 많은 사람이 그 행하시는 표적을 보고 그 이름을 믿었으나, 예수는 그 몸을 저희에게 의탁지[3] 아니하셨으니 이는 친히 모든 사람을 아심이요 또 친히 사람의 속에 있는 것을 아시므로 사람에 대하여 아무의 증거도 받으실 필요가 없음이니라"(2:23-25).

우리는 요한복음에서 "믿는다"는 것이 얼마나 중요한가를 깨달을 때, 이 말의 굉장한 의미를 깨닫게 된다. "믿는다"는 동사는 요한복음의 헬라어 원본에 99번 나온다. 요한은 요한복음 1장에서 세례 요한에 대하여 말한다: "저가 증거하러 왔으니 곧 빛에 대하여 증거하고 **모든 사람**으로 자기를 인하여 **믿게** 하려 함이라"(1:7). 그리고 요한은 예수에 대해서도 말한다: "영접하는 자 곧 그 이름을 **믿는 자**들에게는 하나님의 자녀가 되는 권세를 주셨으니"(1:12). 요한은 또한 그가 요한복음을 기록한 이유를 다음과 같이 말해 준다: "오직 이것을 기록함은 **너희로** 예수께서 하나님의 아들 그리스도이심을 **믿게** 하려 함이요, 또 너희로 **믿고** 그 이름을 힘입어 생명을 얻게 하려 함이니라"(20:31). 그의 공생애 중반에 어느 그룹은 예수께 접근하여 질문하였다: "우리가 어떻게 하여야 하나님의 일을 하오리까?"(6:28). 예수께서 대답하셨다. "하나님의 보내신 자를 **믿는 것**이 하나님의 일이니라"(6:29).

이 실례는 요한복음에서 **믿는다**는 것의 중요성을 나타내준다. **믿는다**는 말이 나오지 않는 장이 거의 없다.[4] **믿는다**는 요한복음의 핵심이다. "많은 사람이...예수를 믿었으나 예수는 그 몸을 저희에게 의탁지 아니하셨으니"라는 귀절을 자세히 고찰해 보면 이것은 믿는다는 것이 얼마나 중요한 지를 알게해 준다. 예수를 "믿은" 이러한 사람들의 믿음에는 분명히 한가지 문제가 있었다. 그들의 믿음 가운데 무엇인가가 예수께서 그들과 상호관계를 불가능하게 하는 것 같다.

이 구절은 산상수훈 마지막 부분의 한 구절과 비슷하다. 예수께서 말씀하시기를, "나더러 주여 주여 하는 자마다 천국에 다 들어갈 것이 아니요 다만 하늘에 계신 내 아버지의 뜻대로 행하는 자라야 들어가리라. 그 날에 많은 사람이 나더러 이르되 주여 주여 우리가 주의 이름으로 선지자 노릇하며 주의 이름으로 귀신을 쫓아 내며 주의 이름으로 많은 권능을 행치 아니하였나이까 하리니 그때에 내가 저희에게 밝히 말하되 내가 너희를 도무지 알지 못하니 불법을 행하는 자들아 내게서 떠나가라 하리라"(마 7:21-23). 이들은 분명히 예수를 믿었던 자들이었다: 그들은 선지자 노릇하였으며, 귀신을 쫓아 냈으며, 주의 이름으로 많은 권능을 행한 자들이었다. 예수님은 그들의 주장을 부인하지 않으셨다. 예수께서 말씀하시는 바는 그가 결코 그들과 개인적인 관계를 맺은 적이 없다는 것이다. 그들이 예수를 믿는 데는 분명히 무엇인가 결여되어 있었던 것이다.

요한은 예수가 산상수훈에서 말씀하고 있는 것과 똑같은 문제를 다루고 있는 것 같다. 그러면 무엇이 문제인가? 2장 25절에서 그 실마리를 찾아볼 수 있다. "또 친히 **사람**의 속에 있는 것을 아시므로 **사람**에 대하여 아무의 증거도 받으실 필요가 없음이니라." 이 구절은 "…하는 **사람**이 있으니"(3:1)란 구절로 연결된다. 니고데모는 믿음이 어딘가 불충분한 자들의 문제에 대한 실례이다!

얼마나 놀라운 실례인가! 니고데모의 이름이 언급되기도 전에 그가 바리새인임을 말해 주고 있다. 그가 누구인가보다 그가 무엇을 하는 사람인가가 이 이야기에서는 더 중요하다. 니고데모는 그 당시 성결 운동의 일원이다. 바울처럼 그도 유대인들의 구전되고 문서화된 전통적인 모든 명령에 완전하고, 무조건적이고, 변함없는 순종으로 헌신된 사람이었다. 바울처럼 그도 확실히 말할 수 있었다. "율법의 의로는 흠이 없는 자로라." 더 나아가서, 니고데모는 평범한 바리새인은 아니었다. 요한복음은 그가 "유대인의 관원" (3:1)이었다고 말해 주고 있다. 니고데모는 거룩한 자 중의 가장 거룩한 자에 속했다. 그러나 이러한 성결 운동의 전형적인 사람에게 예수께서는, "네가 거듭나야 하겠다!"(3:3)고 말씀하시는 것이다. 니고데모가 예수를 이해 못한 것은 이상한 일이 아니다. "거듭난다"는 말은 우리에게나 유대인에게나 똑같은 의미를 내포한 말이다. 이방인이 유대교 신앙으로 세례받을 때, 그 세례받은 자는 이방인으로서의 옛 생활에 대해서 죽고 유대의 언약 공동체로 거듭나는 것이라고 이해되었다.5) 예수께서 "거룩한" 유대인인 니고데모에게 그가 "거듭나야" 하겠다고 말씀하신 것은 획기적인 일이었다.

예수께서 니고데모에게 말씀하신 바는 본질적으로 그가 하나님과 아무런 생명적인 관계도 갖고 있지 않다는 점이었다. 이것은 니고데모에게는 굉장한 모욕이었으리라! 그의 전 생애는 하나님께 헌신되었으며, 그의 매일 매 순간은 하나님의 율법을 순종하는데 바쳐졌던 것이 아니었던가! 그는 하나님과 온전한 관계에서 살고자 전심을 다 한 사람이었다. 어떻게 이 건방진 갈릴리인이 감히 니고데모에게 그가 하나님과 올바른 관계를 갖고 있지 않다고 할 수 있겠는가? 과연 그는 하나님과의 관계에서 무엇이 잘못되었단 말인가?

니고데모와 계속된 대화 가운데서 예수는 바로 이러한 질문들에 대해 답변하신다. 예수는 그에게 성령으로 거듭나야 되는 필요성 (3:6)에 대해서 말씀하시며, 그 예로 바람에 대해 말씀하신다 (3:8). 예수의 이 예화 중 의미심장한 부분은 "바람이 임의로 불매 네가 그 소리를 들어도 어디서 오며 어디로 가는지 알지 못하나니"
란 사실이다. 이것은 통제에 대한 한 예화이다. 마치 바람이 부는
대상물의 통제를 받지 않는 것과 같이, 하나님의 영도 하나님과 생
명적인 관계를 맺게 되는 자들의 통제를 받지 않는다는 것이다. 예
수께서 니고데모에게 말씀하시는 바는, 하나님과의 관계에서 그가
통제를 한 것이지 하나님이 통제를 하시지 않았다는 사실이다. 예
수께서는 니고데모에게, 하나님이 그 관계를 통제하시도록 그가 맡
길 필요가 있음을 말씀하시는 것이다. 이것은 너무나 중요한 사실
인데도 불구하고 니고데모는 이것을 이해하지 못한 것 같다. 니고
데모는 "어찌 이러한 일이 있을 수 있나이까?" 라고 반문할 수 밖
에 없었다.

　똑같은 현실이 우리와 하나님과의 관계에서 우리를 직면하고 있
다. 니고데모처럼, 우리들 대부분은 우리의 삶을, 특히 우리와 하나
님과의 관계를 형성시키는 자기 관심이라는 내재적(內在的) 틀을
의식하지 못하고 있다. 이러한 자기 관심의 틀은 문화에 따라 다를
수 있으나, 그 본질적인 특성은 그렇지 않다. 그것은 방종, 타인의
위협—실제적이든 가상적이든—에 대한 방어, 우리의 "권리" 또는
"특권"의 보호, 우리의 목적 달성을 위해 우리의 적은 "세계"와 그
안에 있는 사람들의 조작 등으로 속속들이 스며든 구조이다. 그러
나 무엇보다 가장 파괴적인 것은 이러한 자기 관심의 구조가 교묘
하고도 무의식적인 방법으로 우리와 하나님과의 관계를 형성시켜
주는 것이다.6) 우리는 우리와 하나님과의 관계에서 모든 것이 다
옳다고 생각한다. 니고데모도 그날 밤 예수와의 만남이 있기까지
그러했었다.7) 바울도 그가 다메섹 도상에서 부활하신 그리스도를
만날 때까지 마찬가지였다. 둘 다 하나님을 자기 관심의 대상으로

삼았으며, 그들은 자신의 목적을 위해서 하나님을 통제하고 조작하려 했다는 것을 깨닫지 못했다.

프랑스와 페네롱(Francois Fenelon)은 자기 관심의 구조를 다음과 같이 잘 묘사하고 있다:

> 우리는 우리가 아무 것도 움켜쥐고 있는 것이 없다고 생각한다. 그리고 우리 자신이나 다른 어떤 것에도 집착하고 있지 않다고 생각한다. 우리는 온전한 희생을 치르기 위해서 망설이기 보다는 오히려 죽어야한다. 그러나 매일의 삶에서 하나님은 계속적으로 우리에게 새로운 나라들을 보여 주신다. 우리는 우리가 맹세한 수많은 것들이 우리 마음 속에 자리잡고 있지 않는 것을 발견한다. 하나님이 그것들을 나타내 주시면 우리는 그러한 자신을 보게될 뿐이다. 그것은 마치 종기가 터지는 것과 같다. 종기가 터지는 순간은 우리를 소름끼치게 하는 유일한 순간이다. 그 이전에는 그것을 느끼지 못한채 지니고 다녔으며, 심지어 우리에게 종기가 있다는 생각도 하지 않게 된다. 그러나 종기가 이미 존재하였기에 그것이 마침내 터진 것 뿐이다. 그것이 감추어져 있을 때, 우리는 건강하고 괜찮다고 생각했다. 종기가 터질 때 우리는 고름의 악취를 맡는다. 터지는 것은 비록 아프고 싫은 일이지만, 건강상 좋은 것이다. 우리들 각자는 마음 속 깊이에 온갖 추한 것들을 지니고 있는데, 만일 하나님이 우리에게 그 모든 독소와 공포를 보여 주시기만 하면, 수치로 인하여 죽어버릴 것이다. 자기 사랑은 참을 수 없는 고통이리라. 나는 지금 극악한 악으로 썩어있는 마음의 소유자들에 대해서 말하고 있는 것이 아니라, 정직하고 순결해 보이는 영혼들에 대해서 말하고 있는 것이다. 우리는 감히 공공연하게 드러내지 못하여 마음 속 가장 깊은 곳에 수치심으로 남겨놓은 어리석은 허식을 과감히 직면해야 한다. 우리는 납득이 안 갈 만큼 실제로 존재하는 자기 도취, 절정에 이른 교만, 간교한 이기심 및 내면의 수많은 굴곡들을 보아야 한다. 우리는 하나님이 그런 것들을 나타내 주실 때에야 비로소 그것들을 보게 된다.[8]

이것이야말로 바로 바울이 다메섹 도상의 경험의 결과로 발견한 것이다. 그가 다메섹을 향하여 예루살렘을 출발할 때 당신이 바울에게 하나님과 올바른 관계에 있었는지 아닌지 물었다면, 그는 놀라서 당신을 처다보았으리라. 물론 그는 하나님과 올바른 관계에 있었다. 그는 그 당시의 탁월한 랍비인 가말리엘의 문하(門下)에서 교훈을 받지 않았던가? 그는 또한 이단적인 유대인들을 훈련시키고, 하나님의 언약의 공동체가 순수하고 거룩한지를 확인하기 위해서 다메섹으로의 긴 여행을 하고 있지 않았는가? 그는 십자가에 못박힌 나사렛의 목수가 구세주임을 주장하고 있던 자들에 대항한 예루살렘의 지도자가 아니었던가? 누가 감히 그의 하나님과의 관계의 깊이와 실제를 질문할 수 있었겠는가? 페네롱의 글에 의하면, 바울은 아무 것도 움켜쥐고 있었던 것이 없었으며, 그 자신이나 다른 어떤 것에도 집착하고 있지 않았다고 생각했다. 그는 온전한 희생을 치르기 위해서 망설이기 보다는 오히려 죽음을 택했을 것이다. 그러나 그가 하나님의 뜻이라고 생각되는 일을 행하러 다메섹으로 가는 도중에 하나님은 그에게 새로운 나라를 보여주신 것이다.

바울은 다메섹 도상에서 부활하신 그리스도를 만난 후에야 그가 하나님과의 관계를 자신이 통제했다는 것을 깨닫게 되었다. 그는 빌립보인들에게 다음과 같이 묘사했다: "…내가 가진 의는 율법에서 난 것이 아니요 오직 그리스도를 믿음으로 하나님께로서 난 의라"(빌 3:9). 바울은 엄격하고 열성적인 바리새인으로서 그가 하나님과의 관계를 자신이 통제했음을 깨닫게 되었다—**"내가 가진 의는 (내가 순종한) 율법에서 난…"** 바울은 하나님과의 관계의 기본은 구전되고 문서화된 율법을 훈련받고 충성되게 지키는 것이라고 전적으로 믿었었다. 그는 대부분의 바리새인들처럼 하나님께서 그러한 그의 순종을 기뻐받으신다고 믿었었다. 다시 말하면, 그는 자신이 하나님과 올바른 관계를 맺고 있었다고 추정했다. 바울의 자기 관심의 구조는 자신이 하나님과 맺는 관계를 철저하게 통제했던 것이었다.

바울이 그리스도를 만나면서 아라비아에서 삼 년 간 지낸 것은 이상한 일이 아니다(갈 1:17-18). 그의 정통 유대교 신앙의 많은 부분이 뒤집혀진 것이다. 자신 실존이라는 내적 구조 전체와 하나님과의 관계의 본질적인 특성이 근본적으로 방향을 바꾸었던 것이다. 바울은 자신의 경험을 회고해 보면서 그의 유대교 신앙 전체를 재평가해 볼 시간이 필요했을 뿐만 아니라, 하나님과의 관계에서 자기 자신이 아닌 하나님이 지배하시는 삶을 사는 법을 배울 시간도 필요했던 것이다. 이처럼 하나님과 새로운 차원의 삶으로 인도해 주시도록 바울이 하나님에게 맡긴 정도가 어떠했는지 그가 갈라디아인들에게 쓴 간증에서 볼 수 있다: "이제는 내가 산 것이 아니요 오직 내 안에 그리스도께서 사신 것이라. 이제 내가 육체 가운데 사는 것은 나를 사랑하사 나를 위하여 자기 몸을 버리신 하나님의 아들을 믿는 믿음 안에서 사는 것이라. 내가 하나님의 은혜를 폐하지 아니하노니 만일 의롭게 되는 것이 율법으로 말미암으면 그리스도께서 헛되이 죽으셨느니라"(갈 2:20-21). 바울이 그리스도 안에서의 새 생활과 율법을 순종함으로 의롭다 한 옛 생활과의 대조를 주목해 보라. 그리스도 안에서의 새 생활은 자기 관심이라는 옛 구조에 의해 명령된 삶이 아니다—"이제는 내가 산 것이 아니요." 그것은 그리스도가 중심이 되며 원동력이 되는 삶이다—"오직 내 안에 그리스도께서 사신 것이라."

바울은 골로새서에서 다른 방식으로 이러한 회심의 실제를 증거하고 있다. 골로새서 2장 20절부터 3장 17절은 기독교 회심의 본질을 아주 힘있게 제시한 진술이다.[9] 바울은 시작한다, "너희가 세상의 초등 학문에서 그리스도와 함께 죽었거든 어찌하여 세상에 사는 것과 같이 의문에 순종하느냐 곧 붙잡지도 말고 맛보지도 말고 만지지도 말라 하는 것이니 (이 모든 것이 쓰는대로 부패에 돌아 가리라) 사람의 명과 가르침을 좇느냐 이런 것들은 자의적 숭배와 겸손과 몸을 괴롭게 하는데 지혜있는 모양이나 오직 육체 좇는 것을 금하는데는 유익이 조금도 없느니라"(2:20-23). "어찌하여 세상에 사는 것과 같이 사느냐?"란 질문 다음에 나오는 귀절이 흥미있지 않은가? 바울은 우리가 생각해 낼 수 있는 엄청난 죄의 목록을 열거하고 있지 않다. 그 대신에, 그는 엄격한 영적 훈련에 대한 묘사를 해 주고 있다. 그는 엄한 훈련에 의해서 자기 자신이 완전해진다고 생각하는 사람들을 향하여 말하고 있다. 그는 심지어 그런 엄한 영적 훈련은 경건, 겸손 및 금욕주의의 훌륭한 외양을 갖추고 있음을 인정하고 있다. 그러나 핵심을 주의해 보라--그러한 훈련은 자기 관심이라는 구조를 극복하는 데에는 아무런 가치도 없는 것이다! 자기 관심이라는 구조에 의해 인격적 특성을 갖춘 자들에게는, 오히려 엄한 영적 훈련이 그러한 구조를 강화시켜주는데 이바지 할 뿐이다! 이것이 바로 바울이 회심을 죽는 것으로 특징지우고 있는 이유이며, 예수께서 우리가 그를 따라 가려거든 "자기 십자가를 지고" 그리고 "나와 복음을 위하여 제 목숨을 잃어야" 한다고 말씀하시는 이유이다(막 8:34-35). 우리는 우리의 옛 존재--즉 자기 관심을 중심으로 이루어진 삶--의 바로 그 본질을 버려야만 한다.

바울은 그 다음에 회심된 삶을 묘사하고 있다. "그러므로 너희가 그리스도와 함께 다시 살리심을 받았으면 위엣 것을 찾으라. 거기

는 그리스도께서 하나님 우편에 앉아 계시느니라. 위엣 것을 생각
하고 땅엣 것을 생각지 말라. 이는 너희가 죽었고 너희 생명이 그리
스도와 함께 하나님 안에 감취었음이니라. 우리 생명이신 그리스도
께서 나타나실 그 때에 너희도 그와 함께 영광 중에 나타나리라"
(골 3:1-4). 바울은 제일 먼저 근본적으로 달라진 삶의 적응을 묘
사하고 있음을 주목해 보라. 중심에 자신의 존재에 초점을 둔 자기
관심 대신에, 이제 그리스도가 그 초점이 되는 삶인 것이다. "생각
하고"란 귀절은 자신의 존재에 대한 내적인 적응력을 전달해 주는
헬라어를 번역한 것이다.10) "생각하고"를 "위엣 것을 찾으라"와
결합함으로서 그가 다메섹 도상에서 그리스도를 만나기 전처럼 그
리고 2장 20-23절부터 나오는 사람들이 행한 것처럼, 회심은 하나
님의 것을 간절히 애써 얻으려는 자기 관심에 사로잡혀 있는 데서
부터 과감히 돌아서서 하나님께 항복된 내면 깊숙한 마음으로부터
흘러나와야만 하는 것임을 바울은 지적해 주고 있다.

　바울은 그러한 획기적인 변화를 죽음--"너희가 죽었고!"--그리
고 그러한 신비한 재적응의 삶--"너희 생명이 그리스도와 함께 하
나님 안에 감취었음이니라!"--으로 묘사하고 있다. 자기 관심이라
는 실존의 기본적인 부분은 우리 자신이 사물을 통제하고 있다는
것이다. 바울은 여기에서 우리에게까지 숨겨진 삶을 묘사하고 있
다. 요한이 말하고 있듯이, "장래에 어떻게 될 것은 아직 나타나지
아니하였으나"(요일 3:2). 그러한 하나님께로의 항복은 우리 이전
의 삶의 구조를 심각하게 위협하게 된다. 우리는 하나님의 손에 유
연하게 내맡겨서 하나님이 우리 안에서 그리고 우리를 통해서 우리
의 온전함과 세상의 치유를 위한 그의 뜻을 이루시도록 허용하기까
지 이르러야 한다. 다시 한 번 바울은 기독교 회심의 개혁적인 본질

을 나타내고 있다.

그러나 회심은 단순히 이러한 자기 존재에 대한 깊은 내적 재적 응만이 아니다. 그것은 또한 하나님이 원하시는 대로 우리를 주조 (鑄造)하시도록 하나님의 역사의 과정에 우리의 삶을 열어 놓는 것이다. 바울이 "우리 생명이신 그리스도께서 나타나실 그 때에, 너희도 그와 함께 영광 중에 나타나리라"고 말한 것은, 많은 사람들이 생각하는 것처럼 종말론적으로 말하고 있는 것이 아니다. 하나님의 원하시는 바는 우리가 그리스도를 닮아가는 것임을 바울은 지적해 주고 있다.11) 그리스도가 우리 안에 사시고 우리의 삶 속에서 나타나시게 할 때마다 우리의 삶은 그리스도를 닮아간다는 것을 말해 주고 있는 것이다.12)

바울은 기독교 회심의 개혁적인 본질을 우리의 실존과 그 본성에 대한 깊은 내적 적응의 차원에서 나타낸 다음, 그러한 회심의 실제적인 결과에 대해 다루고 있다. "그러므로 땅에 있는 지체를 죽이라. 곧 음란과 부정과 사욕과 악한 정욕과 탐심이니, 탐심은 우상 숭배니라"(골 3:5). 이 목록 다음에는 또 다른 것이 나온다: "이제는 너희가 이 모든 것을 벗어버리라. 곧 분과 악의와 훼방과 너희 입의 부끄러운 말이라"(3:8). 이 두 목록에는 흥미있는 형태가 나타난다. 바울은 첫째 목록에서, 외적 행위--음란--로 시작한 후에 그 내적 원인--탐심--을 다루고 있다. 두번째 목록에서는 내적 원인--분--으로 시작해서 그 행위의 결과--타인 학대 행위--를 다루고 있다. 바울은 외적 행위는 우리 실존의 깊은 내적 구조의 결과임을 지적해 주고 있다.

이 두 목록의 내용은 매우 중요하다. 첫째 목록은 인간의 성적 문란을 다룬다. 우리의 성은 우리가 하나님의 형상으로 창조된 것

과 긴밀하게 연관되어 있다.13) 우리가 하나님께 반항하고 자신을
우리 생애의 주인(자기 관심이라는 구조의 근원)으로 확립하면서,
우리는 남성 또는 여성이라는 수단으로 우리 주변 세계에 자기 관
심이라는 구조를 강요한다. 우리는 세상과 그 안에 있는 자들을 우
리의 욕망과 목적 달성을 위한 대상물로 바라보며, 우리의 뜻을 타
인에게 관철시키기 위하여 우리의 남성 또는 여성이라는 활력을 사
용하는 것이다. 두 번째 목록은 첫 번째 목록과 분리시킬 수 없다.
내가 나의 뜻을 타인에게 관철시키려고 시도할 때, 그들은 자연히
부담이 되는 어떤 것도 거절하게 마련이다. 내가 그런 저항을 직면
하게 되면, 처음에는 좌절하고, 그 다음에는 당황하고, 그런 다음에
는 분개하고, 마지막엔 화를 내게 된다. 만일 그런 저항이 계속되
면, 나는 타인에게 내 뜻을 행하라고 강요하는 시도를 하게 되고,
결국 나의 화는 그들을 학대하는 행위로 바뀌게 된다.

   바울은 이 두 목록에 한 가지 명령을 더 첨가하고 있다: "너희가
서로 거짓말을 말라"(3:9).14) 내가 당신을 조작하거나 학대할 적
마다, 나는 하나님이 나를 창조하시고 당신에게 보내신 그런 사람
이 아닌 것이다. 나는 당신에게 진실되지 못한 것이다. 바울은 타인
과의 관계가 바로 우리의 회심 경험이 드러나는 정황(政況)이라고
지적한다. 우리는 흔히 회심이 하나님과의 관계와만 관련이 있다고
생각한다. 바울은 우리가 이 점을 간과하게끔 그냥 두지는 않을 것
이다. 기독교 회심은 바울이 경험한 것처럼, 우리의 대인관계를 맺
는 방법에 있어서도 우리가 근본적으로 변화된 존재로 나타나야 한
다. 회심은 우리의 실존이라는 옛 구조를 벗어버리고 계속적으로
하나님의 형상을 좇아가는 새 구조를 입는 결과로 나타나는 것이다
(3:9-10).

바울은 3장 12절부터 17절에서, 일련의 다른 명령을 제시해줌으로 끝을 맺는다: "긍휼과 자비와 겸손과 온유와 오래 참음을 옷입고 누가 뉘게 혐의가 있거든 서로 용납하여 피차 용서하되"(3:12-13). 근본적으로 자신만 돌보고자 하는 자세로 행하는 사람은 누구도 이러한 명령을 성취할 수 없는 것은 너무나도 명백하다. 이것은 특히 우리가 정당한 불평을 갖고 있는 사람들을 용서해 주는데 있어서도 맞는 말이다.15) 바울은 회심된 삶의 본질에 대한 예로서 타인에게 정당한 불평을 갖고 있는 가장 극단적인 경우를 들고 있다. 그런 상황에서 자신의 "권리"를 행사하는 것은 자신을 돌보는 옛 자세로 행하는 것이다. 나는 타인이 우리를 해치도록 방관하는 것을 바울이 뜻하고 있다고 믿지 않지만, 또한 자기 방어적 내적 자세로 잘못에 반응해서는 안 된다는 것을 뜻한다고도 믿지 않는다. 우리는 그리스도가 그러한 상황에서 하실 것처럼 행하도록 해야 한다. 그런 삶의 방식은 우리를 우리의 문화와, 심지어 우리의 옛 자아라는 깊이 스며든 힘과 싸우게 할 것이다. 그것은 우리의 평안을 위해 하나님을 절대적으로 신뢰하고 의지해야 할 것이다.

골로새서 2장 20-3:17절에 나오는 바울의 기독교 회심에 대한 설명과 더불어, 우리는 다메섹 도상에서 바울에게 일어난 일의 심오한 결과를 보게 된다. 바울의 신앙이 불신앙에서 하나님을 믿게 된 것은 아니었으나, 그것은 하나님과의 관계의 본질에 있어서 획기적인 변화이었다. 바울은 그의 유대교라는 특수한 틀 안에서 자기의 회심의 경험을 계속 이해하였다. 그는 사도행전 22장 3절부터 21절에서, 그의 "회심"을 전적으로 유대교의 특수한 틀 안에서 묘사하고 있다. 그는 신실한 유대인으로서의 그의 삶을 묘사하는 것으로 시작하고 있다(22:3-6): 그의 경험에서 중요한 인물인 아나니아를, "율법에 의하면 경건한 사람으로 거기 사는 모든 유대인들에게 칭찬을 듣는 사람"(22:12)이라고 했으며; 그가 예루살렘에 있는 유대인 성전에서 기도할 때 하나님께서 그에게 비젼을 주셔서 이방인에게 가라는 부르심을 받았다고 했다(22:17-21). 그러나 바울은 그리스도 안에서 하나님과의 관계를 맺었기에, 자기 중심의 노력으로 의롭게되려고 했던 하나님과의 옛 관계를 획기적으로 청산하였다.

바울의 "회심"은 오늘날 교회를 향한 심각한 도전이다. 바울의 경험은 우리의 개인적이고 집합적으로 자기만 돌보고자 하는 구조로부터; 우리의 보호로부터; 방어로부터; 타인을 교묘히 조작하는 경향으로부터; 우리의 대인관계에서 학대하는 모형으로부터; 집합적이고 개인적인 방종의 삶으로부터; 그리고 무엇보다도, 하나님께서 이러한 행동 양식들을 축복하신다고 주장하는 우리의 시도로부터 우리를 불러내고 있는 것이다. 바울의 "회심"은 하나님으로부터 멀어진 세상을 위해서 하나님께 항복된 사람들이 되라고; 하나님의 치유와 온전하심을 갈망하는 세상을 위해서 하나님께 쓸모있는 사람이 되라고; 세상에서 하나님의 목적 성취를 위하여 하나님께 화답하는 사람이 되라고; 그리고 하나님으로 가득 차서 성육신의 실제를 세상에서 증거하는 사람이 되라고 우리를 부르고 있다.

주 (註)

1) *Paul Among Jews and Gentiles* (Philadelphia: Fortress Press, 1976)의 From St. Augustine (354-430 AD) until Krister Stendahl에서 바울의 회심은 일반적으로 불신자가 신앙으로의 전환과 똑같은 것으로 추정되고 있다. 그러나 Stendahl은 그 논문의 전체적인 구성을 바꾸어 놓았는데, 바울의 다메섹 도상의 경험은 자신의 유대교 신앙 경험을 가진 상태에서 일어났고, 그 경험으로 통합되었다고 주장한다. 이 내용에 대한 간략한 설명은 Hawthorne, Martin, Reid가 편집한 *Dictionary of Paul and His Letters* (Downers Grove: InterVarsity Press, 1993)에 있는 J. M. Everts의 "Conversion and Call of Paul"을 참조하라.

2) 창세기 17:10 이하에 의하면, 남자 아이는 율법의 성취를 위해서 난 지 팔일 만에 할례를 받아야만 했다.

3) 이것은 헬라어 원본의 문자적 번역이다. 똑같은 헬라어 동사(ἐπίστευσαν ...ἐπίστευεν)가 두 군데 다 쓰였다.

4) 다만 15장과 18장만이 그 말을 쓰지 않고 있지만, 그 나머지 장들에서는 여러 번씩 나온다.

5) 유대인 아닌 자가 유대의 언약 공동체의 일원이 되기 위해서 취할 세 단계가 있었다. 남자이건 여자이건 다 세례를 받아야 했으며, 특히 남자는 할례를 받아야 했고, 남녀 모두 다 예루살렘의 성전에서 희생제물을 바치거나, 그들을 대신해서 드린 희생제물의 값을 치루어야 했다.

6) 자기 관심의 전체적인 발전 구조에 대한 내용을 더 참작하려면, M. Robert Mulholland, *Invitation to a Journey: A Roadmap of Spiritual Formation* (Downers Grove: InterVarsity Press, 1993), 86-94를 보라.

7) 우리는 이 만남으로 니고데모가 변화되었음을 추정해 볼 수 있다. 후에 그가 유대 당국자들 앞에서 예수를 옹호하고 있는 것이 성경에 나온다 (7:50). 또한 아리마대 사람 요셉과 함께 예수의 장례에 참석도 했다 (19:39). 이 두 행동은 유대 당국자들로 하여금 그의 신분을 위협하게 만들었을 것이다. 예수와의 만남 후에, 니고데모는 더 이상 "유대인의 관원"과 "이스라엘의 선생"으로서 자신의 신분을 보호하거나 옹호하는데 분명히 관심이 없었다. 예수를 밤에 찾게된 하나의 요인이 되기도 한 자기 관심의 틀을 극복한 것 같아 보인다.

8) Franois Fenelon, *Christian Perfection* (Minneapolis, MN:

Dimension Books, 1975), 192.

9) 빈틈없는 구조는 서론적 귀절에서 볼 수 있다: "너희가…그리스도와 함께 죽었거든…"(2:20); "너희가 그리스도와 함께 다시 살리심을 받았으면…"(3:1); "그러므로…죽이라…"(3:5); "그러므로…옷입고…"(3:12). 대조점과 유사점이 동시에 포함되어 있다. 대조점--죽었거든…다시 살리심을 받았으면; 죽이라…옷입고. 유사점--죽었거든…죽이라; 다시 살리심을 받았으면…옷입고.

10) 헬라어 φρονειτε는 일반적으로 "마음"이란 단어로 번역되는데, 여기에서는 자기 존재의 핵심 또는 본질이란 뜻의 헬라어로 "마음"을 사용하고 있다. 그러므로 to φρονεω는 어떤 것을 향하여 자신의 존재를 적응해가는 것이다.

11) 바울은 에베소서 4:13에서 그리스도인의 성숙은 그리스도의 형상으로 변화되는 것이며, 또한 "범사에 그에게까지 자랄지라 그는 머리니 곧 그리스도라"(4:15)고 분명히 하고 있다.

12) "영광"(δοξα)을 번역한 헬라어는 인격의 바로 그 본성 또는 본질과 관련된다. 하나님의 "영광"은 바로 하나님의 본성이다. "그리스도와 함께 영광 중에 나타나는 것"은 그리스도를 닮는 것이다. 바울은 이것을 고린도후서 3:18에 의심의 여지 없이 분명히 하고 있다: "우리가 다…주의 **영광**을 보매, **저와 같은 형상으로** 화하여 (우리의) **영광**으로 (그의) 영광에 이르니."

13) 창세기 1:27은: "하나님이 자기 형상 곧 하나님의 형상대로 사람을 창조하시되 남자와 여자를 창조하시고"라고 기록하고 있다. 남녀 인간은 하나님의 형상대로 창조된 인간의 존재와 아주 밀접한 관계가 있음을 본문의 히브리어 대등법은 지적해 주고 있다.

14) 이 구절은 보통 "서로 거짓말을 말라"고 번역된다. 헬라어 ψεὐδεσθε는 어근의 의미가 "거짓되다, 진실이 아니다"이다. 바울은 이 두 목록에서 묘사한 행동들이 우리가 서로 거짓을 하는 결과로 귀착됨을 지적해 준다.

15) 여기에서 바울이 "불평"(μομφὴν)으로 사용하고 있는 용어는 불평의 원인이 정당하고 또 잘못을 행한 사람이 화해를 요청할 정당한 권리를 갖고 있는 상황을 말한다.

4

존 웨슬리의 회심 : 능력으로의 변화

케니쓰 콜린즈

광범위한 기독교 공동체 내의 여러 전통들은 '회심'이란 단어를 여러 가지로 해석하고 있다. 어떤 전통은 회심을 종종 성년기에 갖게 되는 심리학적 체험이라고 하면서, 이때 초심자는 종교에 대해 보다 진지해져서 대개 지역 교회의 신도가 된다고 한다. 그러나 이러한 회심에 대한 해석으로는, 18세기 복음주의 부흥의 실질적인 지도자였던 존 웨슬리의 영적 체험을 설명하기가 거의 불가능하다. 왜냐하면 그는 일찍이 성공회 신자였고, 옥스포드에서 신성클럽(the Holy Club)의 형성에 도움이 된 바 있으며, 또한 자신의 회심 이전에 조지아(Georgia) 선교사였던 까닭이다. 주의깊은 독자라면 쉽게 발견할 것이지만, 웨슬리의 일기와 편지에 자세히 기록된 그의 영적 자서전은 회심이란 단순히 종교에 대해 진지해지는 것 이상의 더 높고 고결한 어떤 것을 수반함을 입증하고 있다.[1]

두 번째로 동일하게 인기있는 회심에 대한 해석은, 절망적인 죄인이 덕스러운 인간으로 변화하는 것을 강조한다. 다시 말해서 이런 해석에 따르면, 전에 부도덕했던 인간이 도덕적이고 덕스럽고 곧게 되며, 자신의 윤리적 삶을 개선코자 꾸준히 애쓰게 되는 것이다. 그러나 이런 변화도 가치 있기는 하나, 이런 해석은 감리교 학자 중 존 웨슬리의 복음적 회심이라 일컬어 왔던 것과는 상당한 거리가 있다. 예컨대, 어네스트 래텐베리(Ernest Rattenbury)는 다음과 같이 쓰고 있다:

> 회심이란 영적 세계에 도달하기 바로 직전에 끝을 맺는 단순한 과정이 아니라 그것의 일부이다. 행동을 선하게 고치려는 결심, 회개, 마음의 변화와 방향의 변화라는 등의 표현은 감리교가 그 용어를 사용할 때 의미하는 체험에 훨씬 미치지 못한다.2)

뿐만 아니라 웨슬리가 생기 넘치는 기독인으로 회심한 그의 얼더스게이트(Aldersgate) 체험 곧 1738년 5월 24일 이전에 이 옥스포드 교수는 기독교 신앙에 매우 열정적이었고, 성공회의 예배법을 적용할 때 매우 엄격하였으며(특히 조지아 시절에), 또한 두드러지게 도덕적이었으나, 그럼에도 불구하고 그는 여전히 용서와 평화로 나타나는 양질의 신앙에 굶주려 있었다는 것을 명심해야만 한다. 이전의 루터(Luther)와도 같이 웨슬리는, 예수 그리스도가 세상을 위해 죽으셨다는 것을 알 뿐 아니라, 구주께서 또한 그 자신을 위해 죽으셨다는 사실을 알기 원했다.

따라서, 감리교인이든 아니든, 현대의 학자들이 회심을 정의할 때 전술한 두 해석 중 하나를 채택한다면, 존 웨슬리의 영적 체험과 발전의 의미를 거의 이해할 수 없게 될 것이다. 예컨대, 그들은 그가 그의 평생을 통해 추구했던 목표, 동기, 강도(intensity)를 파악하지 못할 것이다. 실로, 그들은 1738년 10월에 35세의 웨슬리

가 그의 형인 사무엘(Samuel)에게, "나는 지난 과거 〔1738년〕 5
월 24일 이전에는 기독교인이 아니었다"라고 한 것과 같은 진술에
당황할 것이고.3) 적어도 그들은 이 복음주의 지도자가 온전히 안
수받은 성공회 성직자로서, 조지아 선교 여행에 착수하게 된 이유
가, '그의 영혼을 구하기 위해서'였다는 사실에 곤혹스러울 것이다.
많은 평범한 동시대인들과는 달리, 웨슬리는 기독교로의 개종을 가
족이나 지리적 우연의 결과 같은 평범한 것이 아니라 지고한 소명
이라 여겼다.

　웨슬리 자신과4) 후대의 감리교 학자들이 회심에 대해 이해하였
던 것보다 적절한 모델은 20세기의 교회론적 상황(여기서 회심이
란 모든 종류의 것들을 다 의미한다)이 아니라, 웨슬리 당시인 18
세기의 상황에 특별한 주의를 기울일 때 그 윤곽이 드러날 것이다.
따라서 웨슬리의 초기 저서들을 주의깊게 읽어 보면, 먼저 그가 습
관적이라든지 이름만의 기독교-특히 성공회 교회-에 대해 큰 불만
을 표시했으나, 그가 '진짜 기독교'라고 칭한 것들을 얼마나 좋아하
였는지를 알게 될 것이다. 예컨대, 1734년에 그의 아버지, 사무엘
(Samuel)에게 보낸 편지에서 이 어린 아들은 경건을 파멸시키는
것이 '일단의 선한 사람들, 소위 신앙에 열이 없는 기독인들, 즉 종
교에 엄청난 관심을 가지고는 있으나 종교적인 깨달음이 없는 사람
들'이라고 불평하였다.5) 게다가 노년이 된 웨슬리는 젊은 시절 옥
스포드에 있었던 때를 이렇게 회상했다: "나는 이름만의 기독인들
을 참으로 두려워하였다. 만일 당신의 사려(思慮)가 그들보다 털끝
만큼이라도 부족하다면 당신은 결코 그들에게 복음을 전하지 못한
다."6) 사실, 웨슬리는 이름만의 기독인과 진짜 기독인 간의 차이에
대해 너무도 깊은 인상을 받아서, 1741년에 설교한 그의 중요한 설

교에서 이 차이점을 핵심으로 다루었다. 뿐만 아니라, 이 옥스포드 인은 존 안트(Johann Arndt)의「진정한 기독교」(True Christianity)를 그의 '기독교 장서'에 포함시켰고, 그의 오랜 생애를 통해, 특히 1780년대의 10년 동안 이 주제의 중요성을 계속하여 강조하였다.

전술한 것들을 고려하면서, 본고에서는 회심이라는 용어가, 웨슬리가 잘 발전시킨 '진정한 기독교'라는 주제와 연관시켜 탐구될 것이다. 이 탐구가 끝나면, 웨슬리의 영적인 역정(歷程)뿐 아니라 그의 구원의 용어가 다시 한 번 이해될 수 있을 것이며, 그리고 그의 회심은, 그가 구원의 신앙을 사용하여 거듭났을 때, 그리고 그가 어느 정도의 확신—그러나 때때로 의심과 두려움을 나타냈던 확신—을 받아들인 바로 그때에 일어났다는 것이 분명해질 것이다. 진실로, 회심에 대한 이러한 적절한 이해를 통해, 무기력과 거의 절망에 가까운 상태에서 평온과 능력— 영국에서 부흥을 일으켰을 뿐아니라 그것을 지속시킬 수 있었던 종류의 능력—으로, 서서히 때로는 어렵게 이루어졌던 웨슬리의 변화를 설명하고 이해할 수 있게 될 것이다.

Ⅰ. 윤리적 방법 : 초기

웨슬리가 22세의 젊은이였을 때, 그는 하나님의 섭리로 토마스 아 켐피스(Thomas à Kempis)의『그리스도를 본받아』를 접하게 되었다. 이 영적 고전을 통해 이 감리교 지도자는, "진실한 종교란 마음에 자리잡는 것이며 하나님의 율법이 우리의 모든 생각 뿐 아니라 말과 행동에까지 미친다는 것"을 알기 시작했다.[7] 그 직후에 웨슬리는 제레미 테일러(Jeremy Taylor)의 『거룩한 삶과 죽음의 규칙』(Rules of Holy Living and Dying)을 읽었는데, 이것은 그가 올바른 의도의 핵심을 이해하는 데 도움을 주었다. 그리고 1728년 11월 또는 1729년 경에,8) 이 젊은 성공회 사제는 윌리엄 로(William Law)의 『기독자 모형』(Christian Pattern)과 『경건과 거룩한 삶에로의 진지한 부름』(Serious Call to a Devout and Holy Life)을 읽었는데, 이것들은 그 어느 때보다도 그로 하여금 "하나님의 율법의 넘치는 높이와 넓이와 깊이"를 확신하게 했다.9)

이 초기에, 그러니까 1725년에서 1729년 사이에 존 웨슬리가 모종의 영적 변화를 겪었다는 것을 의심할 수 있는 학자들은 거의 없다. 실제로 이 시기에 쓴 그의 편지는, 적어도 그가 종교적 목표, 곧 성결을 보다 깊이 인식하게 되었다는 것을 보여 준다. 뿐만 아니라, 종교의 본질과 목표에 대한 이러한 날카로운 통찰력은 몇 년 후에 있었던 웨슬리의 중요한 설교 중 하나인 '마음의 할례'(The Circumcision of the Heart)에 반영된 바 있다. 이 설교에서 그는 다음과 같이 쓰고 있다:

> 나는 첫째로 하나님의 칭찬을 받을 마음의 할례가 과연 무엇인가를 알아볼 것이다. 일반적으로 그것은 성경에서 '성결'이라고 일컬어지는데, 죄로부터, 다시 말해서 육과 영의 모든 불결로부터 깨끗해진 존재, 그리고 그 결과 그리스도 예수 안에 있는 덕을 겸비한 존재, '마치 하늘에 계신 우리 아버지께서 완전하시듯 완전한', '우리의 정신적 형상이 그렇게 새롭게 된' 존재를 직접적으로 의미하는, 영혼의 습관적 기질이리라.10)

막시멩 피에떼(Maximin Peitte), 엄프리 리(Umphrey Lee)

등은 1725년에 시작된 웨슬리의 변화에 너무도 깊은 인상을 받아서, 그것을 웨슬리의 회심으로 간주했다.11) 그러나 그 이후의 웨슬리 전기에는 이와는 전혀 반대의 의견을 제시하거나, 적어도 1725년에 그는 (진노하신 하나님, 곧 그의 성결 안에서 준엄하신 하나님을 볼 수 있을 정도로) '자각'한 데 불과했다는 많은 단서들이 있다. 다시 말해서, 웨슬리가 아 켐피스, 테일러 및 로 등 3인의 저서를 읽은 것이, 그가 성경적 기독교로 회심한 계기가 되었거나 혹은 효과적으로 하나님을 섬길 능력을 부여받게 된 계기가 된 것이 아니라, 단지 종교적 문제들에 대한 그의 깨달음을 증대시켰을 뿐이었다. 웨슬리는 확실히 종교의 목표와 목적을 알았다. 그러나 그는, 곧 명백해질 것이지만, 그 당시에는 그 목적 달성의 수단에 대하여 혼동하고 있었다.

무엇보다도 먼저, 1725년에 웨슬리는 신앙에 대해 무미건조하고 이성적인 개념만을 가지고 있었다.12) 1725년 7월 25일에 웨슬리는 어머니 수잔나에게 편지를 쓰면서, 신앙이란 "믿음의 일종으로서 이성적 근거에 바탕한 명제들에 대한 동의"라고 표현했다.13) 또한 같은 편지에서 이 옥스포드 교수는 다음과 같이 상술하였다: "신앙이란 이성적 근거들에 대한 동의입니다. 왜냐하면 나는 성경이야말로 모든 증거들 중 가장 이치에 합당한 것이라고 믿기 때문입니다. 신앙은 결국 필연적으로 이성으로 귀결되어야만 합니다."14) 이후 1744년 웨슬리는 그의 "이성과 종교의 사람들에게 보내는 두 번째 호소"(A Farther Appeal to Men of Reason and Religion)라는 글에서 이런 초기의 생각들을 회고하며 다음과 같이 진술하였다. "나는 1725년에 집사 안수를 받았고, 그 다음 해에 사제로 안수를 받았는데… (그때) 나는 구원의 신앙이 무엇인지 무지하여서, 믿음이란 신·구약 성경에 포함되어 있는 모든 명제들에 강하게 동의하는 것 이상은 아무것도 아니라고 이해했었다."15) 그러므로 피에뜨와 리의 주장대로, 만일 1725년이 웨슬리가 회심한 시기라면, 그것은 능력도 구원의 신앙도 없는 회심이었을 것이다.

둘째, 1736년에 시작한 웨슬리의 조지아 선교 행위는, 얼더스케이트 이전의 영적 체험의 본질을 엿볼 수 있게 하는 의미심장한 창문이다. 예컨대, 그가 조지아로 떠나기 전 버튼(Burton) 박사에게 보낸 편지에서 웨슬리는 미국으로 가면서 "그리스도의 복음을 이교도들에게 선포함으로써 그것의 진의(眞意)를 배우기 원한다고 주장한다.16) 이 시기 그의 영적 상태를 보여 주는 또 하나는, 죽음이 두려웠다고 쓴 그의 일기인데, 이 고백은 의심할 여지없이 해결되지 못한 죄책감에서 기인한 것이며, 조지아로 가는 도중에 만난 강력한 대서양 폭풍에 의해 좀 촉진되었다. 1736년 1월의 일기에서 웨슬리는 다음과 같이 기록하였다:

> 저녁에 또 폭풍이 시작되었다. 아침에 그 폭풍은 더 강하게 되어 그들은 배가 휘몰려쳐지게 놓아둘 수밖에 없었다. 나는 혼자 중얼거릴 수밖에 없었다. 너는 어떻게 아직도 믿음이 없어서 죽기를 원치 않는단 말인가?17)

그러나 조지아의 체험은 또 다른 단서를 제공한다. 예컨대, 사무엘 호에서 웨슬리는 1736년 1월 25일 바닷물이 배에 부딪쳐 주범(主帆)이 조각났을 때 용감하게 찬양하기를 계속한 모라비안 공동체에 깊은 감명을 받았다(그런데 영국인들은 공포에 질려 소리쳤던 것이다). 웨슬리는 모라비안 교도들의 신앙에 너무 감동을 받아서, 이 신앙 공동체의 지도자를 종종 만나곤 하였다. 1736년 2월에 그는 우연히 "미국의 모라비안 사역을 주도하는 중추 세력"인18) 아우구스트 스팡겐버그(August Spangenberg)와 이야기를 나누었는데, 그는 웨슬리에게 그의 영적 상태에 대하여 다음과 같이 집중적으로 질문하였다:

> 당신은 당신 안에 증거를 가지고 있습니까? 하나님의 영이 당신의 영과 더불어 당신이 하나님의 자녀라고 증거합니까?…당신은 예수 그리스도를 아십니까? 나는 잠시 머뭇거리다 대답하였다. '나는 그분이 세상의 구주이심을 압니다.' '맞습니다,' 그는 대답했다, '그러나 그분이 당신을 구원하셨다는 것을 알고 있습니까?' 나는 덧붙였다, '당신은 확실히 압니까?' 나는, '압니다'라고 말했다. 그러나 나는 그 말이 무의미한 말이었다는 것을 잘 알았다.19)

흥미롭게도 웨슬리는 예수 그리스도께서 그를 위해 죽으셨다는 이런 체험적 지식은 물론, 확신도 없었으므로 조지아에 있는 동안 스스로를 기독인이라 부를 수가 없었다. "나는 우리 배에 있는 모든 사람에게, 사바나에 있는 모든 사람에게, 프레데리카(Frederica)에 있는 모든 사람에게, 그것도 반복해서 그리고 분명한 어조로 말했다: 나는 기독인이 아니다, 나는 추구할 뿐이지 아직 기독인이 되지 못했다."20)

이후, 조지아의 체험은 웨슬리가 종종 자신의 영적 성장과 개발을 하나님의 은혜에 복종함으로써가 아니라, 교훈들, 규칙들 및 결심을 통하여 실현하려 했다는 것을 보여 주며, 자기 노력이야말로 확실히 그의 대들보였다. 일기는 웨슬리가 고기와 포도주를 먹지 않는 금욕의 맹세를 하였고, 결심에 결심을 거듭하여 사바나 행정관의 질녀인, 결혼 적령기에 찬, 소피 홉키(Sophey Hopkey)에 대한 끌어오르는 열정을 억제하려 시도했음을 보여 준다. 그러나 이 젊은 선교사는 규칙이나 자기 의지만을 가지고 그의 마음의 열정들을 길들일 수 없다는 것을 깨달았고, 특히 소피 홉키와 관련하여 그는 그의 일기에서 다음과 같이 털어놓았다.

> 내 결심은 아직 여전했다. 그러나 얼마나 오랫동안? 조금 후 또 유혹의 충격이 왔을 때 그것들은 마치 삼줄이 불에 닿았을 때와도 같이 산산이 부서져 버릴 것임을 나는 잘 알고 있었다.21)

당시, 커녹(Curnock)의 말대로, 맹세와 규칙과 확신의 노예였던 웨슬리는 "경건하고 애정에 넘치는 사람"과 갈등을 일으키고 있었다.22) 그는 그의 열정들에 대항하기로 결심했으나, 그의 열정들은 조금도 줄어들지 않았다. 이런 당혹감은 사도 바울처럼 죄에 대항하려고 결심하지만 죄 짓기를 계속하는 "율법 아래 있는" 사람의 딜레마와도 흡사하다. 물론 웨슬리가 홉키 양을 사랑한 것은 죄가 아니었으나, 마음의 열정들에 대항하려는 웨슬리의 결심이 성공할 수 없듯, 죄에 대항하려는 죄인의 결심 역시 성공할 수 없다는 흥미로운 비유를 끌어낼 수 있을 것이다.

조지아 선교에 실패한 몇 년 후 웨슬리는 고통스러웠으나 가치있는 이 체험에 대해 그의 "이성과 종교의 사람들에게 보내는 두 번째 호소"에서 회고하면서 다음과 같이 기록하였다:

> 나는 1725년에 집사에, 그 다음 해에 사제로 안수받았다. 그러나 내가 전술한 위대한 진리를 확신하게 된 것은 이 일이 있은 후 많은 해가 지난 후였다. 그 모든 기간 동안 나는 칭의의 상태나 본질에 대해 완전히 무지했었다. 때때로 나는 칭의를 성결과 혼동했으며(특히 내가 조지아에 있었을 때)….23)

성결과 칭의를 혼동한 때는 웨슬리가 조지아에 있었을 때였는데, 그가 능력 주시는 하나님의 은혜보다 도덕적 율법에 대한 복종을 더 중시한 것에 대해 커녹과 기타 학자들은 다음과 같이 결론내렸다: "옥스포드 대학(신성 클럽)에서와 선교는, 조지아 선교와 마찬가지로, 비교적 실패작이었는데; 그것은 조지아에서처럼, 신앙을 통해서가 아니라 율법의 행위를 통해 의를 추구하려 했기 때문이다."24)

II. 신앙의 길: 얼더스게이트에서의 회심

실패와 좌절 뿐 아니라 고통은 인간에게 새로운 실재들에 눈뜨게 하고 그로 하여금 배움의 자세를 갖게 한다. 과연, 웨슬리는 조지아 선교 이후 1738년 2월에 영국 딜(Deal)에 도착하기 전, 벌써 그의 도덕적이고 영적인 상태를 재평가하고 있었다.25) 예컨대, 1월 8일 사무엘 호에서 웨슬리는 일기에서 이렇게 고백하였다: "의심할 여지없는 증거들과 내적 느낌은, 내가 불신자라는 것, 그러니까 내 마음이 고통당하지 않을 만큼 그리스도에 대한 신앙을 갖고 있는 않는 것이 확실하다는 것이다."26) 그러나 이런 정황에서, 시련에 가득 찼던 이 선교사는 그가 전적으로 신앙이 없었다는 것을 시사하는 것이 아니라, 어떤 종류의 신앙이 없었을 뿐임을 시사한다. 다시 말해서, 웨슬리는 이제 그가 초기에 갖고 있었던 관념들, 특히 신앙이란 진리에 이성적으로 동의하는 것이라고 한 데에 만족할 수 없었다. 이뿐 아니라, 그가 영국에 도착한 바로 그날, 웨슬리는 다시 한 번 신앙의 본질과 기독인이 된다는 의미를 숙고하였다. 그는 다음과 같이 기록하였다:

> 혹은(여전히 좀더 가까이 다가가기 위해) 기독교의 모든 진리들에 대해 '이성적 확신'을 가져야 하는가? 이 모든 것들 때문에 나는 거룩하고 천상적이고 신성한 '기독인'이 되었다고 주장할 수 있는가?

결코 그렇지 않다. 만일 하나님의 말씀이 진실되다면, 만일 우리
가 여전히 율법과 증거에 의하여 살아야 한다면, 이 모든 것들이
그리스도에 대한 신앙 때문에 거룩하고 의롭고 선하다고 인정받았
을 때조차도, 신앙 없이는 여전히 '똥이요 찌꺼기'이다….27)

그 같은 기록에서, 이 옥스포드 교수는, 그가 원하는 신앙이란,
"그리스도의 공로로 나의 죄를 용서받고, 내가 하나님의 총애를 다
시 입게 된다는, 하나님께 대한 확실한 위탁과 신뢰"라고 외친
다.28) 요컨대, 웨슬리가 이 시기에 가졌던 것은 속박과 두려움의
영이라 할 수 있는 종의 신앙이었다. 그러나 그가 원했던 것은 아들
의 신앙, 곧 하나님의 자녀된 신앙이었다.

약 일 주일 후, 웨슬리는 네덜란드 상인 바이난츠(Weinantz)
씨의 집에서 모라비안 선교사인 피터 뵐러(Peter Böhler)를 만났
다. 웨슬리는 그의 일기에 "기억될 만한 하루"라고 썼다.29) 예상할
수 있었듯이, 그 다음 몇 주일간 그 모라비아인과 감리교인은 3월
5일까지 신앙과 칭의의 속성에 대해 상당한 의견을 나누었으며, 웨
슬리는 다시 한 번 그가 "충만한 그리스도의 구원을 통해서만 구원
받았다는 그런 신앙이 부족하다는 것, 확실히 믿음이 없다는 것"을
알게 되었다.30) 래텐베리는 3월 5일부터 7일까지의 이 결정적인
기간을 웨슬리의 "지성적 회심기"라 불렀는데,31) 그러니까 이 기간
동안 웨슬리는 개신교적인 오직 신앙에 의한 칭의라는 진리로 회심
케 된 것이었다.32) 비록 처음에는 그가 자신의 마음 속에서 그때까
지 결코 경험한 적이 없는 신앙을 선언하기가 주저되었었지만, 실
제로 3월 6일 웨슬리는 그 자신의 말로, "이 새 교리를 선포하기 시
작했고", 사형 선고를 받은 죄인에게 "오직 신앙만을 통한 구원"을
제시하였다.33)

그러나 피터 뵐러는 웨슬리에게 칭의란 오직 신앙만을 통해 얻어진다고 가르쳤을 뿐 아니라, 이 신앙은 필연적으로 그와 관련된 두 열매, 곧 거룩과 행복, 다르게 표현하자면, 능력과 평화를 낳는다고 가르쳤다. 따라서 "그리스도에 대한 진실되고 살아 있는 신앙은 모든 과거에 대한 용서와 모든 현재의 죄들로부터의 자유와 불가분의 관계에 있다."[34) 그러나 웨슬리는 아직도 어떻게 이 신앙이 즉각적으로 주어질 수 있는가를 이해할 수 없었다. 하지만 뵐러는 이 진리를 증거할 여러 증인들을 대었고, 따라서 웨슬리는 다음과 같은 결론을 내렸다: "여기서 내 논박은 끝이 났다. 이제는 단지 '주님, 당신께서 나의 믿지 못함을 도와주소서!'라고 외칠 뿐이었다."[35)

약 한 달 후, 그러니까 1738년 5월 24일 저녁에 웨슬리는 내키지 않았으나 얼더스게이트 거리에서 있는 한 신도회에 갔는데, 거기서 어떤 사람이 루터의 로마서 주석 서문을 읽고 있었다.[36) 이 집회에서 옥스포드인의 삶에 일어났던 순간적 변화, 곧 그의 복음적 회심에 대해서 그의 일기에 다음과 같이 상세하게 기록되어 있다:

> 9시 15분 전쯤 그가 그리스도에 대한 신앙을 통해 하나님께서 마음에 역사하시는 변화에 대해 설명하고 있었을 때, 나는 내 마음이 이상하게 뜨거워짐을 느꼈다. 나는 내가 그리스도, 구원을 위해 오직 그리스도만을 신뢰함을 느꼈고, 그분은 내 죄들, 내 죄조차 없이 하셨고, 죄와 죽음의 법에서 나를 구원하셨다는 확신이 내게 주어졌다…그런 다음 내가 가르친 것은, 죄를 이기는 승리와 평화는 우리 구원의 대장에 대한 신앙에 근거한다는 것이었다….[37)

뿐만 아니라, 그날 저녁의 경험을 설명하면서 웨슬리는 확실한 승리와 능력의 동기를 강조한다:

> 그리고 여기서 나는 나의 이전 상태와 지금의 상태 간의 차이점을 발견했다. 그때 나는 율법 아래 뿐 아니라 은혜 아래 있는 나의 모든 세력과 싸우며 애쓰고 있었다. 그러나 그럴 때에도 나는 때때로, 자주는 아니었지만 정복당하곤 했었는데; 이제 나는 항상 정복자였다.38)

웨슬리의 일지나 일기에서 1738년 5월 이전에는 누구도 이러한 종류의 능력에 대한 진술을 찾아낼 수 없을 것이다. 오히려, 웨슬리 자신의 죄에 대한 쓰디쓴 인식, 하나님의 거룩한 율법에 대한 그의 무능력과 여러 이상들을 실현시키지 못한 완전한 실패 등에 대한 진술들을 발견하게 될 것이다. 사실 얼더스게이트 이전에 웨슬리는 그 자신이 "율법 아래 있는" 사람이라고,39) 그리고 구원받고(우리 고국을 떠나는 목적은…우리의 영혼들을 구원하기 위해…40) 회심(다른 사람들을 회심시키기 위해 미국으로 떠나는 내 자신은 결코 하나님을 향해 회심한 적이 없었다)41)하기를 소원하고 있는 자라고 묘사하였다.

또한 마틴 슈미트(Martin Schmidt)는 얼더스게이트야말로 웨슬리가 진정한 기독인(단순한 도덕주의자를 넘어서는)에 대한 추구라는 배경을 통해 이해되어야만 하며, 따라서 이 생생한 경험은 바로 "윤리를 통하여 하나님께 가기를 거부하였다 것"을 의미하는 것이라고 통찰력 있게 주장한다.42) 다시 말해서, "예수에 대한 개인적인 신뢰로서의 신앙에 대한 이해", 슈미트는 계속 말했다, "죄의 용서와 예수의 살아 있는 능력에 동참, 신생의 의미 등에 대한 이해—이 모든 것이 웨슬리에게 결정적으로 중요했다."43) 확실히 얼더스게이트에서는 단순한 확신 이상의 엄청난 사건이 일어났고, 이때야말로 웨슬리가 그리스도를 신뢰할 뿐 아니라 그가 또한 죄로부터 자유(칭의)하고 죄의 능력(중생)을 경험하게 된 시기였다.

III. 신앙의 길이 확신되다: 범례와 야외 설교

웨슬리에게 있어서 얼더스게이트 체험은 너무도 중추적이어서, 그것은 그의 영적 노정의 도표를 그리는 데 중요한 참고 사항이 되었다. 예컨대, 조지 크로프트 셀(George Croft Cell)은 웨슬리의 저작들 중에는 실제로 이중적 체계의 연대기가 있음을 지적한다.44) 확실히, 이 연대표는 다음과 같이 얼더스게이트, 곧 웨슬리가 회심한 시기인 1738년이라는 연도와의 특별한 관계에 따라 상세히 펼쳐져 있다. 그러면 몇 가지 선택해서 그때가 진정한 기독인이 되었다는 주장을 살펴보자.

1. 얼더스게이트 체험이 있은 지 4일 후에 웨슬리는 후톤(Hutton) 씨 집에서 몇 친구들에게 그가 "5일 전에는 기독인이 아니었다"고 말했다.45)

2. 1738년 10월 30일에 존은 그의 형 사무엘에게, "내가 의미하는 기독인이란 죄가 더 이상 그를 지배하지 않을 정도로 그리스도를 믿는 사람을 말한다. 그리고 이런 엄밀한 단어적 의미에 따르면, 나는 지난 5월 24일까지 기독인이 아니었다"라고 편지했다.46)

3. 종종 5월 24일의 중요성을 감소시키곤 하는 1739년 1월 4일의 그의 일기에서도 웨슬리는 그날에 대해 특별히 언급함으로써 실제로 그것을 지지한다. 그는 다음과 같이 쓰고 있다: "내 친구는 내

가 1년 전에는 기독인이 아니었다고 하니 나를 미쳤다고 주장한
다…사실, 만일 그때 내가 주어진 은혜에 충실했더라면 내가 어떻
게 되었을지 나는 알지 못한다…47)

4. 1745년 12월 30일에 '요한 스미드'에게 쓴 편지에서 웨슬리
는 다음과 같이 말했다: "왜냐하면 1738년 5월 24일부터 '어디에서
건 설교 초청을 받으면, 신앙에 의한 구원이 나의 유일한 주제였
다.' 그리고 그 시간, 그러니까 5월 24일 이후, 다시 말해서 믿음에
의한 구원을 안 이후, 내가 하나님과 인간의 사랑을 설교하기 때문
에 여러 목회자들이 나를 그들의 강단에 서지 못하게 하였다."48)

5. 1740년 6월 22일 웨슬리는 그의 편지에서 이렇게 기록하였
다: "우리가 여러 해 동안 신앙과 행위에 의한 새로운 구원의 길을
찾아 방황했으나, 하나님께서는 약 2년 전 오직 신앙에 의해서만
구원받는 오래된 길을 우리에게 가르쳐 주시기를 기뻐하셨다."49)

6. 1745년 2월 2일 토마스 처치(Thomas Church)에게 보낸
긴 편지에서 웨슬리는 그대로 인용하면서 다음의 말을 덧붙였다:
"시간에 관해서는, 지난 7년(1738) 이전으로 돌아가지 맙시다."50)

7. 1746년 5월 17일 토마스 처치에게 보낸 다른 편지에서 웨슬리
는 다음과 같이 그의 사역의 경로를 뒤돌아보았다: "1725년부터 나
는 더 많이 설교했으나 내 노력의 결실을 보지 못했다…1729년에서
1734년까지…나는 약간의 결실을 보았다…1734년에서 1738년까지
나는 더욱 많은 설교의 결실을 보았다…1738년부터 지금까지…하나

님의 말씀은 그루터기 수염 가운데 있는 불처럼 역사했다."51)

8. 1765년에 웨슬리는 존 뉴톤(John Newton)에게 다음과 같이 편지하였다: "나도 칼빈 씨처럼 지난 27년 동안 항상 칭의에 대해 생각했습니다."52)

9. 같은 해에 그는 어스킨(Erskine) 박사에게, "신앙에 의한 칭의(以信得義)에 관한 한 나는 과거 27년간 어느 한 순간도 흔들림이 없었습니다"라고 편지했다.53)

10. 1765년 11월에 한, "우리의 의가 되시는 주님"이란 설교에서 웨슬리는 신앙에 의한 칭의에 대해, "이것은 내가 과거 28년간 변함없이 믿고 가르쳐 왔던 교리입니다. 나는 이것을 1738년에 전 세계에 공표했습니다…"라고 주장했다.54)

11. 1772년에 웨슬리는, "단지 그리스도께서 이루셨고 고통받으셨다는 이유로 우리가 의롭게 되는 이 〔교리〕에 관해, 나는 전술한 34년 동안 변함없이 성실하게 주장해 왔습니다"라고 말했다.55)

12. 웨슬리는 1778년에 다음과 같이 확인했다: "나는 이것 때문에 나의 신학 지식에 핵심적으로 더한 것이 있다고 생각지 않는다. 40년 전 나는 지금 내가 선포하는 모든 기독교 교리(신앙에 의한 칭의를 포함해서)를 알았고 선포했다."56) 반복컨대, 40년 전은 1738년을 가리킨다.57)

헨리 모어(Henry Moore)와 아담 클라크(Adam Clarke) 같은 웨슬리의 초기에 관한 전기 작가들은 이 자료들과 이와 유사한 자료들에 너무도 깊은 인상을 받아서, "하나님께서 〔웨슬리〕를 영혼의 구원을 위하여 그처럼 놀랍게 사로잡으시기를 기뻐하신 것은 1738년 5월 24일 이후였다"고 결론지었다.[58] 룩 타이어맨(Luke Tyerman),[59] 느헤미야 커녹(Nehemiah Curnock),[60] 조지 로프트 셀(George Croft Cell),[61] 윌리암 캐논(William Cannon),[62] 어네스트 래텐베리,[63] 마틴 슈미트(Martin Schmidt)[64] 및 그린(V. H. H. Green)[65] 같은 다른 학자들도 유사한 판단을 내린다. 특히 어네스트 래텐베리는 이런 학계의 대표격으로 얼더스게이트에서 일어난 변화와 능력 부여를 다음과 같이 설명한다:

> 한 경건한 바리새인이 복음적 기독인이 되었다. 경건의 모양이 있던 사람이 그 능력을 받았다. 하나님의 열정적인 종이, 그 자신의 용어대로 아들이 되었다. 행위와 훈련에 의해 그 자신을 구원하기에 실패한 사람이 그의 구원을 위해 오로지 그리스도만을 신뢰하였다.[66]

그러나 성공적인 사역, 곧 위대한 복음적 부흥을 불붙이고 유지해 나갈 그런 사역을 하기 위해서는 세 가지 요소, 설교자, 메시지 및 회중이 필요했다. 1738년 5월 이전에도 존 웨슬리는 은혜와 빛을 계속하여 선포하고 싶어했다는 점에서 확실히 정력적인 설교가였다. 물론 그 선포는 전술한 바와 같이 칭의와 성결을 혼동하고 있었기 때문에 사람들에게 스스로 노력하고 훈련하라는 설교는 좋은 소식이 아니었다. 그리고 웨슬리가 그 자신에 대해 실망하고 얼더스게이트에서, 구원받기 위해 오직 그리스도만을 믿게 되는 바로 그때에야 비로소 그는 자유케 하는 메시지를 선포하였던 것이다.

그러나 솔직히 1738년 5월에 웨슬리에게는 세 번째 요소인 회중이 아직 없었으며, 따라서 그의 사역의 전망이 매우 좋은 것은 아니었다. 실제로 이 옥스포드 교수는 그의 "열정적인" 메시지를 불쾌하게 여겼던 기득권을 가진 온건한 성직자에 의해 당시 추방당했다. 예컨대, 성 헬렌 교회(St. Helen), 성 앤 교회(St. Ann), 성 요한 워핑 교회(St. John's Wapping), 성 베넷 교회(St. Benet's), 성 안토린 교회(St. Antholin) 등 모든 곳의 강단에서 추방당했다. 그런데 위대한 칼빈주의적 감리교회 설교가이자 부흥사인 조지 횟필드가 1739년 4월에 웨슬리에게 관습에 얽매이지 않는 야외 설교를 하라고 권하자, 마침내 웨슬리는 그의 메시지를 전할 적당한 방편을 발견했다. 그러자 과연, 교회 기득권에 의해 종종 무시당하고 가난했던 많은 사람들이, 경우에 따라서는 그야말로 수천 명이, 밀어닥치는 구원의 반가운 소식을 처음으로 들었다.

그리하여 이 세 번째 요소가 마지막으로 적소에 채워지자 웨슬리의 메시지는 그 자신에게와 다른 사람들 모두에게 상당한 결실을 맺기 시작했다. 그린은 이렇게 기록한다: "서서히 나이들어감에 따라 그리고 그가 책임지고 있던 엄청난 일에 더욱 전념(專念)함에 따라, 〔웨슬리는〕 그 자신의 개인적 구원의 문제를 포기하기 시작했고 그제서야 그 5월 24일의 체험은 완전히 결실을 맺게 된다."67) 1739년에 이르러서야, 이 성실하고 신실한 사람이 선포할 메시지와 그것을 들어줄 사람들을 모두 갖추게 된다. 웨슬리 자신이 능력으로 변화되자 그의 설교는 다른 사람들을 변화시켰다. 엄청난 부흥을 위한 모든 요소들이 이제 갖추어진 것이다.

IV. 신앙의 길이 도전받다

비록 존 웨슬리의 얼더스게이트 체험이 회심의 시기라는 전술한 분석이 웨슬리 자신의 저작들과 광범한 부차적인 문서들에서 상당한 증거로 지지되고 있긴 하지만, 최근 학계는 그에 대한 초기의 평가를 필경 침식시킬 수 있을 정도로 웨슬리의 사상에 대해 많은 변경을 가해 왔다. 특히 제닝스(Jennings)와 매독스(Maddox) 같은 학자들은 웨슬리의 회심 체험으로서의 얼더스게이트의 "표준" 신학적 해석은 1774년 (이때 이 감리교 지도자는 1738년에 취했던 그의 입장들을 약간 수정한다)에 웨슬리가 일기상으로 부인한 내용을 통합하지도 못하고, 웨슬리가 성숙기에 강조한 점을 적절히 반영할 수도 없기 때문에, 어쩔 수 없이 무효가 된다고 주장한다.68)

이처럼 계속되는 비평에 비추어서, 일기상으로 부인(否認)된 각각의 내용들이 다음의 사항을 검증하기 위해 간략히 조사될 것이다: a) "표준" 해석의 정당성과 b) 얼더스게이트를 헐뜯으려는 견해들의 약점.

1. 첫 번째 부인(disclaimer)

주후 1774년, 웨슬리는 얼더스게이트 체험 바로 몇 달 전에 그의 일기에 썼던 초기의 주장들 가운데 얼마를 수정하였다. 종종 부인이라고 불리는 이 네 개의 기록들 중 첫 번째 것은 회심을 주제로 다루고 있어서 상당한 주의를 끌어 왔다. 거기에 첨부된 내용은 다음과 같다:

내가 조지아 인디언들에게 기독교의 본질에 대해 가르치기 위해

> 나의 고국을 떠난 지도 어언 2년 하고도 약 4개월이 지났다. 그러
> 나 그간 내 자신이 배운 것은 무엇인가? 다른 사람들을 회심시키
> 기 위해 미국으로 갔던 (아무도 나에 대해서는 조금도 의심치 않
> 았겠지만) 내가 왜 나 자신은 결코 하나님께로 회심시킬 수 없었
> 는가 하는 것이다.69)

그러나 1774년 웨슬리는 "나는 이것을 확신하지 않는다"라고 편
집적인 언급을 가하였다.70) 그러나 "이 언급이 무엇을 의미하는
가?"보다 더 자세히 살펴보면, 그 기록에서 확실치 않다는 강조는
a) "나는 결코 하나님을 향해 회심한 적이 없다", b) "나는 하나님을
향해 회심했다"의 두 가지 의미를 다 분명히 확인할 수 없다는 것이
리라. 다시 말해서, 이 수준에서, "웨슬리가 조지아에서 회심했는가
하지 않았는가"하는 것은 제닝스의 생각대로 여전히 열려 있고 닫
혀 있지 않다는 것이다.71) 이런 모호성에 대해서는, 웨슬리의 다른
편집적인 변화들과 함께 이 기록의 의미를 확인해 보는 것이 가장
좋을 것 같다.

2. 두 번째 부인

웨슬리가 그의 두 번째 기록을 첨부한 본문에 대해서는 이미 전
술한 바 있으며, 그것은 기독교인의 "정체성이 과연 무엇인가"하는
주제를 다루고 있는데, 이 주제는 이 감리회 전도자가 자주 그리고
상당히 심도 있게 다루었던 것이다. 예컨대, 1738년 2월에 웨슬리
는 다음과 같이 추론했다:

> 이런 모든 것(기독교의 모든 진리들에 이성적 확신을 가지고 있
> 다는 것)이 내가 거룩하고 천상적이며 신성한 기독교인이라는 자

격을 부여하는가? 결코 그렇지 않다. 만일 하나님의 말씀이 진실
이라면, 만일 우리가 여전히 율법과 증거를 따른다면, 비록 그리
스도에 대한 신앙으로 그것들이 거룩하고 의롭고 선하다고 인정받
았을 때조차도 신앙 없이는 이런 모든 것들은 여전히 '똥이요 찌꺼
기'로서 결코 꺼지지 않을 불에 의해 정화되어야 할 뿐이다.72)

그러나 1744년 웨슬리는, "신앙 없이는…여전히"라는 구에 대해
다음과 같이 설명했다: "나는 그때에 아들의 신앙은 아니었더라도
종의 신앙은 가지고 있었다."73) 리차드 하이첸레터(Richard
Heitzenrater)의 주목할 만한 예외가 있기는 하지만, 얼더스게이
트에 대한 최근의 논제에서 놀랍게도 이 차이점에 대한 신학적 중
요성을 자세히 탐구해 온 사람은 없다. 사실, 제닝스는 정형적으로
이런 성향을 띠는 학자이나, 놀랍도록 간략하게 토론한 후 다음과
같이 결론짓고 만다:

> 그 전이나 그 후에나 웨슬리는 그가 그토록 열정적으로 섬겼던 하
> 나님을 '사랑한다'는 것이 가능하다는 것을 발견하지 못했다. 그
> 러나 그에게 있어서 종으로 섬겼건 아들로 섬겼건 상관 없이; 결
> 국 그에게 중요한 것은 그가 하나님을 섬겼다는 사실이었다.74)

그러나 이 두 종류의 신앙 차이점이, 그의 저서에서 반복되어 나
타나는 것을 보면 웨슬리에게 무관심한 문제가 아니었다. 특히 이
감리회 지도자는 "종의 신앙"과 "아들의 신앙"이라는 표현을 적어도
두 가지 방법으로 정의했다. 전자는 속박의 영을 의미하며; 후자는
확신의 문제를 의미한다. 1746년에 쓰여진 "속박의 영과 양자의
영"이라는 설교에서, 웨슬리는 하나님의 종의 특성을 하나님의 아
들의 특성과 구분하고 있다. 예컨대, 웨슬리가 속박의 영 아래 있는

종들이 "죄가 영혼에 몰려오는 것"을 발견한다고 지적한다.75) 그들
은 마음의 슬픔과 양심의 가책과 두려움을 느끼며,76) 죄의 사슬에
서 벗어나기를 갈망하나 못한다.77) 진실로 그들의 영적 상태는 사
도 바울이 로마서 7장에서 아주 적절하게 묘사되고 있다고 웨슬리
는 언급한다.78) 의미심장하게도, 종과 아들의 구분이 속박의 영과
양자의 영의 구분과 적절히 연관될 뿐 아니라, 성숙한 웨슬리가 계
속적으로 구분—1788년의 언급에서도 지적되었듯이—한 것이기도
하다: "'신앙에서 신앙으로'; 종의 신앙에서 아들의 신앙으로; 두려
움에 이르는 속박의 영에서 어린 아이와 같은 사랑의 영으로 변화
될 때까지 모든 가능한 수단을 동원하여 그로 하여금 전진하라고
권고하라."79)

얼더스게이트에 대한 "표준 해석"(앞서 적절히 정의한 것과 같은)
을, 비난하고 싶어하는 현대의 역사가들을 더욱 괴롭히는 것은 하나
님의 종들도 "여전히 하나님 나라를 기다리고 있다"는 웨슬리 후기
(後期)의 주장이다.80) 따라서, 1768년 앤 볼튼(Ann Bolton)에
게 영적 충고를 하면서 이 옥스포드 교수는 다음과 같이 언급했다:
"그분이 당신을 사랑하신다는 것은 확실합니다. 그리고 그분은 벌
써 당신에게 종의 신앙을 주신 바 있습니다. 당신은 아들의 신앙이
부족할 뿐입니다."81) 그 후 1770년 웨슬리는 다시 한 번 볼튼 씨의
영적 상태를 똑같이 평가했다: "비록 당신은 아직 아들이기 보다는
종의 상태에 있지만, 당신이 여전히 하나님 나라를 기다리고 있으
니 기쁩니다."82) 그렇다면 여기와 다른 곳에 종의 신앙에 대한 웨
슬리의 묘사는, 그 자신이 성숙기에 인정한 바 있듯, 그도 얼더스게
이트 이전에 똑같이 하나님 나라를 기다리고 있었다는 것을 보여
준다.

4. 존 웨슬리의 회심 99

뿐만 아니라, 이 해석과 맥을 같이하여, "하나님의 자녀와 마귀의 자녀--다시 말해서, 하나님의 종--사이에 중간층이 있다"는 웨슬리의 인정,[83] 신앙에 등급이 있다는 그의 시인, 하나님의 종의 신앙에 대한 점증(漸增)하는 존중[84] 등은, 종의 신앙을 하나님의 자녀의 신앙과 동일시하게 하는 오류를 범해서도 아니되며, 웨슬리가 하나님의 종들을 포함시키기 위해 진정한 기독인(적절한 기독인의 신앙)이 표준을 낮추었다는 주장의 근거도 될 수 없다.[85] 확실히 많은 감리교 사가(史家)들도 웨슬리가 초기에, 정확히 말해서 1725년에 명목상의 기독교와 진정한 기독교를 구분했다는 것을 잘 알고 있으나,[86] 그런 구분 (약간 수정되기는 했더라도) 이 옥스포드 지도자의 후기 저서들에서 종종 드러나고 있다는 것을 알아챈 사람은 거의 없다. 예컨대, 1787년, 이신론(理神論)의 만연(蔓延)에 따른 예기치 못했던 영향력을 지적하며 웨슬리는 다음과 같이 기록하였다: "이것은 명목상의 기독인들이 우선 참고 그 후 진정한 기독교를 수용하도록 준비시킬 수 있는 가장 직접적인 방법이었다."[87] 보다 구체적으로 원숙해진 웨슬리가 어떻게 진정한 기독인들을 신생과 연관지었는가, 그러면서도 하나님의 종들로부터 이런 신자들을 구별해 내었는가를 주목하라. 이것은 회심주의자들이 흔히 구별하는 것인데, 웨슬리도 그의 설교, "봄으로 행하자와 믿음으로 행하자"(Walking by Sight and Walking by Faith)에서 이렇게 구별한다:

진정한 기독인에 관한 이 설명은 얼마나 간결한가! 그럼에도 얼마나 완전한가! 이 설명은 그들이 하나님께로부터 난 그때부터 아브라함의 품으로 들어갈 그때까지 실제로 있을 수 있는 모든 체험을 포함하고 요약한다. 여기서 언급되고 있는 '우리'란 누구인가 모든 진실한 기독교 신자들이다. 나는 '유대교' 신자가 아니라 '기독인'이라고 말한다. 그들 모두는 종일 뿐 아니라 하나님의 자녀이다.88)

그리고 1년 후인 1789년, 웨슬리는 거듭난 진정한 기독인을 중생과 그리고 하나님의 자녀와 완전히 동일시했다는 것 또한 명백하다. 그는 "온전한 눈"(On a Single Eye)이라는 설교에서 선포한다: "기독인이 된다는 것, 진실하고 내적인 영적 기독인이 된다는 것은 얼마나 엄청난 일인가! 마음과 삶을 하나님의 뜻에 합한다는 것! 누가 이런 것들에 합당한가? 하나님으로 나지 않고는 누구라도 불가능하다."89)

3. 세 번째 부인

그의 조지아 선교 사역을 회고하며, 웨슬리는 1738년 2월의 영적 상태를 점검하며 그의 일기에 다음과 같이 고백했다:

> 지구 끝에 와서야 내가 '하나님의 영광에 이르지 못하는 타락한 자'이며; 나의 모든 마음은 '전적으로 부패하고 가증스러우며';… 나는 '진노의 자식'으로서, 내 자신의 의는 분노하신 하나님과 화해시키기에는 너무도 부족하며, 모든 죄 가운데 가장 작은 죄조차 속죄받지 못하게 한다는 사실을 알게 되었다….90)

예상대로, 1774년 웨슬리는 "나는 진노의 자식이다"라는 표현에다 "나는 믿지 않는다"라는 말을 첨가하였는데,91) 전술한 두 번째 부인이 이 세 번째의 이유를 암시한다. 다시 말해서, 당시 웨슬리는 하나님의 자녀와 진노의 자녀 사이의 중간적 상태, 소위 하나님의 종의 상태가 있다는 것을 깨닫기에 이르렀으므로 나중에 이 말을 덧붙인 것이다. 그렇다면 웨슬리가 조지아에 있을 때, 분명히 어느 정도의 신앙을 가지고는 있었으나, 그것은 하나님의 자녀된 신앙이 아닐 뿐 아니라 하나님 나라에 들어간 사랑의 신앙이 아니었음을 의미한다. 반복컨대 오히려 그것은 속박의 영 아래 있는 신앙이었다.

4. 네 번째 부인

웨슬리는 그의 영적 개발—제레미 테일러에게서 배운 습관—을 촉진하기 위하여 옛 결심을 기록하여 새롭게 한 며칠 후, 그는 1738년 3월 4일에 그의 형제 찰스(Charles)를 방문했고 그의 일기에 다음과 같이 기록하였다:

> 옥스포드에 있는 내 동생은 늑막염에서 회복되어 가고 있었고, 피터 뵐러와 함께 있었다. 나는 그를 통해 (위대하신 하나님의 손길에 사로잡혀 있는 그를 통해) 일요일인 5일에 불신앙을, 구원을 위한 믿음의 부족을 확실히 깨닫게 되었다.92)

그러나 1774년 웨슬리는 위의 마지막 문장에다 "완전한 기독인의 구원으로"라는 표현을 첨가하였다. "나는 그를 통해 일요일인 5일에 불신앙을 완전한 기독인의 구원으로 구원받을 수 있는 믿음의 부족을 확실히 깨닫게 되었다."93)

제닝스는 이 첨가된 표현이 1738년 3월 이전에 그에게 부족했던 것은 하나님의 자녀된 신앙이 아니라 완전한 성결이었음을 웨슬리가 후에 깨달았다는 것을 가리키는 것이라고 해석한다!94) 그러나 초기의 웨슬리가 초기의 성화와 완전 성화의 개념을 혼동하였다(실제로 그가 그랬다고 주장할 만한 몇 증거가 있다)95)고 주장한다는 것과, 이 영국인 설교가가 1738년에 자신에게 부족했던 것은 기독자의 완전이었다고 회고하며 증언했다고 주장하는 것은 서로 다른 것이다. 다시 말해서, 웨슬리 초기의 거룩에 대한 갈망과 1738년의 완전한 확신을 혼동해서는 안 된다. 왜냐하면 그 시기를 기점으로 초기 성화와 완전 성화를 나눈 성숙기의 웨슬리는 각 단계마다 확신이 있다고 가르쳤기 때문이다. 즉, 웨슬리는 1738년에 완전한 확신(의심과 두려움에서 자유한 마음)을 기대했는데, 그것은 제닝스가 추측하듯, 그가 이미 의로워졌기 때문이 아니고, 그가 영국의 모라비안 교도들의 몇 가지 교리적 오류에 영향받고 있었기 때문이다.

이제 제닝스의 가망 없는 해석을 설명할 수 있는 한 가지 방법은, 그가 기록상에 "완전한"(full)이라는 단어를 사용할 때 곧 기독자의 완전을 의미한다고 주장하는 방법일지 모른다. 그러나 그런 견해는 적어도 다음의 두 가지 이유 때문에 문제가 많다: 우선 제닝스가 하는 것처럼, 1738년 3월 웨슬리에게 부족했던 것은 완전하게 성화시키는 신앙이었다고 주장한다면, 그는 또한 웨슬리가 그때 이전 어느 시기에 믿음으로 의롭다 하심을 받고 마음과 삶에 있어서 거듭났는가를 자세히 증명해야만 할 것이다. 보다 중요하게 그런 사람은 웨슬리 자신의 신학적 용어-"하나님에게 난 자들의 특권"과 "신생의 표적" 같은 설교에 나타난 용어를 사용해서 이 모든 것들을 해명해야 한다. 뿐만 아니라 매독스 같이[96] 얼더스게이트는 웨슬리가 확신한 순간에 불과하다고 주장하는 사람들도 역시 이 시기 이전 어느 때에 웨슬리가 신생의 체험을 했는가를 자세하고 확실하게 입증해야만 할 것이다. 웨슬리가 하나님으로부터 나서 죄의 권세에서 해방된 것은 1725년, 1733년, 1735년인가? 믿을 수 없는 가설이 있다면 바로 이런 것일 것이다.

두 번째 "완전한 그리스도의 구원"이라는 표현에서 "완전한"이라는 용어는 웨슬리의 다른 부인들로부터 도출되는 구분과 관련해서 고려되어야만 한다. 따라서, 만일 웨슬리가 조지아에서 회심했다고 확신하였고, 그 이후 1738년 3월에 기독자의 완전을 기다리고 있었다면, 그가 1744년 "나는 이것을 확신하지 못한다"라고 기록하지는 않았을 것이다. 또한, 종의 신앙과 아들의 신앙의 구별은 시간을 두고 차츰 발전되어 웨슬리가 전자도 가치 있다고 인정하게 되는 결과를 낳았을 뿐만 아니라, 거의 모든 경우에 있어서, 아들의 신앙을 상당한 정도의 확신(죄가 사해지는) 내지는 적절하게 진실된 진정한 기독교와 동일시했다. 다시 말해서, 이런 정황에서 "완전한"이라는 용어는 확신을 강조하는 의미인 바, 이 확신이란 무지나 육체적 고통을 통해서는 완전히 인식할 수 없는 것이지만, 하나님께로 난 자들이라면 누구나 누릴 수 있는 특권인 것이다. 따라서 이 용어는, "적당한", "진실된" 및 "진정한"과 동의어로서: 그것은 하나님의 자녀에게 주어지는 모든 특권을 포함한다.

V. 결   론

존 웨슬리의 얼더스게이트 체험의 결정적인 본질을 부정하는 최근의 이러한 해석들의 보다 두드러지는 두 가지 약점은, 1738년 5월 이전 언제 웨슬리가 의롭다 칭함받고 하나님께로 난 것인가를 입증하지 못한다는 점과, 그의 얼더스게이트에서의 회심이 야외 설교에서 적절히 표현된 바와 같이 웨슬리 사역에 미친 현저한 영향력을 설명하지 못한다는 점이다. 확실히 어떤 학자들은 아직도 1725년을 웨슬리의 회심 시기로 간주하기를 선호하지만, 이와 반대되는 중요한 증거도 있고, 이 시기는 능력으로의 아무런 변화도 거의 나타내 보이지 못하고 있다.

따라서, 웨슬리 연구에서 현대적 비평에도 불구하고, 얼더스게이트의 중요성은 사람들로 하여금 웨슬리의 영적 동력(dynamic)에 대한 통찰을 얻게 하는 해석학적 장치로 간주된다는 점은 부인될 수 없다. 이런 전말의 극적인 구조, 그 안에 있는 다른 중요한 회심 체험들(Paul, Augustine, Luther) 안에 있는 암시, 그것을 넘어서는 영적 자서전, 그리고 기록으로 남긴 영적 능력과 승리에 관한 웨슬리 자신의 자료들, 이 모든 것은 이것이 특별한 사건이었음을 입증한다. 실로 얼더스게이트에서 단순한 확신을 훨씬 뛰어넘는 사건이 일어났으며, 이것은 웨슬리가 그리스도를 신뢰하게 되었던 때였을 뿐 아니라 죄의 세력과 죄책감으로부터 해방되는 체험을 한 때이기도 했다. 이 모든 부분들이 함께 고려될 때—어떤 부분도 다른 부분을 제외시키지 않고—얼더스게이트가 실로 웨슬리에게 있어서 결정적인 체험이었음이 밝혀질 것이다. 실로, 다른 무엇보다도 이때야말로 그가 진정한 기독인이 된 때였다.

주 (註)

1) 1758년에 Potter씨에게 보낸 한 편지에서 웨슬리는, 회심이란 자연적 작용이 아니라 초자연적인 것이며, 그것은 죄로부터 은혜로의 기적적인 전환을 수반한다고 밝히고 있다. John Telford, ed., *The Letters of John Wesley, A. M.,* 8 vols. (London: The Epworth Press, 1931), 4:40-41.

2) J. Ernest Rattenbury, *The Conversion of the Wesleys* (London: The Epworth Press, 1938), 28.

3) Frank Baker, ed., *The Works of John Wesely,* vols. 25, 26. *The Letters* (New York: Oxford University Press, 1982), 25:575.

4) 비록 웨슬리는 1750년에 래빙톤(Lavington) 주교에게 보낸 편지에서, 자신은 회심이라는 용어를 거의 사용하지 않는다고 주장하고 있으나, 이 용어는 그의 저서들에서 많이 발견되고 있다. Telford, *Letters,* 2:202, 3:266, 4:40-41; Nehemiah Curnock, ed., *The Journal of the Rev. John Wesley, A. M.,* 8 Vols. (London: The Epworth Press, 1938), 5:29, 6:239, 6:310, 7:68, 7:364, 7:371; Reginald W. Ward and Richard P. Heitzenrater, eds., *The Works of John Wesley, Journals and Diaries* (Nashville, TN: Abingdon Press, 1988), 18:16, 18:271, 19:158, 21:381.

5) Baker, *Letters,* 25: 400.

6) Telford, *Letters,* 5: 137.

7) Ward and Heitzenrater, *Journals,* 18:243.

8) Ibid., 18:244, n. 41.

9) Ibid., 244.

10) Albert C. Outher, ed., *The Works of John Wesley,* vols. 1-4. *The Sermons* (Nashville, TN: Abingdon Press, 1984), 1:40, 203. 이 시기에 웨슬리가 성결을 어떻게 정의하였는가를 알기 위해서는 Telford의 *Letters,* 1:152, 168을 참조하라.

11) Maximin Piette, *John Wesley in the Evolution of Protestantism* (London: Sheed and Ward, 1938d), 234ff. 또한 Umphrey Lee도 유사한 입장을 취한다. 웨슬리의 회심은 1738년이 아니라 13년 전인 1725년에 일어났다. Umphrey Lee, *John Wesley and Modern Religion* (Nashville, TN: Cokesbury Press, 1936).

12) 루터는 "인간 교리를 변호하면서 인용된 본문에 대한 응답"(A Reply to the Texts Cited in Defense of the Doctrines of Men)에서 신앙이란 개인적 적용이자 신뢰의 문제로서, 하나님의 은혜에 의해 활기를 얻게 되는 것이라고 강조했다. Martin Luther, *Luther's works*, ed. E. Theodore Bachmann, vol. 35: *Word and Sacrament* I (Philadelphia, PA: Fortress Press, 1960), 151.

13) Baker, *Letters*, 25:175.

14) Ibid., 25:175-76.

15) Gerald R. Cragg, ed., *The Works of John Wesley*, vol. 11. *The Appeals to Men of Reason and Religion* (New York: Oxford University Press, 1975), 176-77.

16) Telford, *Letters*, 1:188.

17) Ward and Heitzenrater, *Journals*, 18: 142. 이 당시의 그의 영적 상태를 알아볼 수 있게 하는 웨슬리의 죽음에 대한 두려움과 관련된 기타의 자료는 18:143, 165, 169, 324 등이다.

18) Ibid., 18:145, n. 37.

19) Ibid., 25:175-76.

20) Telford, *Letters*, 1: 285.

21) Curnock, *Journal*, 1:328.

22) Ibid., 1: 287.

23) Cragg, *Appeals*, 11:176.

24) Curnock, *Journal*, 1:11.

25) V. H. H. Green은 비록 감정적인 파괴가 아니었더라도, 웨슬리는 그의 조지아에서의 체험을 통해 어떤 정신적인 일을 겪었다고 지적한다. V. H. H. Green, *John Wesley* (London: Thomas Nelson and Sons, 1964), 59, 61.

26) Ward and Heitzenrater, *Journals*; 18:208.

27) Ibid., 18:214-15. 1774년판 그의 일기에서 웨슬레는 "나는 그때에 조차도 종의 신앙을 갖고 있었다"라고 덧붙였다.

28) Ibid., 18:215-16. 1774년의 그의 일기에서 웨슬리는 1738년에 그에게 부족했던 것은 "아들의 신앙"이었었다는 기록을 덧붙였다.

29) Ibid., 18:223.

30) Ibid., 18:228.

31) J. Ernest Rattenbury, *The Conversion of the Wesleys* (London: The Epwrth Press, 1938), 70.

32) Ibid.

33) Ward and Heitzenrater, *Journals*, 18:228.

34) Ibid., 18:248.

35) Ibid., 18:234.

36) Ibid., 18:249.

37) Ibid., 18:249-50.

38) Ibid., 18:250.

39) Telford, *Letters*, 3:302.

40) Curnock, *Journal*, 1:109. 웨슬리의 영적인 능력의 결핍에 관한 또 다른 자료들은 다음과 같다: 1:138, 140, 246, 413, 415, 417, 418, 419, 420 및 422.

41) Ibid., 422. 그리고 이차적 자료로는 418을 보라. 때때로 얼더스게이트의 중요성은, 웨슬리가 주장했던 종의 신앙과 아들의 신앙의 차이점에 비추어 거부된다. 그러나 오히려 그런 차이점은 얼더스게이트의 중요성을 감소시키지 않을 뿐 아니라 실제로 그것을 지지한다. 웨슬리가 1738년 5월 이전의 초기의 자신의 체험을 전자의 신앙과 관련하여 언급했던 것은 확실한 사실이지만, 후자의 특권은 하나님께로 난 자들만이 누릴 수 있는 것임을 주목하라. 이런 분석이 옳다는 것은, "두려움으로 가는 속박의 영"라는 용어를 사용해서 종의 신앙에 대해 논했던 ″The Discoveries of Faith″(신앙의 발견)이라는 웨슬리의 설교에서 지지된다(Jackson, *Wesley's Works*, 7:236.). 그 종의 신앙이라는 것은 어느 정도의 신앙이 주어졌음을 의미하지만, 그것이 중생 자체를 의미하는 것은 아니다. 웨슬리에게 직접 들어 보자: "신앙에서 신앙으로; 종의 신앙에서 아들의 신앙으로; "두려움으로 가는 속박의 영"에서 어린아이와 같은 사랑의 영으로 그가 변화될 때까지 가능한 모든 수단들을 힘써 동원하도록 그렇게 권면하라. 그러면 그의 마음에 그리스도께서 나타나게 될 것이다"(Ibid.).

42) Martin Schmidt, *John Wesley: A Theological Biography*, 3 vols. (London: The Epworth Press, 1962), 246. Schmidt는 또한 피터 뵐러가 웨슬리로 하여금 예수에 대한 신뢰는 하나님과의 관계에서 가장 중요한 것이며, 따라서 신앙의 결핍이야말로 가장 심각한 죄임을 깨닫게 했다고 주장한다. 1:241 참조.

43) Ibid. 그의 얼더스게이트 체험 이후에 웨슬리는 평화와 능력이라는 요소들을 모두 강조했다는 점을 주목하라. Ward and Heitzenrater, *Journals*, 18:251, 253.

44) George Croft Cell, *The Rediscovery of John Wesley* (New York: Henry Holt and Co., 1934), 185.

45) Curnock, *Journal*, 1:480.

46) Baker, *Letters*, 25:575.

47) Curnock, *Journal*, 2:125.

48) Baker, *Letters*, 26:183.

49) Curnock, *Journal*, 2:354.

50) Telford, *Letters*, 2:175ff.

51) Ibid., 264.

52) Ibid., 4:298.

53) Ibid., 4:295.

54) Albert C. Outler, ed., *The Works of John Wesley*, 34 vols. (Nashville, TN: Abingdon Press, 1984), 1:456.

55) Thomas Jackson, ed., *The Works of John Wesley*, 14 vols. (Grand Rapids, MI: Baker Book House, 1978), 10:388.

56) Curnock, *Journal*, 6:209.

57) 이 "연대"에 대한 더 이상의 증거를 위하여, see Telford, *Letters*, 5:90, 258-59; 6:331., and Jackson, *Works*, 7:317, 10:403.

58) Rattenbury, *Conversion*, 25. 괄호의 자료는 필자의 것임.

59) Luke Tyerman, *The Life and Time of the Rev. John Wesley*, 3 vols. (New York: Burt Franklin), 1: 179ff.

60) Curnock, *Journal*, 1: 33ff

61) Cell, *The Rediscovery*, 28, 73, 185 and 361.

62) William Cannon, *The Theology of John Wesley* (Nashville, TN: Abingdon-Cokesbury Press, 1946), 66-80.

63) Rattenbury, *Conversion*, 25, 42 and 82.

64) Schmidt, *John Wesley*, 1: 213-311.

65) Green, *John Wesley*, 60-63.

66) Rattenbury, *Conversion*, 35. 이 책에서 래텐베리는, 웨슬리 형제 (존과 찰스)의 회심은 그들이 무서워했던 하나님을 율법적으로 섬기려는 노력에서의 해방을 의미한다.

67) Green, *Wesley*, 63.

68) 다음을 보라: Jennings, "Against Aldersgate", 8-11 and Randy Maddox, ed., *Aldersgate Reconsidered* (Nashville, TN: Kingswood Books, 1990), 15-16. "표준" 해석이 부정확한 것들을 많이 포함하고 있다는 매독스의 설명을 주목하라.

69) Ward and Heitzenrater, *Journals*, 18:214.

70) Ibid., 214.

71) Jennings, "Against Aldersgate", 8.

72) Ward and Heitzenrater, *Journals and Diaries*, 18:214-15.

73) Ibid., 215. 한 편집적인 부가적 주장을 통해서 웨슬리는 1738년 1월에는 아들의 신앙이 부족했었다고 밝혔음을 주목하라.

74) Jennings, "Against Aldersgate", 19.

75) Outler, *Sermons*, 1:257.

76) Ibid.

77) Ibid., 1:258.

78) Ibid., 1:258. 하나님의 종들은 각성되었을 뿐이며, 사랑의 하나님을 본 것이 아니라 진노의 하나님을 보았을 뿐이다. 따라서 각성과 중생(그리고 회심)의 문제를 혼동하지 않는 것이 중요하다.

79) Ibid., 4:35-36.

80) Telford, *Letters*, 5:207.

81) Ibid., 5:86.

82) Ibid., 5:207.

83) Ibid., 6:272-73.

84) Ibid., 5:207. 그러나 앤 볼튼에게 보낸 이 편지에서 웨슬리는 다음과 같이 주장하기도 하였다: "하나님의 종이 된다는 것조차도 축복이다!"

85) 제닝스는 웨슬리가 선교와 사역을 결정적으로 시작한 1725년을 그가 "완전히 거룩한 삶을 살기 위해 헌신한" 해였다고 특징지었다. 그러나 그 헌신을 은혜를 경험하여 하나님의 자녀로서 누리는 특권과 혼동해서는 안 된다. Jennings, "Against Aldersgate", 19 참조. 그러나 실제로 웨슬리는 진정한 기독교의 기준을 낮추었던 감이 있다. 예컨대, 초기 모라비안의 영향하에 있을 때, 이 감리회 지도자는 칭의를 충만한 확신과 혼동했으나(기준을 너무 높게 잡았음), 이런 오류를 발견하여 수정한 후, 그는 적절한 기독교적 신앙의 기준을 신생의 기준보다 낮추지는 않았다.

86) Outler, *Sermons*, 3:152.

87) Ibid., 3:452.

88) Ibid., 4:49.

89) Ibid., 4:121-22. 후기의 웨슬리가 진실된 신앙과 구원에 관한 그의 초기의 배타적 표준들을 버렸다고 한 아우틀러의 주장에 대해 기술적이고 자세하며 비평적으로 논의한 것을 보기 위해서는 필자의, *A Faithful witness: John Wesley's Homiletical Theology*, 6장을 보라.

90) Ward and Heitzenrater, *Journal and Diaries*, 18: 215.

91) Ibid.

92) Ibid., 18:228.

93) Ibid.

94) Jennings, "Against Aldersgate", 10.

95) 1738년 2월 1일 웨슬리는 그의 일기에 다음과 같이 기록했다: "내가 확실히 알 수 있는 그런 신앙을 원한다…왜냐하면 그것을 가진 사람은 누구나 '죄에서 자유롭기' 때문이며; '모든 죄의 몸이 그 안에서 파괴되기' 때문이다." Ward and Heitzenrater, *Journals and Diaries*, 18:216.

96) Randy L. Maddox, " Aldersgate: A Tradition History", in *Aldersgate Reconsidered*, 145.

5

찰스 피니(Charles G. Finney)의 회심

루이스 드러먼드

피니의 다메섹 도상의 여정(旅程)은 그의 법학도 시절에 시작되었다. 이 젊은 변호사가 전적으로 무지했던 법규가 있었다면, 그것은 성경이었다. 그가 읽은 책의 저자들은 모세를 거듭 언급하면서 빈번히 성경을 인용하였다. 찰스는 성경을 한 권 사서 그것을 공부하기 시작했다. 그는 추구(追求)의 마음을 가지고 성경에 진지한 흥미를 느끼게 되었다.

동시에, 그는 지역의 장로교회에서 일어나고 있는 일에 서서히 반응을 보이기 시작하였다. 그 교회는 회중교회였는데, 새 목사가 부임하였을 때 교파를 바꾸었다. 그 "화려한 이교도" 찰스는 조지 게일 (George W. Gale) 목사 밑에서 성가대 대장을 맡았다. 그것은 아마도 그가 종교 보다는 음악을 더 사랑한 연유에서였을 것이다. 그리하여 그는 매주일 교회에 참석하게 되었다.

찰스는 29살이 될 때까지 교회의 설교 내용같은 것은 그에게 별로 중대한 관심사가 아니었으나, 이제 이 젊은 변호사는 설교 내용에 귀를 기울이기 시작하게 되었다. 그러나 한 가지 문제가 있었다. 비록 게일 목사가 최근의 프린스톤 대학교 출신이었고 상당히 학문적인 설교를 했지만, 그의 생기없고 완고한 신학은 찰스에게 비논리적으로 보인 것이다. 그의 법적이고, 분석적이며, 아주 실제적인 마음으로는 게일 목사의 설교 내용을 쉽게 이해할 수가 없었다. 그 결과 찰스는 게일 목사를 무자비하게 혹평하였던 것이다. 그 목사는 월요일이면 벤자민 라이트(Benjamin Wright) 법률 사무소에 자주 들려 그 전날 한 자신의 설교에 대한 피니의 반응을 알아보곤 하였다. 때때로 찰스는 노골적으로 무례하였지만, 그렇다고 철저한 무신론자는 아니었다. 피니는 자신이 복음을 확고히 믿고 있다고 생각하였다. 그러나 비록 그가 교회에서 음악에는 남다른 재질이 있었지만, 문제는 그가 하나님과의 어떠한 생생한 경험이 없다는 것이었다. 그렇다고 찰스의 그러한 태도를 혹독하게 비난할 수도 없었다. 19세기의 종교적인 격동은 거의 필연적으로 그로하여금 그러한 반응을 하게끔 만든 것이다.

첫 목회지로 갓 부임한 담임 목사는 무슨 댓가를 치루어서라도 정통 신앙을 고수(固守)할 준비가 되어 있었다. 프린스톤 출신인 그는 정통 신앙이 무엇인지에 대한 의문은 없었다. 그는 정통 신학과 칼빈주의는 유사한 것으로 이해했다. 목사의 설교의 강조점은 주로 교인들에게 예정론자가 되고, 존 칼빈의 교리를 따라서 삼위일체를 믿는 자가 되라고 하는 내용이었다. 그래서 그의 설교는 피니가 들은 것처럼 근본적으로 논증법적이 된 것이다. 그 결과, 회심을 경험하는 사람은 거의 없었다. 그 기간 동안에 찰스는 구원에 관한 어느 "상담실"(inquiry meeting)에 참석하게 되었다. 그는 "내가 앉은 자리가 흔들릴 정도로 떨었습니다"라고 고백할 만큼 죄에 대한 가책을 느꼈다. 그는 계속해서 말했다. "나에게 꼭 필요한 그런 영적인 가르침을 지금까지 받아보지 못했습니다. 만일 그랬었다면, 나는 벌써 단 번에 회심을 경험했었을 겁니다." 장로교회에서 참석했던 기도회는 오히려 방해가 되었다. 찰스는 분명히 마음 속에 무언가 필요를 느꼈기에 기도회에 참석했건만, 사실상 얻은 것이라고는 아무 것도 없었던 것 같다.

그는 언젠가 기도 모임에서 말했다. "나는 내가 죄인임을 알고 있기에 나를 위한 기도가 필요하다고 생각합니다. 그런데 나는 여러분이 나를 위해 기도하는 것이 아무런 유익이 되리라 생각하지 않습니다. 왜냐하면, 당신들은 응답받지 못하는 기도를 하고 있기 때문입니다. 내가 이곳 아담스(Adams)로 온 이래로 당신들은 부흥을 위하여 기도해 왔건만, 아직도 응답이 없습니다. 내가 이 모임에 참석한 이래로 당신들은 아담스에서 마귀를 쫓아 달라고 충분히 기도했습니다." 피니는 솔직하게 말했다.

조지 게일 목사는 피니가 회심을 경험하리란 소망을 이미 단념했었다. 그는 교회의 청년들에게 이 젊은 비평론자를 위해 기도하지 말라고 말했다. 그는 피니가 빛에 대항하여 너무나도 죄를 범했기 때문에 하나님의 은혜를 받을 자격이 없다고 말했다. 심지어 그는 찰스의 영향력을 너무나도 많이 받고 있는 성가대원들의 회심에 대해서도 포기하였다. 그럼에도 많은 충실한 그리스도인들은 그를 위해 계속해서 기도하였는데, 그 중에는 와이츠타운(Whitestown)에서 온 리디아 루트 앤드류스(Lydia Root Andrews)란 숙녀도 있었다. 그녀는 회심의 경험이 없는 이 변호사에게 후에 중요한 인물이 되기도 하였다.

그럼에도 불구하고, 피니는 게일 목사와 그의 교회 사역에 대해서 그 목사의 상상 보다도 훨씬 더, 그리고 아마도 찰스 자신의 인식 보다도 더 좋은 인상을 갖고 있었다. 그는 후에 이렇게 고백하였다. "아담스에서 나는 처음으로 지성적인 목회자 밑에서 긴 시간 동안 정기적으로 앉아있곤 했습니다."

서기 1821년 여름 어느날 게일 목사는 병든 어느 자매를 방문하기 위해서 여행을 가게 되었다. 그는 그의 강단을 제디다이아 버챠드(Jedediah Burchard)에게 맡겼다. 게일 목사는 버챠드에게 설교집에 있는 설교를 읽어주고 권면의 말을 덧붙이면 된다고 지시했지만, 성령께서 회중 가운데서 역사하시기 시작했으며, 피니는 후에 아담스에 부흥이 일어났음을 감지하게 되었다. 하루는 그가 변호사의 임무를 마치고 귀가하고 있을 때, 한 남자가 학교 건물에서 기도하고 있는 소리를 듣게 되었다. 그는 말했다. "그 기도 소리는 내가 지금까지 들어온 모든 것 보다도 종교에 대하여 더 내 마음 속에 깊은 감명을 주었습니다."

찰스는 자신의 상태로 인하여 번민하기 시작했다. 환경적으로 그의 회심이 일어나도록 역사하고 있었다. 그는 심각한 질문들을 자신에게 하기 시작했다. 게일 목사님이 참으로 진리를 설교하였는가? 교인들의 기도는 정말로 진지했는가? 설교가 논리적으로 느껴지지 않았고, 교인들의 기도가 응답되지 않는듯 보였지만, 그 모든 것에는 타당성이 있었는가? 무엇보다도 성경 그 자체가 있지 않는가! 더 심각한 의문이 생겼다: 인간은 이 세상의 어느 것보다도 예수 그리스도와의 개인적인 경험이 실제로 필요한 것인가? 진정한 그리스도인이 되기 위해서 무엇을 해야만 하는가?

이러한 질문들은 마땅히 정직하게 다루어져야 된다. 사실상, 피니는 실제로 모든 사람의 종교적 상태에 대하여 질문을 던졌었는

데, 왜 자신의 상태에 대하여는 질문을 던지지 않았겠는가? 드디어
절정의 순간이 닥쳐왔다. 그의 하늘을 어둡게 만들었던 의심의 어
둠침침한 구름 사이를 뚫고 서광이 비쳐오기 시작한 것이다. 그 빛
이 피니의 마음 속에 환하게 비추어진 날은 놀랄만한 계시의 날이
었다. 몇 십 년 후에 쓴 그의 『회고록』(Memoirs)에서 그는 이 극
적인 경험을 생생한 기억으로 회상하였다.

피니는 75세에 그의 『회고록』을 집필하였다. 그러므로 그는 그
것을 정교하고도 신학적으로 성숙한 입장에서 쓸 수 있었다. 그 당
시는 그와 같은 용어로 표현할 수 없었을 신학적인 개념들을 회고
록에 삽입하였다. 그도 바울처럼 자신의 이야기를 틀림없이 여러
번 했을 것이다. 그러기에 그는 그 이야기의 모든 아름다운 세부 사
항들을 간결하고도 생생하게 회상할 수 있었을 것이다. 더욱이, 그
의 『회고록』에 나오는 매혹적인 회심의 이야기는 그 사람과 그리스
도인 생활에 대한 그의 태도를 알려주는 놀라운 자료가 된다. 그 이
야기는 너무나도 극적이고 개인적이어서 우리는 찰스 자신의 말로
그 흥미진진한 사건을 묘사하게 해야 좋을 것이다. 그 『회고록』의
이야기는 다소 길지만, 너무나 고전적이어서 한 말도 그냥 지나쳐
서는 아니 될 것이다.

> 1821년 가을 어느 토요일 저녁, 나는 내 영혼의 구원의 문제를
> 단번에 해결하고 가능하다면 하나님과의 화평을 찾아야겠다고 마
> 음 먹었다. 그러나 나는 사무실 일로 너무나 바빠서, 확고부동한
> 목표가 없이는 결코 그 문제를 실제로 해결할 수 없으리라는 것을
> 알았다. 그러기에 나는 즉석에서 가능한한 모든 업무와 나의 집중
> 력을 분산시키는 모든 것을 피하고, 전적으로 나의 영혼 구원에만
> 전념하기로 결심하였다. 나는 될 수 있는 대로 단호하고도 철저하

게 이러한 결심을 실행하였다.

그러나, 나는 사무실 일도 돌보아야 했다. 다행히도 하나님의 섭리였는지, 나는 월요일과 화요일에는 사무실 일이 그리 많지 않았기에, 성경을 읽고 대부분의 시간을 기도로 보낼 수 있는 기회를 가졌던 것이다. 그러나 나는 아주 교만하였는데 그것을 알지도 못했다. 나는 다른 사람들이 나에 대하여 어떻게 생각하든 그들의 의견을 그리 중시하지 않았다. 나는 아담스에 있는 동안 기도회에 참석하는 일과 종교에 주의를 기울였던 점에 있어서 상당히 독자적이었다. 나는 열성적인 탐구자가 되어야겠다고 생각하고는 아주 독자적인 태도를 가졌다. 이 점에서 나는 너무나 독자적이어서 상담실에 가야된다고 생각하면 때때로 교회를 떠나곤 하였다. 그러나 새삼 발견한 것은, 내가 영혼의 구원을 추구하고 있는 것을 누가 아는 것을 아주 꺼림직하게 느꼈다는 점이다. 나는 기도할 때 기도하고 있는 모습을 누구한테 들킬까봐 조바심이 나서 문을 걸어 잠근 후에 겨우 속삭이듯 기도하곤 하였다. 나는 그 이전까지는 성경 책을 법률 서적과 함께 책상 위에 늘어 놓곤 하였는데, 성경 읽고 있는 것을 누가 볼 것을 부끄러워 하리라곤 생각지도 못했었다.

그러나 나 자신의 구원의 문제를 진지하게 본격적으로 추구하기로 한 이후부터는 될 수 있는 한 성경 책을 눈에 띄지 않는 데 두려고 애썼다. 내가 성경을 읽고 있는데 누가 들어오면, 성경을 보고 있었다는 표식을 내지 않으려고 얼른 성경을 법률 서적들로 덮어버리곤 하였다. 전처럼 구원의 문제에 대해서 아무하고나 솔직하게 기꺼이 말할 수도 없었으며, 스스럼 없는 대화를 자유롭게 할 수 없는 나 자신을 발견하곤 하였다. 나는 목사님을 보기 원하지 않았는데, 그 이유는 그분이 나의 느낌을 알게 되기를 원하지 않았으며, 또한 그가 나의 입장을 이해하고 내게 필요한 방향지시를 해 줄 수 있다는 신뢰를 갖지 못했기 때문이다. 같은 이유로, 장로님들이나 어떤 교인들과의 대화를 피했다. 한편으로, 나는 나의 느낌을 그들이 알기를 원하지 않았으며, 또 한편으로, 그들이 나를 잘못 인도할 것을 염려했다. 내가 의지할 수 있는 것은 성경 밖에 없다고 느꼈다.

월요일과 화요일에 구원을 향한 나의 갈등은 더 했지만, 내 마음은 더욱 굳어만 가는 것 같았다. 나는 눈물을 흘릴 수도, 기도할 수도 없었다. 소리를 내어 기도할 수는 더 더욱 없었다. 그래서 만일 목소리를 낼 수 있는 곳에 홀로 있을 수 있다면, 나는 큰 소리로 기도하여 위안을 얻고 싶었다. 나는 어떠한 주제에 대해서도 누구에게 말을 거는 것을 부끄러워 하였고, 될 수 있는한 회피하였다. 그리하여 나는 어느 누구도 내가 나의 영혼의 구원을 추구하고 있다는 의구심을 갖게 하지 않으려고 애썼다.

화요일 밤 나는 신경이 아주 예민해졌다. 그날 밤 마치 내가 죽음을 앞둔 것 같은 이상한 느낌이 나를 엄습해 왔다. 나는 내가 당장 죽는다면 당연히 지옥행이라는 것을 알고 소리를 지르고 싶은 심정이었다. 그러나 나는 아침이 될 때까지 마음을 진정시키려고 안간 힘을 다 했다.

나는 일찍 사무실을 향하여 출발하였다. 그런데 사무실에 도착하기 직전 내 마음 속에 몇 가지 질문이 일어나고 있었다: "너는 무엇을 기다리고 있는거니? 너는 네 마음을 하나님께 드리겠다고 약속하지 않았니? 너는 무얼 하려고 애쓰고 있는거니? 너는 네 자신의 의로움을 애써서 성취하려고 노력하고 있는거니?"

바로 그 순간 하나님의 구원에 관한 이러한 의문들은 믿어지지 않을만큼 놀라운 방법으로 나의 마음 문을 열어준 것이다. 나는 그리스도의 대속의 실제와 충만을 확실히 보게된 것이다 - 그리스도의 사역은 완성된 사역이며, 하나님께 인정받기 위해서 나 자신의 어떠한 의(義)도 필요한 것이 아니고, 그리스도를 통하여 하나님의 의에 나 자신을 맡겨야 한다는 것이다. 구원의 복음은 나 자신이 직접 받아들여야 하는 것이며, 그것은 충만하고 완성된 것이며, 내 편에서 해야 할 일은 오직 내 자신에게 죄를 포기할 승낙을 얻고, 그리스도를 영접하는 일이다. 구원은 자신의 행위로 애써서 성취해야 되는 것이 아니고, 나의 하나님과 구세주로 그 자신을 내어주신 주 예수 그리스도 안에서 발견되는 것이다.

나는 내적 음성이 나를 사로잡는 듯한 바로 그 순간, 나도 모르게 길에서 멈추었다. 얼마나 오랫동안 그랬는지 말할 수 없지만, 이 분명한 계시가 얼마 동안 내 마음 가운데 지속된 후, 결정적인 질문이 생겼다: "너는 오늘 바로 지금 받아들이겠는가?" 나는 대답했다: "그래, 지금 받아들여야지. 그렇지 않으면 그렇게 애쓰기만 하다가 그냥 죽겠어."

마을 여관의 북쪽 언덕 넘어에 작은 숲이 있었는데, 나는 날씨가 좋으면 그곳을 거의 매일 산책하는 습관이 있었다. 10월 어느 날, 내가 늘 가던 산책 시간은 이미 지났다. 그런데도, 나는 하나님께 마음껏 기도하기 위하여, 모든 사람의 눈과 귀를 피하여 홀로 있어야 되겠다고 느끼면서, 사무실로 가던 발걸음을 돌려 내가 늘 다니던 코스를 따라 숲으로 향하였다.

그러나 나의 교만은 컸다. 내가 언덕 위로 갈 때 누군가가 내가 기도하러 가는 것을 보리라는 생각이 들었다. 물론, 누가 도대체 나를 본다해도 그런 일을 상상할 수 있겠는가. 그러나 나의 교만은 너무나 컸고, 또 나의 두려움도 너무 커서, 아무에게도 보이지 않을 때까지 담장을 따라 숨어서 걸어갔다. 숲속으로 1/4마일쯤 들어가서 언덕 넘어에서 한 좋은 장소를 발견하였는데, 그곳은 큰 나무들이 쓰러져서 서로 엇갈린 채 나뒹굴어 있었는데, 그 나무 사이에 앉을만한 아늑한 곳이었다. 나는 그 곳을 나의 사실(私室)로 삼고 기어들어가서 기도하려고 무릎을 꿇었다. 나는 숲속으로 오면서 한 말이 생각났다. "하나님께 내 마음을 드려야지. 그렇지 않으면 나는 결단코 그곳에서 내려오지 않을거야!" 나는 올라오면서 반복해서 이 말을 생각했다. "다시 내려가기 전에 꼭 내 마음을 하나님께 드려야지."

그러나 정작 기도하려고 하자, 나는 웬지 기도할 수가 없었다. 나는 아무도 내 기도 소리를 들을 수 없는 곳에 가면 큰 소리를 내어 자유롭게 기도할 수 있으리라 생각했었다. 그러나 어찌된 일인가! 기도하려 하니, 벙어리 신세를 면치 못했다. 하나님께 아뢸 말씀이 아무 것도 없었던 것이다. 아니면, 몇 마디 밖에는 할 말이 없었으며, 그나마 그것도 마음에서 우러나오는 기도가 아니었다. 기도를 하려고 하면, 나뭇잎들의 바스락거리는 소리에 기도를 멈추고는 혹시 누가 오지나 않나 해서 주위를 살피곤 했다. 나는 이런 짓을 몇 번이고 했다.

마침내 나는 절망 가운데서 혼잣말을 하였다. "나는 기도할 수 없어. 내 마음은 하나님께 무감각해. 나는 기도하지 않을거야." 그러자 나는 숲을 떠나기 전에 하나님께 내 마음을 드리기로 약속한 것을 인하여 나 자신을 질책하였다. 정작 내 마음을 하나님께 드리려고 해 보니, 그렇게 할 수가 없었다. 나의 영혼은 주춤거렸으며, 내 마음 속으로부터 하나님께 드릴 것이라고는 아무 것도 없었던 것이다. 나는 너무 늦었다는 생각이 들었으며; 하나님이 나를 버리셨기 때문에 다 끝장났다고 결론지었다.

그날 내 마음을 하나님께 드리거나 아니면 죽으리라고 했던 나의 약속이 내 마음을 압박하고 있었다. 그것은 마치 나의 영혼을 얽어매고 있는 것 같았다. 그렇지만 내가 한 맹세를 깨고 싶지 않았다. 크나큰 무기력감과 실망감이 나를 엄습해 왔으며, 마침내 나는 더 이상 무릎을 꿇고 지탱해 낼 수 없을 정도로 몸을 가눌 수가 없었다.

바로 이때 누군가가 나를 향하여 오는 소리를 들었다고 생각되어 정말 그런가 보려고 눈을 떴다. 바로 그때, 나는 내 마음의 교만을 역력히 볼 수가 있었다. 내가 하나님 앞에서 무릎을 꿇고 있는 것을 누가 보는 것을 부끄러워 했던 감당할 수 없는 묘한 감정이 나를 그렇게도 강력하게 사로잡고 있었기에, 나는 있는 목청을 다하여 큰 소리로 울면서, 이 세상의 모든 인간과 지옥의 모든 마귀가 나를 에워싼다 할지라도 나는 그곳을 떠나지 않겠노라고 외쳤다. "이처럼 타락한 이 죄인이 무릎을 꿇고, 위대하시고 거룩하신 하나님께 저의 죄를 자백하오며, 사람에게 발각되기를 부끄러워했던 이 죄인이 이제 하나님과 화평을 누리려고 기도하나이다!" 내가 지은 죄는 무시무시했으며, 무한정 많았다. 그래서 나는 주님 앞에 쓰러지고 말았다.

바로 그 순간 한 말씀이 찬란한 빛과 함께 내 마음 속에 와 닿는 것 같았다: "너희는 내게 부르짖으며 와서 내게 기도하면 내가 너희를 들을 것이요 너희가 전심으로 나를 찾고 찾으면 나를 만나리라." 나는 즉시 이 구절을 내 마음 속에 새겨 넣었다. 전에는 성경을 지적으로만 믿었으나, 믿음이 자발적인 신뢰라는 진리를 마음 속에 둔 적이 없었다. 하여튼, 나는 이 구절을 읽어본 적이 없다고 생각하기는 했지만, 그것이 성경의 한 구절임을 알게 되었다. 나는 그것이 하나님의 말씀이며, 나에게 말씀하신 하나님의 음성이라는 것을 안 것이다. 나는 주께 외쳤다, "주님, 당신의 말씀대로 당신을 받아들이나이다. 이제 당신은 제가 전심을 다하여 당신을 찾았으며, 이곳에 당신께 기도하러 왔음을 알고 계시리라 믿습니다. 당신은 저의 기도를 들으신다고 약속하셨나이다."

이리하여 나는 바로 그때 나의 맹세를 이행할 수 있었던 것이다. 성령은 "너희가 전심으로 나를 찾고 찾으면"에 강조점을 둔 것 같다. 즉 지금 찾아야 된다는 사실이 나의 마음 속 깊숙히 박힌 것 같다. 나는 주님의 말씀을 그대로 받아들이며, 그는 거짓을 하실 수 없으신 분이시며, 나의 기도를 들으시고 나를 찾으시는 분이시라는 것을 확신하게 되었다.

또한 주님은 신구약을 통하여 많은 다른 약속들, 특히 우리 주 예수 그리스도에 관한 가장 귀한 약속들을 나에게 주셨다. 나는 그러한 약속들이 나에게 얼마나 귀하고 참된 것인지를 누구에게도 제대로 이해시켜줄 수 없었다. 나는 그 약속들 하나 하나를 절대적인 진리요, 거짓없는 하나님의 말씀으로 받아들였다. 그 말씀들은 나의 머리가 아니라 마음 안에 들어와서 깨닫게 되고, 붙잡게 되고, 적용하게 되고, 물에 빠진 사람처럼 꽉 붙잡은 말씀이다.

나는 계속 그렇게 기도하며, 오랫동안 약속들을 받아들이고 적용하였는데, 얼마나 오랜 시간이 지나갔는지 몰랐다. 나는 마음이 가득찰 때까지 기도했으며, 나도 모르는 사이에 벌떡 일어나서 빨리 길 쪽으로 올라갔다. 내가 회심을 경험할 수 있다는 생각이 생긴 적은 없었으나, 굉장히 강조하면서 이렇게 말한 것이 생각난다: "내가 회심을 경험한다면 복음을 전해야지."

얼마 지나지 않아서 나는 마을로 향한 길까지 왔는데, 지나간 일들이 주마등처럼 떠올랐다. 나의 마음은 아주 놀라울 정도로 잔잔하고 평온하였다. 나는 혼자 중얼거렸다. "이것이 무엇이지? 나는 틀림없이 성령을 근심하게 하여 쫓아버렸나 봐. 죄의식도 모두 잊어버리고, 나는 내 영혼에 대하여 관심이 조금도 없으니, 성령이 나를 떠났나 봐." 참," 나는 생각했다. "나는 나의 구원에 대하여 이처럼 관심이 없다니!"

그러자 내가 무릎을 꿇고 하나님께 말씀드린 것이 생각났다― 그의 말씀대로 하나님을 받아들이겠다고 한 말. 그밖에 내가 한 말 중 좋은 것들이 많이 생각났으며, 성령이 나를 떠나도 이상하지 않다는 결론이 났다. 그리고 나같은 죄인이 하나님의 말씀을 그처럼 붙잡는 것은 신성모독이며 아니면 교만이었다. 나는 흥분한 나머지 성령을 슬프게 했으며, 결국 용서받지 못할 죄를 범했으리라는 결론을 내렸다.

나는 조용히 마을 쪽으로 걸어갔는데, 나의 마음이 너무나 잔잔해서 세상 전체가 귀를 기울이는 듯했다. 그날은 시월 십일이었는데, 참으로 명쾌한 날이었다. 나는 그날 이른 아침에 숲속으로 들어갔는데, 마을로 돌아왔을 때는 저녁 식사 때였다. 그러나 그렇게 많은 시간이 지났는지 전혀 의식하지 못했으며; 잠시 동안만 마을을 떠났던 것처럼 느껴졌다.

그러나 내 마음 속에 있는 이 평온을 어찌 말로 다 표현할 수 있겠는가? 나는 나를 괴롭혔던 죄의 짐을 돌이켜 보려고 애를 썼다. 그러나 놀랍게도 모든 죄의 감각, 현재의 죄, 그리고 죄책감에 대한 자각은 다 사라져 버렸다. 나는 혼잣말을 하였다. "나와 같은 크나큰 죄인이 아무런 죄책감도 없다니 어찌된 일인가?" 나의 현재 상태에 대해서 염려한다는 것은 헛된 일이었다. 나는 너무나도 고요하고 평화로워서 오히려 이런 것이 성령을 슬프게 해 드린 결과가 아닌가 하고 의아해 할 정도였다. 나는 결코 나의 영

혼과 영적인 상태에 대해서 염려할 수가 없었다. 내 영혼의 평온
은 말로 표현할 수없이 컸다. 하나님에 대한 생각은 감미로왔으
며, 가장 심오한 영적 평온이 나를 온전히 사로잡고 있었다.[1]

이렇게 해서 이 "화려한 이교도"는 예수 그리스도를 만나는 생생
한 경험을 갖게 되었다. 그의 의심은 사라졌고, 평화, 평온과 기쁨
이 말로 표현할 수 없을 정도로 그의 삶을 가득 채웠다. 바울처럼,
이제 그의 눈에서 비늘이 떨어져서 볼 수 있게 된 것이다.

뿐만 아니라, 모든 믿는 자의 마음에 내주하시는 성령은 모든 그
리스도인의 삶이 능력과 지혜와 그리스도의 임재로 채워지기를 바
라신다. 그의 회심 직후에—실제로는 같은 날—있었던 피니의 성령
에 대한 경험은 그가 그리스도를 만난 경험 만큼이나 충격적이다.

　　나는 저녁 식사 하러 갔는데 식욕이 없었다. 그래서 사무실로
갔더니 수콰이어 라이트(Squire Wright)는 저녁 식사 하러 가
고 없었다. 나는 나의 베이스 바이올(bass-viol: 중세의 바이올
린류의 현악기)로 늘 하듯 성가 몇 편을 연주하면서 노래하기 시
작하였다. 그런데 그 성가를 처음 부르기 시작하자마자 눈물이 나
기 시작했다. 마치 내 마음이 온통 눈물로 젖는 것만 같았으며,
감정이 북받쳐 오르는 그 이유도 모르는 채, 노래 소리가 제대로
나오지 않아 잘 들리지도 않는 상태에 이르렀다. 나는 의아해 하
면서 눈물을 억제하려고 애썼지만, 그렇게 할 수가 없었다. 눈물
을 중단시키려는 노력이 헛수고가 되자, 나는 그 악기를 놓고 노
래부르는 것을 중단하였다.
　　저녁 식사 후에 우리는 책과 가구를 다른 사무실로 옮기고 있었
다. 우리는 이 일로 무척 바빴으며, 오후 내내 서로 말도 별로 하
지 않았다. 그런데 내 마음은 심오하게 평온한 상태에 있었다. 나
의 생각과 영혼은 온유함과 부드러움으로 충만해 있었다. 모든 것
이 다 잘 되어 가고 있었으며, 조금도 동요되거나 방해되는 것이

없는 것 같았다.

그러한 생각이 나의 마음을 사로잡고 있던 저녁 즈음해서 나는 새 사무실에 혼자 남게 되자마자 다시 기도하였다. 하여튼 나는 믿음에 관한 주제에서 떠나지 않았으며, 내 영혼에 관한 특별한 기도 제목이 없었는데도, 여전히 계속하여 기도하였다.

저녁 때까지 우리는 책과 가구를 정돈하였으며, 나는 혼자 있고 싶어서 벽난로에 불을 잘 지펴놓았다. 어두워지자 모든 것이 제대로 정돈 되었기에 스콰이어 라이트는 작별 인사를 하고는 퇴근하였다. 나는 그를 문까지 배웅하고 나서 문을 닫고 돌아서니, 내 마음은 투명해진듯 하였다. 나의 온 감정은 강렬하게 흘러 넘쳤으며, 그러자 마음을 표현하였다, "나는 나의 전 영혼을 하나님께 쏟아놓고 싶구나!" 나는 마음 속에 있는 것을 토로하고 싶어서, 앞쪽 사무실 뒤에 있는 방으로 기도하러 급히 갔다. 그 방에는 난로 불도, 불빛도 없었는데도 내 눈에는 밝게 보인 것이다. 방으로 들어가서 문을 닫는 순간, 나는 마치 주 예수 그리스도를 얼굴과 얼굴을 맞대고 만나는 것 같았다. 그 당시 그 일이 실제로 일어난 것은 아니었고, 그 후 얼마 동안 지속되었던 것도 아니었다. 그것은 다만 정신적인 현상에 불과하였다. 다른 사람을 보는 것처럼, 나는 그를 보는 것 같았다. 그는 아무 말씀도 하지 않으셨으나, 바로 그의 발 밑에서 압도되어 있는 것 같은 나를 쳐다 보셨다. 나는 이것을 가장 주목해야 할 마음의 상태로 늘 여겨왔다. 왜냐하면 그가 내 앞에 서 계셨고, 내가 그의 발 밑에 부복하여 나의 영혼을 그에게 쏟아 놓는 것은 실제적인 일 같이 보였기 때문이다. 나는 아이처럼 크게 울었으며, 감정이 북받친 어조로 마음 속에 있는 것을 마음껏 털어놓았다. 나는 마치 눈물로 그의 발을 씻겨 드린 것 같았는데, 내 기억으로는 내가 그를 만졌다는 분명한 느낌은 갖고 있지 않았다.

나는 이러한 상태로 얼마 동안 있었는데, 기억을 더듬느라고 사건은 지나치게 몰두해 있었다. 그러나 내 마음이 그러한 일로부터 완전히 떠나있을만큼 잠잠해지자, 나는 앞 사무실로 되돌아 갔

다. 가보니, 큰 나무로 지펴놓은 벽난로가 거의 다 타버린 것이
다. 내가 몸을 돌려서 벽난로 옆의 자리에 앉으려고 하는 순간,
나는 놀랄만한 성령의 세례를 받은 것이다. 그럴만한 어떤 기대도
없었고, 마음 속에 그런 일이 일어나리라고 일찍이 생각해 본 적
도 없었고, 세상의 어느 누구도 일찌기 그런 일에 대한 것을 들어
보았다는 말도 생각나지 않았는데, 성령님은 나의 몸과 영혼, 내
전체를 관통하는 것 같이 임하셨던 것이다. 마치 전파가 짜릿하게
나의 온 몸을 관통해가는 것 같은 느낌을 느낄 수 있었다. 참으로
그것은 유동적인 사랑의 파동이 엄습해 오는 듯 했다: 나는 그것
을 달리는 표현할 길이 없었다. 그것은 물과 같지 않고, 마치 하
나님의 숨결과도 같았다. 나의 기억으로는 그것이 마치 거대한 날
개로 나를 부채질하는 것 같았다. 이러한 파동이 나를 엄습하여
지나갈 때, 그것은 마치 스쳐가는 미풍이 나의 머리카락을 흩날려
놓는 것 같았다.

내 마음 속에 널리 퍼진 놀라운 사랑을 말로는 도저히 표현할
길이 없다. 나는 기쁨과 사랑으로 충만하여 큰 소리로 울었으며,
말로는 이루 표현할 수 없는 마음 속에서 넘쳐나오는 것들로 인하
여 큰 소리로 외쳤다. 이러한 파동은 계속적으로 끊이지 않고 나
에게 엄습해 와서, 드디어 나는 소리쳐 말했다. "이러한 짜릿한 파
동이 계속 나를 엄습해 온다면 나는 죽을 것만 같습니다!" 나는
계속 말했다, "주님, 저는 더 이상 견딜 수 없습니다!"

이러한 성령의 세례가 임한 상태가 얼마나 오래 지속되었는지
나는 모른다. 그러나 성가대 일원이 나를 만나러 사무실로 온 때
는 늦은 저녁이었다. 그는 큰소리로 외치고 있는 나를 보고 말했
다, "피니씨, 뭐가 괴로우신가요?" 나는 그 당시 그에게 답변해 줄
수가 없었다. 그러자 그는 말했다, "어디가 편찮으신가요?" 나는
될 수 있는 한 최대로 마음을 진정시킨 후 대답했다. "아니예요,
너무나도 행복에 겨워서 그러는 거예요."

그는 돌아서서 사무실을 떠났다. 그리고 얼마 후에 교회 장로
한 분을 모시고 되돌아 왔다. 그 장로는 아주 심각한 분이었고,

내 앞에서 아주 조심스러워 했는데, 나는 그가 웃는 것을 거의 본 적이 없었다. 그가 들어왔을 때도 나는 그 청년이 그를 부르러 나갔을 때와 거의 같은 상태에 있었다. 그가 나에게 어떠한지 물었기에 나는 그에게 답변을 했더니, 그는 아무 말도 하지 않고는 갑자기 돌발적인 웃음을 터트렸던 것이다. 그는 그렇게 저변에서부터 나오는 웃음을 웃지 않고는 견딜 수 없는 듯이 보였다.

한 청년이 이웃에 살고 있었는데, 그는 대학을 준비하고 있었는데, 나하고는 잘 아는 사이였다. 나중에 내가 안 것인데, 우리 목사님이 그에게 거듭해서 신앙 상담을 해 주면서, 내가 그를 잘못 인도할까봐 그에게 경고를 준 적이 있다고 했다. 목사님은 그에게 내가 종교적인 면에 아주 경솔한 사람이라고 말했으며, 만일 그 청년이 나와 오래 사귄다면, 그의 마음이 다른 데로 돌아가서 그가 회심되지 못한다고 생각했던 것이다.

나와 그 청년이 다 회심된 이후 그 청년이 나에게 말하기를, 그가 나와 그렇게 많이 관여하는 것에 대해서 목사님이 충고하셨을 때, 목사님의 설교보다는 나와의 대화 내용이 오히려 그에게 종교적으로 더 많은 영향을 끼쳤다고 목사님에게 여러 번 말씀드렸었다고 하였다. 나는 정말 그와 많은 것을 이야기하곤 하였다.

그러나 내가 교회의 장로님과 이야기하고 있는 바로 그 순간, 이 청년이 사무실로 들어왔다. 나는 문을 등지고 앉아 있었기에, 그가 이미 들어와 있는 것을 알지 못했다. 그는 내가 말하고 있는 것을 놀라서 듣다가, 바닥에 쓰러진 채 크나큰 고뇌 가운데서 큰 소리로 외쳤다. "저를 위해 기도해 주세요!" 그 장로님과 함께 있던 다른 교인은 무릎을 꿇고 기도하기 시작했다. 나도 역시 그를 위해 기도하였다. 이런 일이 있은 후 곧 그들은 다 가고 나만 홀로 남게 되었다.

그때 내 마음에 생긴 의문은, "왜 그 장로님이 그렇게 웃으셨는가? 그는 내가 망상에 사로잡혀 있거나 혹은 미쳤다고 생각한 것은 아닌지?"였다. 이런 생각은 내 마음에 어두움을 안겨 주었으며, 나와 같은 죄인이 그 청년을 위해서 기도하는 것이 타당한 것인지 의심하기 시작했다. 어두운 구름이 내 위를 에워싸는 것만 같았다. 나는 위안을 받을만한 어떤 것도 붙잡고 있는 것이 없는 것 같았다. 나는 염려하지는 않았지만 아직도 나의 현 상태가 왜 이렇게 되었는지 알지 못한 채, 조금 후에 침실로 들어갔다. 성령의 세례를 받았음에도 불구하고, 이같은 의심으로 하나님과의 화평을 느끼지 못한 채 나는 잠자리에 든 것이다.

나는 곧 잠이 들었지만, 곧 다시 깨었으며, 마음 속 깊이에 하나님의 충만한 사랑이 가득하였다. 그 후 다시 잠이 들었으나, 똑같은 형태로 또 깼다. 깨고 나서 그 의심의 문제가 생각나면, 마음 속의 사랑은 사라지는듯 하다가, 다시 잠이 들면 그 따뜻한 사랑이 느껴져서 또 다시 깼던 것이다. 이런 일이 밤 늦게까지 계속되었었는데, 결국은 자고 쉴 수도 있었다.

내가 아침에 깼을 때, 태양은 이미 떠올랐으며, 밝은 빛이 방 안까지 비쳐들어오고 있었다. 이 햇빛이 내 위에 비치고 있는 그 감명은 말로 표현할 수 없었다. 즉시 내게 전날 밤에 임했던 성령이 똑같은 형태로 나에게 임한 것이었다. 나는 침대에서 일어나 무릎을 꿇고는 기뻐서 큰소리로 외쳤으며, 얼마 동안 성령의 세례로 너무나 압도되어 하나님께 나의 영혼을 토로하는 것 외엔 아무 것도 할 수가 없었다. 마치 오늘 아침의 세례는 부드러운 책망이 동반된 것 같았으며, 성령님은 나에게, "너는 또 의심하겠느냐? 또 다시 의심하겠느냐?"라고 말씀하시는 것 같았다. 나는 외쳤다. "아니요! 저는 의심하지 않겠나이다. 의심할 수 없습니다." 그러자 성령님은 내 마음에 그 의심의 문제를 아주 깨끗이 해결해 주셔서 하나님의 영이 나의 영혼을 사로잡으셨다는 것을 의심할 수가 없게 되었다.

피니가 마침내 마음을 안정시키고 정돈 되었을 때, 그는 법률 사무소로 갔다. 그는 스콰이어 벤쟈민 라이트에게 하나님이 그의 삶에서 행하신 일을 말했다. 그 재판관은 어안이 벙벙했다. 그는 젊은

직장 동료를 그저 응시할 뿐 침묵한 채 있었다. 그러나 죄를 깨닫게 하는 하나님의 화살은 그의 마음 속 깊이에 박힌 것이다.

그때쯤 해서 교회의 집사인 한 소송 의뢰인이 들어왔다. 피니는 그날 그 사람을 위해서 법정에서 소송을 심리하기로 되어 있었다. 그는 말했다. "피니씨, 당신은 오늘 아침 열시에 나의 소송을 심리하기로 되어 있는 것을 기억하고 있습니까? 준비가 되었겠지요?" 찰스는 대답하였다. "집사님, 나는 주 예수 그리스도로부터 그의 소송 변호 의뢰가 한 건 있어서 당신 것은 변호할 수가 없게 되었습니다." 그는 피니를 놀라서 쳐다보고는 말했다. "그게 도대체 무슨 말씀입니까?" 피니는 그에게 간략하게 그가 그리스도의 소송 변호에 응했으며, 오직 그리스도의 소송만 변호해야 된다고 말했다. 그 집사는 머리를 떨구고는 아무런 대꾸도 없이 나갔다. 이 단순한 간증은 그 평신도 그리스도인의 삶에서 심오한 영적 갱신의 동기를 부여하게 된 것이다.

그 집사가 사무실을 떠나자, 피니는 들으려고 하는 모든 사람들과 기꺼이 담화하였다. 그는 하나님의 능력의 손이 그 자신에게 강력하게 임한 것을 감지한 것 같았다. 그리스도의 사랑을 다른 사람에게 나누는 것으로 그의 열정을 쏟았다. 하나님이 그의 삶을 너무도 강력하게 만져주셔서 그를 구원해 주셨고, 또한 성령의 능력을 부어주셨기에, 그는 세계를 향하여 그리스도를 증거할 준비가 되어 있었다. 변호사직은 더 이상 그에게 매력이 없게 되었던 것이다.

피니가 그리스도를 증거한 모든 사람은 몇 마디의 말로 인하여 죄를 깨닫게 되는 직접적인 계기가 되는 것 같았다. 마치 그가 입 밖에 낸 한 마디 한 마디가 크나큰 영적인 능력으로 듣는 자를 납득시키는 것 같았다. 전 도시에 걸쳐서 사람들이 그를 통하여 구원받기 시작하였다.

아담스 지역은 떠들썩해졌다. 그들의 비판적인 젊은 변호사 찰스 피니가 회심을 경험한 것이다. 조지 게일 목사보다 더 충격받은 사람은 없었다. 그 목사는 학교 건물 안에서 기도회를 갖는 것이 습관화되어 있었다. 그날 밤 그 학교는 사람들로 가득차게 되었다. 아무런 공식적인 모임도 계획되지 않았으나, 사람들이 사방에서 그냥 모여든 것이다. 참석자들은 정신을 집중한 채, 그곳에 모여 앉아 있었다. 아무도 인도자로 나서지 않았다. 마침내 찰스가 일어나서 말했다. 그는 "겁에 질려" 스스로에게 큰 소리로, "나의 하나님이시여, 저입니까?"라고 외쳤다고 후에 고백하였다. 바로 찰스였다. 하나님은 새로 회심된 그를 통해서 말씀하시고자 하셨다. 그가 그리스도를 극적으로 만난 경험을 나누자, 전 회중은 하나님이 행하신 굉장한 일에 놀라움을 금치 못했다. 게일 목사보다 더 감명받고 감동받은 사람은 없었다. 그는 일어서서, 그가 찰스의 회심에 대해서 처음 들었을 때 그의 진지함을 의심했었다고 겸손히 인정하였다. 그 마을의 어느 회의론자는 피니가 사람들을 얼마나 잘 속일 수 있는가를 보여주기 위해서 짖궂은 장난을 하고 있다고 말했다. 게일 목사는 하나님의 능력을 인정했으며, 그가 얼마나 전적으로 잘못 했는지도 인정하였다.

찰스는 아담스의 젊은이들을 열심으로 찾아 나섰다. 그는 몇 년 동안 그들을 잘못 인도했었기에, 이제는 그들을 하나님께로 제대로 인도해야 할 사명감을 갖게된 것이다. 그는 그리스도를 증거할 적마다 훌륭하게 잘 해 냈으며, 그 결과 많은 청년들이 구원받게 되었다.

피니의 경험담은 아담스의 시민들에게 너무 큰 감명을 주었으므로, 찰스의 회심의 세부 사항을 알고 있는 그들은 피니가 실제로 갔

던 숲속의 그 장소로 가서 주님을 추구하기까지 했다. 라이트 재판
관도 그 중의 한 사람이었다. 진정한 부흥이 아담스의 전 지역에서
일어나기 시작했다.

얼마 후 찰스는 헨더슨(Henderson)의 부모님을 만나 뵈러 갔
었다. 그가 아버지를 만나자마자, 부모님과 함께 살고 있을 때, 아
버지가 기도하시는 것을 들은 적이 결코 없었음을 말씀드렸다. 죄
책감과 수치심으로 가책을 받은 그의 아버지는 찰스의 말이 옳았다
고 인정하고는 그에게 가족과 함께 기도하자고 간청하였다. 그리하
여 얼마되지 않아서 그의 전 가족도 예수 그리스도께로 인도된 것
이다.

피니의 회심이 일어난 다음 해에, 조그마한 아담스 장로교회에
66명의 새신자가 늘었다. 더욱이 부흥의 기운이 인근 마을과 지역
사회에까지 퍼져 나갔다.

그렇게 영적으로 고조된 동안에, 어느 교인의 영적인 상태가 냉
냉해진 것을 알기만 하면 피니는 그 집으로 달려가서는 다시 기운
을 돋구어 주었다. 그는 기도의 긴급성을 깊이 인식하였다. 그는 매
일 이른 아침에 교회에 가서 중보의 기도를 하였다. 많은 다른 사람
들도 그와 합세하였다.

역사가 잘 입증하듯이, 부흥의 불길이 타오른 다음에는 곧 사라
져 버리는 경향이 있다. 아담스의 기도회의 참석 인원이 저조해지
면, 찰스는 매우 염려하였으며, 그로 말미암아 그는 더욱 더 중보의
기도를 하게 된 것이다. 어느 이른 아침에 찰스는 자기 옆에서 게일
목사가 혼자 기도하는 것을 보았다. 성령의 또 다른 불길이 갑자기
찰스에게 임했는데, 이것은 그가 회심된 날 저녁에 경험했던 그것
과 여러 면에서 유사한 것이었다. 찰스는 자연의 삼라만상이 하나

님의 찬양 소리를 내고 있는데, 최상의 사랑의 대상인 인간은 태연히 벙어리처럼 있다는 생각에 압도되어 바닥에 엎드렸다. 한 빛이 피니를 둘러싸는 듯 했는데, 그가 묘사하기를, "마치 사방이 태양빛의 밝음과 같은" 빛이라고 하였다. 그는 계속해서 이어 나갔다. "나는 다메섹 도상에서 땅에 엎드러진 바울이 본 빛이 어떠한 것인지를 나의 실제 경험을 통해서 좀 알게 되었다. 그것은 분명 내가 오래 견디어낼 수 없을 그런 빛이었다." 그는 갑자기 울음을 터트렸는데, 그것은 그런 빛을 본 적이 없는 게일 목사에겐 크나큰 놀라운 일이었다. 찰스는 압도되어 하나님의 임재가 사라질 때까지 계속해서 울었으며, 그런 다음에 굉장한 평정으로 마음이 안정될 수 있었다. 그는 그의 회심 직후에 몇 년 간 이와 같은 경험을 자주 가졌는데, 그 경험은 너무나도 개인적이고 생생해서, 그런 경험을 다른 사람들과 연관시키는 일은 피했던 것이다.

하나님의 축복은 피니에게 분명 임했지만, 그는 이제 중대한 질문에 직면해야만 했다: 하나님이 진정으로 그를 복음 사역으로 부르셨는가? 성령님은 이 열성적인 젊은 회심자의 전 생애를 세상 사람들을 위한 사역을 위해 헌신하기를 원하셨는가? 그 대답은 그리 어렵지 않게 알 수 있었다. 그는 그가 그리스도를 만난 경험 이후에는 법률 사무소 일에 거의 또는 조금도 열정이 없었다. 찰스는 만일 하나님이 그를 회심시키시면, 모든 것을 포기하고 목사가 되겠다고 이미 고백한 적이 있었다. 그래서 그는 목사가 되어야겠다고 확신하였으며, 시간이 흘러 가면서, 그는 결코 복음 선포를 위한 하나님의 부르심을 의심해 본 적이 없었다.

찰스의 회심 이후 첫 일년 반 동안은 마치 바울이 회심 후 '삼 년간 아라비아에 있었던 것처럼, 그의 공적인 삶이 확실치가 않다. 의심할 여지도 없이, 하나님은 그 젊은 청년을 위대한 설교 사역을 위하여 훈련시키셨던 것이다. 물론 희생을 치루어야 하는 점도 있었다. 그는 법률 직업을 위해 오랫동안 열심히 공부했었다. 찰스의 헨더슨 학교의 한 학생은 말했다. "찰스가 그 좋은 직업을 포기하고 사역을 위해 공부하기로 결심했을 때, 우리 모두는 그가 크나큰 실수를 저질렀다고 느꼈죠. 만일 그가 변호사 일을 계속 했더라면, 그는 머지않아 법조계와 정계에서 가장 높은 지위를 획득하게 되어 있었는데요."2)

그러나 찰스를 사로잡은 것은 복음 사역이었으며, 그 사역을 위해서 그는 아낌없이 자기 자신을 드렸던 것이다.

주 (註)

1) Charles G. Finney, *Memoirs* (New York: Fleming H. Revell Co., 1876), 12–18.

2) Frank Beardsley, *A Mighty Winner of Souls* (New York: American Tract Society, 1937), 34.

6

회심과 구약에 나타난 기독교 윤리

존 오스왈트

신약은 회심을 예수 그리스도에 대한 개인적 믿음의 결과로 나타나는 개인의 정서, 동기, 행동 등의 급진적 변화로 서술하는 반면에 구약은 회심에 관하여 별로 잘 알지 못한다고 논쟁할 수 있다.[1] 이것은 적어도 두 가지 근거에서 사실이다. 아주 분명하게, 구약은 광범위한 예언적 범주를 제외하고 예수 그리스도의 생애에 관하여 알지 못하기 때문에 이것이 사실이다. 이와 똑같이 중요하게, 개인의 믿음이 구약의 규범이 아니었기 때문에 이것은 사실이다.[2] 위의 두 가지 근거가 사실이라면 왜 회심이라는 저술에 구약이 들어가야 하는가를 물을 수 있다. 이에 대하여 한 가지 주요한 근본적인 대답은 구약과 신약은 불가분의 연합이라는 점이다.

수세기에 걸쳐 구약은 기독교 교회에 한 가지 문제를 제기해 왔다. 기독교인은 계속하여 구약의 가르침과 신약의 믿음을 통합하는 방법과 수단을 고심해야 했다. 그러나 이처럼 지속적인 고심이라는 사실 자체가 한 가지 뚜렷한 사실을 증명한다. 즉, 교회는 구약을 폐기하는 것을 원치 아니하며 폐기할 수 없다는 것이다. 구약이 기독교인에게 문제가 되는 유일한 이유는 구약이 우리 자신의 생득권의 한 부분이라는 것을 우리가 알기 때문이다. 우리가 그 진리를 확신하지 아니한다면 구약은 우리에게 전혀 문제가 되지 않는다. 우리는 그것을 쉽게 무시할 수 있기 때문이다. 그러나 우리는 그렇게할 수 없다. 구약은 신약과 마찬가지로 우리 실존에 매우 중요하다.

그러나 정확히 왜 구약이 신약의 신자들에게 그렇게 중요한가? 이 질문에 대한 대답은 신약 그 자체에서 발견되며, 신약의 가장 중요한 인물인 예수님과 바울에게서 발견된다. 예수님은 그의 신분과 사역이 히브리 성경과의 관계에서 의미를 찾으셨다. 예수님이 시험받기 시작하셨을 때 사단을 패배시키기 위하여 사용하셨던 것은 성경이었으며(마 4:3-10), 그리고 엠마오로 가는 도상에서 예수님은 절망한 제자들에게 그의 생애의 사건들을 설명하신 것도 성경이었다(눅 24:25-27). 그리고 계속하여 성경과 성경의 인간적 해석에 대하여 그분이 주권자이심을 과시하시면서 성경을 결코 취소하거나 무시하지 않으셨다(마 5:17-48; 12:3-8). 성경은 항상 예수님이 행하시고 말씀하신 것의 근거이며 틀이었다(눅 20:37-44). 예수님은 자신의 사역을 성경의 확인이요 성취로 보셨다(막 12:10-11; 눅 4:16-21; 요 5:39; 7:38).

이와 같은 사실은 바울에게도 마찬가지였다. 바울은 모세의 율법을 지킴으로 하나님 앞에서 우리 자신을 의롭다 할 수 있다는 생각을 강하게 부인하였지만(롬 7:22-8:4), 동시에 구약을 기독교의 책이 아닌 것으로는 단 한번도 묘사하지 않았다(롬 3:21, 31; 딤후 3:16).

히브리 성경이 가르치는 것은 그리스도와 기독교 교회이지, 유대주의를 드러내는 것이 아니었다(고후 3:12-17; 갈 4:21-31). 이러한 주장 때문에 바울은 연속적으로 핍박을 받았던 것이다. 유대인들이 바울로 하여금 인정하기를 원했던 사실, 곧 바울이 유대교 대신에 새로운 종교를 조장한다는 것을 인정하였다면 바울의 생애는 훨씬 더 편하였을 것이다. 바울은 유대인들이 히브리 성경을 잘못 해석하였다는 것과 성경은 유대교에 관한 것이 아니고 예수님에 관한 것이라는 것을 주장하면서(행 13:16-41; 17:2-3) 로마 제국 전역을 다녔다. 이해가 되기는 하지만, 유대인들은 이러한 가르침과 선생을 없애기 위하여 그들이 할 수 있는 모든 것을 다하였다.[3]

대부분의 경우, 구약은 신약의 가르침에서 핵심적인 기초가 된다. 구약이 질문을 던지면 신약은 그에 부응하는 해답을 준다; 근본적인 개념을 제시하며, 신약은 그 토대를 제언(提言)하지 않고 확대한다; 구약은 산적한 상징과 예들을 제공한다; 구약이 양극의 실제 가운데 한 쪽을 언급하면, 신약은 다른 쪽을 공급한다. 그 한 실례는 앞에서 개인의 믿음에 대한 설명에서 언급된 바 있었다. 구약에서 죄의 용서와 하나님과의 화해는 주로 집단적 경험이다. 신약에서 이러한 경험은 주로 개인적인 용어로 제시된다. 물론 진리는 어느 한 쪽도 아니다. 구약이나 신약 중 그 어느 하나만을 따로 읽는다면 분명히 착오가 일어날 것이다. 신약은 그것을 읽는 사람이 우리가 함께 구원받았고 잃어버렸다는 진리를 안다고 한다면, 그 과정에서 우리가 하나님을 개인적으로 알 수 있다는 놀라운 사고를 더한다.

이러한 관점에서 구약은 회심의 표현으로써 사회 참여의 중요성을 이해하게 하는 데 중요한 공헌을 한다. 신약의 회심 이해는 구약의 이해와 모순되지 않는다. 오히려, 신약은 구약의 이해를 근거로 그 위에 확립하려 한다. 더욱이, 그러한 구약의 가정이 없이는 회심의 교리 이해에 심각한 결함을 나타낼 상당한 가능성이 있다.

구약의 가르침 중 중요한 특징 하나가 그 특징이 너무나 명백하기 때문에 간과될 때가 종종 있다. 그 특징은 언약이다. 기독교인에게 언약은 성경적 진리의 모든 부분을 형성한다. 이것은 계시의 두 부분, 곧 옛 언약과 새 언약 (혹은 구약과 신약)이라고 우리가 이름하는 책 이름에서 더 명백하게 나타난다. 이와 같은 이름을 사용함으로써 하나님과 인간 관계의 가장 심오한 이해는 본질상 언약이라는 것을 기독교 교회는 선포해 왔다.

그렇다면 이것은 무엇을 의미하는가? 예수님이 최후 만찬의 포도주를 내 피로 세운 새 언약이라고 하셨을 때 무엇을 의미하셨는가? 이 질문들에 대답하기 위하여 옛 언약으로 명시된 성경의 그 부분을 조회할 수밖에 없다. 여기에서 우리는 언약이 아주 처음부터 핵심이었다는 것을 발견한다.4) 언약의 처음 출현은 하나님이 노아를 구하기 위하여 약속하시는 창세기 6장 18절이다. 그 언약은 세상을 홍수로 다시는 멸하지 아니할 것을 약속하시는 창세기 9장 9절에 다시 나타난다. 다시 그 언약은 아브라함의 후손들에게 가나안 땅을 줄 것을 약속하는 창세기 15장 18절에 보인다.

중요하게도, 이 모든 언약은 일방적이며 무조건적이다. 그 언약들이 사람들의 앞선 신실의 결과로 주어진 것도 사실이나, 그 언약은 수반하는 조건들에 매이지 아니할 뿐 아니라 하나님 편에서 취소할 수도 없게 되었다.5) 이 사실들은 언약이 구약에서 왜 그토록 중요한가를 설명하는 이유가 될 것이다. 언약은 신이 변덕스러우며 그러기에 의지할 수 없다는 자연 종교의 가장 편만한 허위를 저지하는 수단이다. 하나님이 언약으로 자신을 위탁하신 것은 위의 사고의 허위를 나타내며 하나님은 실상 자신을 내어 주시는 그러기에 절대적으로 신뢰할 수 있는 분이라는 것을 보여주는 한 방법이다.

창세기 17장에서, 하나님과 아브라함의 관계는 새로운 차원으로 향상된다. 이제, 그 언약은 무조건적인 것으로 남아있으나 상호적인 것으로 변한다. 생명력을 주시는 분이 바로 하나님이라는 사실을 인정하여 아브라함 집에 있는 남자들은 생식기에 하나님의 표적을 지녀야 한다는 것이다. 이는 이교 신앙의 또 다른 허위를 드러낸다. 인간은 종교적 의식행식을 통하여 신의 능력을 전유함으로 그들의 필요를 공급하여야 한다는 것이다. 번식력에 관하여 말하면, 종교적인 성(性) 행위에 참여함으로 사람은 남신들과 여신들의 능력을 전유한다. 사실, 우리는 신의 능력을 전유할 수 없다. 우리는 우리의 필요를 인정하고 참 하나님께 남김없이 우리 자신을 위탁한 결과, 그 능력을 값없이 주는 선물로 받을 수 있을 뿐이다. 할례는 이러한 인정과 위탁의 상징이었다.

이 모든 것은 시내산에서 완전히 계시된 언약을 위한 준비이리라. 여기에서, 고대 근동 주변에서 알려진 조약계약(條約契約)의 일반적인 형태를 사용하여, 하나님은 애굽에서 이끌어낸 백성을 온전한 상호적 언약관계로 불러내셨다.[6] 시내산 언약의 두 가지 특징이 이 논고에서 중요하다. 그 하나는 언약 자체의 본질이고 다른 하나는 계약 조항의 의미이다.

시내산 언약에서, 이전의 언약들에서 고찰된 두 가지 특징—신적 위탁과 인간의 응답—이 확실하게 확인된다. 여기에서 하나님은 주권적 자유를 가지고 위탁하신다. 하나님은 사랑이라는 유일한 이유로 그 백성에게 구속 당하신다. 더욱이, 언약의 근거는 애굽에서 그 백성을 이끌어 내신 하나님의 무조건적인 은혜이다. 언약을 지키는 것은 아브라함처럼 하나님과 관계를 맺는 히브리인들의 수단이 아니다. 언약을 지키는 것은 하나님의 은총이라는 일방적인 표현에 입각하여 이미 이루어진 관계에 대한 감사의 표현이다. 그러므로, 백성의 응답은 위탁과 신뢰의 표현이다. 순종으로 하나님께 자신들을 위탁함으로써, 그들은 종교적 의식을 통하여 살아갈 수 없음을 인정하고, 또한 하나님은 자신의 주권에 근거하여 완전한 신뢰를 명하실 수 있는 그런 분이라는 것을 고백하는 것이다.

그러나 계약 조항의 본질은 무엇인가? 형식상 시내산 언약은 소위 종주국 조약의 형식을 긴밀하게 따른다.7) 이 조약은 위대한 왕(또는 종주)과 추종하는 백성들 사이에 맺어졌다. 그래서, 계약 조항은 일정한 특성들을 보여준다. 이 특성들 중 야훼의 종교에 독특하게 쓰일 수 있는 것들도 있었다. 첫째, 추종자들은 계약 관계에 있는 왕에게 절대 충성을 바쳐야 했다. 물론 이것은 하나님만이 경배 받으실 분이라고 주장하는 종교에서는 아주 적절했다.

둘째, 그 왕이 유일한 왕으로 인정된 이상, 절대적 금지령을 내릴 수 있었다. 이방 종교들은 일치하지 않은 목적들을 가진 다양한 신들을 인정하였기 때문에 절대적인 옳고 그름이 없었다. 그러나 실제로 유일하신 하나님이 존재하시는데, 그 분은 목적을 가지고 세상을 만드셨으며, 그 결과 항상 옳은 것과 항상 그른 것이 존재한다. 언약의 형식은 아주 적절하게 이해를 조장하였다.

마지막으로, 계약의 형식은 왕이 그 언약 관계에 있는 백성에게 자신의 특별한 목적과 특성을 반영하는 일련의 요구들을 부과할 수 있었다는 것을 보여준다. 같은 왕이 다른 백성들과 맺은 조약을 연구해 보면 그 왕의 특정한 기호(記號)를 알 수 있다. 그래서 시내산 언약은 그의 백성에게 내리신 계약 조항들을 통하여 하나님의 특성을 나타낸다. 이와 같이, 언약은 매우 중요한 계시의 방법이 되었다. 백성이 그 언약의 조항들을 이행하려 하면서 그들은 하나님의 특성이 정말 무엇인가를 알게 되었다. (그리고 그 조항들을 이행할 수 있는 능력이 없기에 그들은 또한 인간의 특성에 관한 두려운 것들도 알게 되었다.)

　시내산 계약이 계시한 주요한 것들 중에는 하나님과의 관계가 종교적 의식을 통하여 성취되거나 유지되는 것이 아니라는 사실이다. 언약 조항들의 요약인 십계명을 살펴볼 때, 놀랍게도 종교적 의식 행위는 없다. 십계명에 나타난 예식의 한 양상은 안식일에 관한 것인데, 그것은 종교 의식의 문제가 아니고 매 7일째 자신의 일을 쉼으로 하나님을 의지하는 표현이다. 나머지 아홉 계명들 중 셋은 하나님께 대한 변함없는 그리고 헌신과 연관되며, 나머지 놀라운 여섯 계명은 다른 사람을 대하는 것과 관계있다. 간략히 말하면, 우리 인간이 하나님의 구원의 은총을 받아들일 뿐 아니라, 그 은총을 어떻게 계속 받아들일 수 있는가? 그것은 두 가지 방법에서 가능하다. 그 분에게만 우리 마음의 충성과 헌신을 바침으로, 그리고 다른 사람의 신분과 가치를 존경함으로이다. 물론 이것은 예수님이 그를 시험하기 위하여 노력한 율법사로부터 유도한 대답이다(눅 10:25-28).

　언약을 지키는 것이 하나님과의 관계를 맺는 수단이 아니라는 개념은 기독교 회심의 이해와 그 시사성에 매우 중대하다. 기독교의 많은 가르침에 율법과 은혜에 관한 건전하지 않은 두 갈래 나뉨이 있다. 이것은 부분적으로 바울에 대한 루터의 해석의 결과이나, 세대주의(Dispensationalism)로 알려진 운동의 가르침으로 더 심각하게 되었다. 그 결과, 우리는 회심이 실제로 다른 사람과 관계된

의로운 삶과 상관이 없다는 제시를 하였다. 우리는 유대인들이 지시된 행동 기준에 의하여 하나님께 나온다고 가르쳤다. 그 결과, 회심은 예수 그리스도와 의식적으로 연합하는 문제이며, 그 연합은 계속적인 의식 행위(예배 참여, 기도와 성경 읽기, 악에 물든 행동의 삼가)를 통하여 유지된다는 암시를 수없이 하였다.

이 그릇된 가르침은 구약을 잘못 이해한 결과이다. 구약에서 아무도 언약을 지킴으로 하나님의 관계를 맺지 못하였다. 언약은 그 관계를 맺기 위한 수단이 아니고, 신약에서와 마찬가지로 은혜가 하나님과 관계를 맺기 위한 수단이다. 하나님은 은혜 가운데 노아에게 임하셨고, 마찬가지로 아브라함, 이삭, 야곱에게도 임하셨다. 같은 방법으로, 이스라엘의 자녀들이 은혜로 애굽에서 해방되었지, 율법을 지킨 결과가 아니었다. 다윗과의 언약도 획득된 것이 아니고 은혜의 선물이었다. 아브라함이 하나님의 은혜의 약속을 받아들였을 때 회심된 것 (창 15:8)처럼, 우리도 하나님의 은혜의 약속을 받아들일 때 회심된다. 이와 마찬가지로, 하나님이 이스라엘 백성을 애굽에서 구하여 내시고 약속의 땅으로 인도하신다는 약속을 믿었을 때 이스라엘 백성들은 하나님과 화해된 관계를 맺었다.

그렇다면, 회심한 사람들, 즉 하나님과 새로운 관계를 맺은 자들을 위한 하나님의 목적은 무엇인가? 언약은 이런 것을 분명히 한다. 그들은 하나님의 특성을 배우고, 배우면서 나누도록 부름을 받는다. 이 진리는 매우 중요하며 그런 이유는 강조되어야만 한다. 하나님은 그의 백성들이 현세와 내세에서 행복한 삶을 살 수 있도록 백성을 죄의 굴레로부터 구하여 내신 것이 아니다. 하나님이 그들을 구하신 것은 그들이 하나님의 성품을 다시 나누게 하기 위함이다. 행복한 삶이 유일한 목적이라면 언약은 필요하지 않았을 것이다. 그러나 언약은 그분의 궁극적 목적--우리가 그분의 성품을 나누고 또 그분의 거룩한 행동을 나타내야 하는 목적--을 위한 수단이기 때문에 필요하다. 이것은 거듭 반복되는 명령에 표현된다. 내가 거룩하니 너희도 거룩하라 (레 11:44; 20:7 등; 출 19:6 과 신 26:19을 보라).

이방 세상에서 사회적 관계에 존재하는 정의와 공의는 신들로부터 하늘에서 전해진 행동 양식으로 이해되었다. 그러므로 고대 메소포타미아 법전의 모든 법은 입법자에게 그의 수호신이 부여한 것으로 한결같이 간주된다.[8] 그러나 이것은 신이나 신들이 법전에 나타나는 마지막 시점이다. 이것은 또한 윤리를 위한 어떤 종교적 동기가 나타나는 마지막 시점이다. 그 대신, 윤리적 행위는 사물의 본질 중 필요한 부분으로 보여진다. 그것은 종교적 의미를 지니지 못하며, 신과의 관계에 아무런 영향을 주지 못한다. 이를 위한 이유는 찾기 어렵지 않다. 신들은 스스로 윤리적이 아니다. 그 신들은 거짓말하고, 죽이고, 속이며, 무사히 훔치기도 한다. 이와 같이, 이러한 사회에서 신에 대한 순종의 행위로 다른 사람들과의 관계에 윤리적 행위를 요구하는 것은 전혀 불가능하다. 이교도들에게 윤리는 먹는 것과 마시는 것처럼 무시되지 않으나 먹는 것과 마시는 것처럼 윤리는 종교와 아무런 관계가 없다. 종교의 목적은 신의 영역에 있다고 믿는 안전과 능력의 전유이며, 윤리는 종교의 목적과 아무 관계가 없다.

언약은 그 모든 것을 영원히 바꾸었다. 왜냐하면, 언약 조항의 주요한 촛점은 다른 사람에 관한 윤리적 행위이기 때문이다. 그리고 그 조항들은 하나님(왕)의 소원들을 나타낸다. 그보다 더, 그 조항들은 왕(하나님)의 인격의 표현이다. 서로 윤리적으로 대함으로써 애굽에서 구하여 주신 하나님께 대한 그들의 헌신의 깊이를 보여줌으로, 히브리인들은 윤리적 행위가 하나님의 핵심적인 인격을 표현한다고 세상에 알리었다. 뿐만 아니라, 그들은 다른 사람을 대하는 질(質)로 그들의 하나님과의 관계의 질을 표현하였다. 윤리가 아무런 종교적 의미를 지니지 않기는 커녕 오히려 가장 높은 차원의 의미를 지니게 된다. 윤리는 사람이 함께 살기 위해서만 필요한 것이 아니라 살아 계신 유일한 하나님의 생명을 표현하는 것이다.

이 두 가지 견해가 미치는 영향이 다른 것은 자명(自明)하다. 윤리적 행위가 실제적으로 필요하다고 믿는 사람은 유익이 된다고 느껴지는 순간 그 행위를 그만둘 것이다. 그것은 일반적인 필연일 수 있으나, 그것은 이 경우에 특정한 필연은 아니다. 반면에, 윤리적 행동이 윤리적 하나님께 대한 순종의 표현이라고 아는 사람은 항상 윤리적으로 행하려고 할 것이고 단순히 단기간 내의 유익만을 위하여 그렇게 행하려고 하지 않을 것이다.

시내산 언약의 조항에서 윤리적 행위에 대한 이 중요한 강조는 우리에게 무엇을 말하는가?9) 분명히 그것은 그 분(하나님)의 본성을 강조하는 역할을 한다. 그분은 우주의 창조자, 전능하신 분, 긍휼이 온전하신 분만이 제시할 수 있는 모든 유익을 사람들이 받아들이도록 초대하신다. 그 대신에, 하나님은 사람들이 그분이 원하시는 대로 행할 것을 요구하신다. 그 방식이란 무엇인가? 다른 사람들이 결코 수단으로가 아니라 목적으로 취급되어야 한다. 당신이 스스로 존재하지 않는다는 것을 스스로 생각할 수 있는 방법으로 당신의 부모님을 대하라. 다른 사람의 육체적 생명을 아끼라. 당신의 배우자만을 위하여 당신 자신을 지키라. 개인의 소유가 그 개인 자신의 연장(鍊匠)임을 잊지 말라. 당신 이웃의 명성을 존중하라. 다른 사람의 소유가 당신의 행복에 열쇠가 된다고 결코 믿지 말라.

　이 모든 것은 우리에게 무엇을 말하는가? 이것은 우리에게 화목한 인간 실존의 필요에 대하여 말하지 않는다. 이것은 언약을 만드신 분, 곧 하나님의 본성에 관하여 우리에게 말한다! 모든 신화에 반하여, 하나님은 인간을 수단으로 보시지 않고 목적으로 보신다는 것을 말한다. 하나님은 인간의 노동을 그분의 위로의 근거로 보시지 않는다; 하나님은 인간의 몸을 그분의 욕구 충족의 근거로 보시지 않는다; 하나님은 더 큰 능력의 권한으로 인간의 소유물을 자신의 것으로 보시지 않는다. 우리는 하나님의 세력 강화를 위하여 사용되는 그리고 어느날 그분의 존재 중 무(無)로 다시 사라져가는 그분의 연장들이 아니라는 것이다. 이 모든 것이 서양인들의 귀에는 매우 진부하게 들린다; 그러나 이것은 가히 혁명적이다. 그것은 고대 세계에서도 혁명적이었고 현재도 혁명적이다. 우리는 신의 연장이 아니며, 신 가운데 다시 사라지지도 않을 것이다. 우리는 독특한 존재이며, 우리와 절대적으로 다른 분에 의해 창조되었으나 그분의 형상대로 지음을 받았다. 그분은 우리를 윤리적으로 다루시며, 실제로 그 신의 성품에 참여한 자답게, 서로 윤리적으로 대하라고 우리에게 요구하신다.

　이것 때문에 히브리 예언자들이 하나님의 백성에게 그들의 비윤리적인 행동에 책임을 물었던 이유이다. 아무도 고대의 다른 예언자들이 이렇게 하는 것을 결코 볼 수 없다. 그들이 그렇게 할 이유라도 있었던가? 그들의 이해로, 윤리는 신과의 관계에서 아무 연관이 없기 때문이다. 정확한 종교적 의식 행위는 바람직한 결과를 성취한다 (아무 성취도 없는 것은 마귀가 방해한 것이라고 설명한다). 그러나 히브리 예언자들은 종교적 의식의 조작을 시도하고 하

나님의 윤리대로 서로 대하지 않은 잘못에 히브리 백성들을 엄하게
꾸짖었다.10) 언약의 모든 유익은 당연히 그들의 것이었다. 종교적
의식으로 하나님이 그들을 축복하게 노력할 필요가 없었다 (하나님
의 초월을 인정한다면, 어쨌든 쓸데없는 그런 노력이다). 꼭 필요
한 것이 있다면 그것은 단지 언약의 조항들--그들이 지키기로 맹세
한 조항들--을 이행하는 것이었다. 그들은 무엇을 해야 했던가? 자
녀들이 사람이 아니고 소유물인 것처럼 우상에게 제사하는 것을 멈
추라(겔 23:38-39); 일부일처로 이성 간 정절의 범위를 벗어나서
다른 사람의 성(性)을 이용하려고 하는 것을 멈추라(호 4:13-14);
거짓말과 험담으로 다른 사람을 훼손하는 것을 멈추라(미 6:12);
과부나 고아나 나그네나 또는 가난에 찌들린 자나 약한 자를 이용
하는 것을 멈추라(말 3:5); 권세자들을 부요하게 하며 민중을 억압
하기 위하여 통치권을 맹목적으로 사용하는 것을 멈추라(렘
22:15-17). 이와 같이, 히브리 예언자들은 명백히 또는 은연 중에
시내산 언약에 따라 백성들이 행하도록 요구하였다.11) 그들의 요
구에 대하여 다른 설명이 없다; 윤리는 이스라엘 백성의 하나님과
관계의 표현일 뿐이다. 예언자들은 언약을 지키는 것이 하나님께
나아가는 길, 곧 하나님의 은혜를 입게 되는 길이라고 제안하지 않
는다. 대신에, 그들은 언약을 지키는 것이 의인은 믿음으로 산다는,
하나님과 동행하는 것이라고 설명한다.

　이 모든 것들이 기독교의 회심에 관계가 있다는 것이 지금쯤 아
주 명백하여졌을 것이다. 그러나 이 제시가 의도한 만큼 명백하지
못하다는 실제 가능성을 고려하여, 그 적용을 더 분명히 표현해 보
자. 고대 이스라엘의 자녀들처럼, 기독인들은 하나님의 은혜의 행
위로 하나님과 살아있는 관계를 맺는다. 이러한 관계를 확보하기

위하여 인간이 할 수 있는 유일한 올바른 일은 자신이 무기력하다는 것을 인정하는 것이며 하나님이 그 관계를 가능하게 하셨다고 말씀하신 하나님을 믿는 것이다. 이러한 관계를 가능하게 한 하나님의 목적은 우리가 그 분의 성품을 나누는 것이다. 우리가 그 성품을 우리의 삶에 드러내고자 할 때 이 성품을 배우게 된다. 그분의 성품을 나타내는 행동으로 순종할 때 우리는 그분과의 우리의 관계를 유지하며 살아간다. 이러한 행동이 없다면 우리가 그분과의 언약 관계에 있는가를 의심해 볼 당연한 이유가 있다.

기독인들은 고대 이스라엘에 비하여 측량할 수 없는 이점들이 있다. 이스라엘 사람들은 하나님의 성품에 따라 살아가는 것이 단순히 선한 의도와 근면한 노력 이상의 것임을 배웠다. 인간의 영(spirit)에는 다른 사람에게 종속되는 것, 특히 하나님께 종속되는 것을 적극적으로 거부하는 결점이 있다. 이러한 발견으로 인하여 이스라엘 사람들은 그들의 지도자들 가운데서 역사하신 성령이 모든 사람에게 임하게 하여 달라고 울부짖게 되었다. 그것은 오순절의 위대한 복음으로, 모든 사도들이 새로운 회심자들과 함께 나누고 싶어하였던 복음이다. 당신도 이스라엘 백성처럼 인간의 노력에 의해서가 아니고 당신 안에 살아 계신 성령의 능력으로 하나님의 윤리적 삶을 살 수 있다.

그러한 이유 때문에, 모든 바울의 편지는 사회 정의에 관한 중요한 부분을 지니고 있다. 그는 사람이 율법을 지킴으로써 하나님이 받아들일 수 있게 된다는 바리새인의 사고를 공격하였으나, 은혜로 구원을 받은 사람이 윤리적 의무가 없다고 제시하지 않는다. 결코 그렇지 않다고 바울은 말한다. 옛 언약에서와 마찬가지로, 새로운 언약 아래 있는 사람들은 온전한 것 때문에, 다른 사람들을 하나님이 대하시는 것과 같이 대함으로, 그들이 다른 사람들을 대하는 것을 통하여 하나님을 안다는 것을 보여줌으로, 하나님과의 관계를 나타내야 한다. 새 언약의 목적은 옛 언약의 목적과 정확히 똑같다. 사람들이 하나님의 거룩한 성품을 나누게 될 수 있도록, 특히 인간 관계라는 정황에서 살 수 있게하기 위해서이다.

주 (註)

1) 조직신학에서 종종 중생으로 정의된다. 디도서 3:5을 보라. 그리고 로마서 12:1-2; 갈라디아서 5:16, 22-24; 골로새서 1:21-23 등과 같은 대표적 구절들을 보라.

2) 어떤 사람들과 같이 이 점을 너무 강조하지 않도록 유의하여야 한다. 많은 사람들이 전체 집단 예배를 통하여 하나님과의 관계를 갖는다는 것이 분명한 반면에, 아브라함에서 말라기까지 시편에 많은 알려지지 않은 저자들을 포함한 종교적 지도자들의 예들은 개인적 신앙이 구약시대에서 드물지도 않았으며 얻기 어렵지도 않았다는 것을 보여준다.

3) *Beyond Fundamentalism*이라는 그의 책에서 바(James Barr)는 바울의 가르침이 별로 구약에 근거하지 않기에 바울은 구약을 계시로는 특히 존중하지 않았다고 주장한다. 이에 대한 대답으로 두 가지 요점이 있다. 1) 침묵에 대한 논쟁은 항상 약한 것이다. 바울이 구약의 영감을 반박한 곳을 발견할 수 없다. 2) 바울은 랍비들과 같이 구약에 대하여 단순히 비평하지 않고 있다. 오히려 예수님의 영으로 예수님의 약속의 성취로 구약을 확립하고, 확인하며, 덧붙이고, 끝마친다.

4) 언약에 비추어서 구약을 이해하고자 한 광대한 시도는 Walter Eichrodt, *Theology of the Old Testament*; tr. J. A. Baker (Philadelphia: Westminster Press, 1961)에 있다. 해젤(G. Hasel)이 지적한대로, 언약을 구약의 유일한 통합의 중심으로 만드는 저자의 의도는 매우 어려운 점들이 있다: *Old Testament Theology: Basic Issues in the Current Debate*, 4th ed. (Grand Rapids: Erdmans, 1991), pp. 139-141. 해젤은 특별히 언급하지는 않지만 지혜 문학에 언약에 대한 명백한 인용이 없다는 것은 저자의 이론에 심각한 질문을 던진다. 현재 논쟁은 언약이 하나님-인간관계의 성경관을 이해하기 위한 가장 중요한 유일한 개념이라는 논쟁처럼 강하지는 않다.

5) 아브라함과 세운 더 이른 시기의 약속들(12:1-3, 7; 13:14-17)은 언약으로 지칭되지는 않지만 15:18의 언약과 본질상 차이가 없다는 것이 명확하다.

6) 어떤 학자들은 또한 이 언약을 조건적이라 본다: T. McComiskey, *Covenants of Promise* (Grand Rapids: Zondervan, 1988). 어떤 의미에서 이것은 사실이다. 왜냐하면 순종의 결과로 축복이 선언되고 불순종의 결과로 저주가 선언된다. 그러나 다른 의미에서 시내산 언약은 조건적이 아니

다. 학술적으로 말하자면, 언약은 한 쪽이 그 조항들을 어기면 무효이다. 이런
견해에서 언약은 금송아지(출 32) 사건 이후 더 이상 유효하지 않다. 사실,
구약의 이야기는 이스라엘 백성이 끊임없이 어김에도 불구하고 하나님 편에
서 그 언약을 계속하여 지킨다는 이야기이다.

7) 토의를 위하여 D. J. McCarthy, *Treaty and Covenant*, new ed.
(Rome: Biblical Institute, 1978)을 보라.

8) 함무라비 법전, 곧 지난 세기에 최초로 발견된 메소포타미아 법전이
번역된 후, 그것은 모세의 율법과 아주 유사한 것이 많다는 사실이 관찰되었
다. 그 시대가 그랬던 것처럼, 그리고 지금도 다시 유행하고 있는 것처럼, 학
자들은 모세 율법에 독특한 것이 아무 것도 없다고 주장했다. 분명히 많은 유
사성이 있다. 그러나 이것 때문에 우리는 놀랄 필요가 없다. 하나님은 그 분의
목적을 이루기 위하여 인간의 지식과 발견으로 입수된 것은 무엇이든지 사용
하신다. 모세 율법에 독특한 것은 그것이 언약이라는 정황 안에 있다는 것이
다. 이것이 모든 촛점과 의미를 바꾼다.

9) 시내산에서 주어진 대부분의 계명이 민수기 9장에 이르기까지 전개되
기는 하나, 본래의 언약은 출애굽기 20장에서 23장에 제한되어 있다는 사실
을 주목하라. 신명기는 신명기에서 반복하며 재적용하는 율법이 출애굽기의
율법이지 레위기의 율법이 아니라는 점에서 이것을 확인하는 것 같다. 여기에
서 요점은 레위기의 신빙성과 권위에 대하여 질문을 하자는 것이 아니고, 그
언약의 4분의 3이 넘는 조항들이 종교적 행위가 아니고 윤리적 행위와 관계
있다는 것을 관찰하라는 것이다. 물론 요점은 성서에서 가장 중요한 종교적
행위는 윤리인데, 이 사고는 이교 신앙에는 예나 지금이나 전적으로 낯선 것
이다.

10) 이 점을 나타낸 예들을 위하여 이사야 1:10-23과 호세아 6:6을 보라.

11) 시내산 언약이 명시되지 않은 때도 시내산 언약이 암시된 예언자들
의 실례들을 위하여 다음을 보라. 아이크로트(W. Eichrodt)의 "Prophet
and Covenant. the Exegesis of Isaiah" in *Proclamation and
Presence: Old Testament Essays*, ed. J. I. Dirham and J. R.
Porter (London: SCM, 1970), 167-188.

7

세속화와 회심

홍 성 철

I. 서 론

이십 세기 한국교회는 "복음의 씨"가 시기적으로 발아(發芽)하기 어려운 "밭"에 뿌려져, 정치적 변동, 문화적 갈등, 그리고 많은 사회적 혼란 속에서도 꾸준하면서도 강하게 성장하여 그 향기를 널리 그리고 멀리 퍼뜨린 것이 그 특징이라 하겠다. 복음에 대한 역풍(逆風)을 오히려 위로부터의 도우심과 많은 기독인들의 희생적 헌신을 통하여 순풍(順風)으로 바꾼 대역사(大役事)라 아니할 수 없다.

그러나 이십일 세기를 눈 앞에 두고 있는 한국교회는 사려(思慮) 깊은 기독인들을 염려하게 만드는 조짐을 보여주기 시작하였다. 그 동안 세계의 이목을 끌만큼 괄목할만한 성장을 만끽했던 한국교회는 다시 강한 역풍을 느끼면서 전도의 어려움을 뼈아프게 실감하고 있는 것이다.[1] 그러면 복음의 순풍을 역풍으로 되돌이키는 원인을 어디에서 찾을 것인가? 물론 그 원인을 신학적, 교회적, 심리적, 경

제적 등 제측면(諸側面)에서 찾을 수 있겠으나, 본고(本考)에서는
세속화의 측면에 국한시키고자 한다. 왜냐하면 세속화의 문제는 오
늘날 한국교회가 부딪히고 있는 가장 현실적이고도 실제적인 문제
가 될 수 있기 때문이다. 그리고 더 나아가서 이 세속화의 물결 속
에서 허우적거리고 있는 사람들에게 어떻게 접근하여 회심을 유발
(誘發)시킬 수 있는가를 고찰해 보고자 한다.

II. 세 속 화

세속화(secularization)의 문제는 한국교회만의 문제는 아니
다. 천년의 오랜 기간 중 사회 전반에 영향을 미쳤던 서구(西歐)의
교회도 이 세속화의 급류(急流)에 거의 휩쓸려가다 싶이 했다. 교
회 출석의 통계만으로는 세속화의 정도를 측정할 수 없으나, 그래
도 주일 예배 출석을 보면 이러한 양상(樣相)을 쉽사리 알 수 있을
것이다. 서독과 이탤리에는 인구 중 6%만이, 스칸디나비아와 노르
웨이는 1-3%만이, 영국에는 12%만이 각각 주일 예배에 출석한
다. 카나다에는 40년 전보다, 그리고 오스트레일리아에는 25년 전
보다 각각 주일 예배 출석이 50%씩 감소되었다.[2] 이 통계에 의하
면 세계의 여러 교회들이 많은 기독인들을 세상으로 내어 보냈다는
것을 의미한다. 이러한 이유 때문에 오스 기니스(Os Guiness)는
1989년 마닐라에서 개최되었던 제2회 로잔 대회(Lausanne II in
Manila)에서 세속화가 현대교회의 가장 큰 위협이 될 수 있다고
다음과 같이 역설하였다:

> 만일 여러분이 현대화가 종교 전반에, 그리고 특히 현대화된 지역
> 에 있는 교회와 복음에 끼친 영향을 주시한다면, 여러분은 현대화

야말로 교회가 사도시대 이후 당면한 최대의 위협이 될 수 있다는 사실을 쉽게 알 수 있을 것이다.3)

1. 세속화의 의미

그렇다면 이토록 큰 역풍의 영향력을 구사하는 세속화의 의미는 무엇인가? 세속 신학자 반 퍼센(C. A. van Peursen) 교수는 1959년 스위스 보쎄이(Bossey)의 에큐메니컬 인스티튜트(Ecumenical Institute)에서 세속화를 "인간의 이성과 언어에 대한 종교적 지배와 형이상학적 지배로부터의 해방"이라고 정의하였다. 보스톤 대학의 사회학자 피터 버거(Peter Berger)는 세속화를 "사회와 문화의 영역이 종교적인 제도와 상징의 지배로부터 벗어나는 과정"이라고 정의하였다.4) 독일의 유명한 신학자 볼프하트 페넌버그(Wolfhart Pannenberg)는 최근에 세속화를 "문화의 세계가 기독교로부터 그리고 무엇보다도 교회로부터 독립되는 과정"이라고 하였다.5) 이상의 정의들을 종합해 볼 때, 세속화란 결국 사람들의 사고와 언행이 종교에서, 특히 기독교의 영향에서 떠나가는 삶의 방식이라고 할 수 있을 것이다.

그런데 흥미롭게도 시카고 대학 신학부(The University of Chicago Divinity School)의 현대 교회사 교수인 마틴 마티(Martin E. Marty)는 그의 명저 "현대의 분열"(The Modern Schism: Three Paths to the Secular)에서 세 가지 형태의 세속화를 제시하였다. 첫째는 "완전 세속"(Utter Secularity)으로서, 공개적으로 교회와 교리를 공격할 뿐 아니라 그것들을 다른 것으로 대치하려는 학문적 노력이다. 둘째는 "단순 세속"(Mere

Secularity)으로서, 하나님과 교회를 직접 공격하지는 않으나, 이 세상에 전념한 나머지 하나님과 교회를 무시하는 태도라고 할 수 있다. 세째는 "통제된 세속"(Controlled Secularity)으로서, 전통적 기독교의 용어와 상징들이 그대로 사용되나 그 의미는 상당히 변질된 것이다.6)

어떤 유형(類型)이든 많은 사람들이 세속화의 영향 밑에서 반(反) 교회주의자들이 되거나, 교회에는 출석하나 기독교의 가르침과는 전혀 관계 없는 명목상의 교인이 되거나, 아니면 이 세상에 인생의 목적을 둔 물질주의자가 된다. 결국, 교회와 기독교는 세속적인 사람들에게 아무런 영향력도 행사하지 못하거나 아니면 소위 "지성적"인 교인들을 세상으로 내어 보낸다. 오스 기니스는 세속화가 현대 교회에 이처럼 거센 역풍으로 작용하는 이유를 다음의 네 가지 세속화의 영향력을 기술하면서 제시한다: 첫째, 세속화는 초월(超越)에 대한 사고를 차단(遮斷)시키며; 둘째, 세속화는 전통을 중단시키며; 세째, 세속화는 삶 속에서 신앙의 고결성을 제한시키며; 마지막으로, 세속화는 진리를 천박한 감상(感傷)으로 전락(轉落)시킨다.7)

2. 세속화의 원인

그렇다면 이처럼 많은 사람들의 세계관을 바꾸어 놓은 세속화의 원인은 무엇인가? 물론 여러 각도에서 많은 원인을 찾을 수 있겠으나, 본고에서는 경제적 원인, 과학적 원인, 사상적 원인 등에서 찾아 보고자 한다. 그리고 이 원인들에 대한 교회의 반응을 살펴 보기로 하겠다.

　개신교가 이 땅에 소개되었을 때는 경제적인 상황이 지극히 열악
(劣惡)하였다. 기독교는 즉각적으로 예수 그리스도를 통한 구원의
복음을 전할 뿐 아니라 새로운 경제관을 가르치기 시작하였다. 세
계와 모든 자원이 하나님의 소유이며 인간은 그분의 청지기이기에,
우리의 모든 재능, 재물, 시간이 하나님의 나라를 확장시키는데 사
용되어야 한다는 가르침이었다.[8] 이러한 가르침은 우리의 소유가
많고 적음이 중요한 것이 아니라, 그 소유를 어떻게 취득하고 사용
하느냐가 중요한 이슈가 되었다. 그 결과 전통적인 청빈(淸貧) 사
상과 결합하여 경제적인 어려움은 존경의 대상이 되기도 하였다.

　그러나 서서히 일기 시작한 한국의 경제 성장은 사회적 측면에서
뿐 아니라 신앙적 측면에서도 많은 변화를 가져왔다. 우선 산업화
와 도시화의 현상이 일어났으며, 그 결과 전통이 붕괴되고 기능만
이 강조되는 비인격화의 형태가 만연(蔓延)하게 되었다.[9] 이러한
비인격적인 상황에서 경제 제일주의의 물결이 사람들의 마음을 파
고 들었다. 무자비한 사업체 간의 경쟁, 빈자(貧者)와 부자(富者)
간의 불신, 첨예(尖銳)한 노사 간의 갈등 등이 그 결과였다.

　교회도 역시 경제 성장의 영향을 받아 물질적 빈곤에서 풍요를
누리기 시작하면서 그 강조가 변화되기 시작하였다. 어떻게 소유를
취득하느냐에서 얼마나 소유하였는가로 변화되었으며, 하나님의
나라를 위한 고난과 인내에서 하나님의 가시적 축복으로 변화되었
다. 이 가시적 축복을 과시하듯, 교회는 보다 큰 건물, 보다 화려한
장식, 보다 많은 성도, 보다 풍성한 헌금을 강조하였다. 이런 것들
을 지켜보는 사람들은 반(反) 교회적이 되든지, 아니면 전혀 교회
의 가르침에 영향을 받지 않는 형식적 교인들이 되어가고 있는 것
이다.

중세의 서구교회가 과학의 융기(隆起)로 세속화된 것과 마찬가지로,10) 한국 교회에 대한 과학의 영향도 대단한 것이다. 경제성장 제일주의의 사고는 과학 우선주의를 가져왔다. 그리하여 한국 사회는 그 동안 도덕적/정신적 후원 없는 자연주의적 사고 방식과 방법을 개발하는데 진력(盡力)하였으며, 그 결과 형이상학적(形而上學的) 사고에 대한 무지 내지 반발을 가져왔다.

그 결과 전통적으로 교회에서 가르치던 신의 존재가 의심되어 성경적 창조, 타락, 원죄, 구속, 내세관 등이 도전을 받게 되었다. 일부 기독인 과학자들이 성경적 창조론을 비롯한 성경의 가르침을 수호하려는 노력도 없지는 않지만, 역시 과학이 원인이 된 세속화의 물결은 되돌이킬 수 없어 보인다. 특히 젊은이들과 지식인들은 하나님의 절대적인 주권과 섭리에 강한 의심을 품으면서 그 의심을 오히려 지성의 지표인양 자랑하고 있는 것이다.11) 한 발 더 나아가 그들은 교회 지도자들을 권위의 상징으로 간주하여 깊은 불신을 나타내며 교회를 "비과학적"으로 결론 짓는다.

한편 전통적인 교회는 급속도로 변화 되어가는 과학의 발전에 무관심한 경향이 있었다. 역사적으로 교회는 과학의 발견을 무시하거나 반대해 온 것도 사실이었다.12) 과학적인 사고를 가진 젊은이나 지성인들의 진지한 진리의 추구 자세를 반 신앙적, 반 교회적 자세로 몰아붙여, 그들로 하여금 교회에 발을 붙이지 못하게 하는 결과를 가져왔다. 그들은 과학에 더욱 심취(心醉)하면서 결국 물질주의자가 되어, 인생의 목적을 현재와 이 세상에 둔 현실주의적/실용주의적 사람들이 되어가는 것이다.13)

지금까지 세속화의 원인을 가시적(可視的)으로 살펴보았다. 그러나 모든 가시적 원인보다 훨씬 더 심도(深度) 깊게 그리고 폭 넓게 영향을 미치는 비가시적 원인이 있다. 그것이 바로 사상적 원인이다. 서구교회가 사상적으로 계몽주의의 영향을 직접적으로, 간접적으로 받아 빠른 세속화의 세류(世流) 속에 휩쓸린 것처럼,14) 한국 교회도 어떤 면에서 서구교회의 전철(前轍)을 밟고 있는 것이다. 18세기의 영국교회는 사회적인 혼란과 사상적인 변화 속에서 계몽주의의 산물인 이신론(理神論)의 영향을 받아 성경적/정통적 신론(神論)이 강한 도전을 받은 것처럼,15) 20세기의 한국교회도 사회적인 혼란과 사상적인 변천 속에서 신학적으로 유사한 도전을 받고 있는 것이다.

신학자들 중에는 "세속화란 근본적으로 해방"이라는 기치(旗幟) 아래, 신 중심의 정통적 세계관과 종교적 지배로부터의 자유를 추구하면서, 자유주의 신학에 몰입(沒入)하였다.16) 예수 그리스도를 구세주로 만나지 못한 사람들은 죄인이요, 그러기에 하나님의 심판의 대상이라는 분명한 성경의 가르침에 도전하면서,17) 자유주의 신학자들은 지금까지 배우고 경험한 신앙과 신학으로부터 "해방"을 누리기 시작하였다. 서구에서 신학을 연구하는 동안 그들은 일방적으로 그리고 무비판적으로 "해방"이라는 자유주의 신학을 학문적으로 전수받아, 그 학문을 후학(後學)들에게 전달하기에 이르렀다.18) 그러면 이들의 주장은 무엇인가? 한 마디로 요약한다면, 자유주의 신학은 모든 인간이 궁극적으로 구원을 받는다는 것이다.19)

이러한 신학은 필연적으로 종교다원주의를 일으켰다. 다원주의자들은 모든 종교에도 하나님에게 이르는 길이 있기에 타종교에 속한 사람들을 기독교로 회심시킨다는 것은 어리석은 짓이라고 주장하였다. 모든 종교를 수용하는 이 "포용력"이야말로 세속화의 또 하나의 특징일 것이다.20) 그리고 이 포용력이 실존신학, 과정신학,

해방신학, 비신화화신학, 민중신학 등을 하나로 묶어서 정통적 신
앙을 대항하게 하는 결속력(結束力)이 되었다.21) 왜냐하면 위에서
아래로 내려오는 하나님의 초자연적 계시보다는 밑에서 위로 올라
가는 인간의 방법과 노력을 중시하기 때문이다. 다시 말해서, 신학
방법이 절대적인 하나님의 권위에 근거하지 않고, 인간의 이성과
상대주의에 근거하기 때문이다.22)

신학과 신앙의 관계는 불가분(不可分)의 함수관계(函數關係)이
다. 올바른 신학은 올바른 신앙을 산출하고, 올바른 신앙은 올바른
신학을 만들어 낸다. 그러나 비뚤어진 신학은 비뚤어진 신앙을 만
들든지, 아니면 신앙의 혼동을 가져온다. 그런데 하나님의 계시보
다는 인간의 합리성을 강조하는 자유주의 신학도 여러 면에서 교회
에 영향을 미치기 시작하였다. 우선, 성경관의 문제이다. 성경이 하
나님의 말씀으로서 권위를 상실한다. 그러므로 성경이 분명히 제시
하는 종말론적 세계관이 흐려지면서, 현세에 초점을 둔 신앙 생활
이 영위(營爲)된다.23) 환언(換言)하면, 궁극적으로 모든 사람이
구원에 이른다는 만인구원론을 수용하면서, 삶의 초점이 안이(安
易)하고, 쾌락 추구적이 되어, 절대적 진리와 권위를 거부한다. 따
라서, 교회는 영력(靈力)과 도덕을 잃어가면서, 복음으로 세상을
변화시키기는 커녕 오히려 세상 지향적으로 되어가는 것이다.

3. 세속화의 결과

마틴 마티 교수는, 이미 살펴 본대로, 세속화된 사람들을 세 가
지의 유형(類型)으로 분류하였다. 그 유형대로 세속화의 영향을 받
은 한국인들을 세 가지로 분류해서 묘사할 수 있을 것이다.24) 첫째

유형의 사람은 교회에 출석하는 사람이리라. 그는 주저하지 않고 예수 그리스도를 믿는다고 공언할 뿐 아니라 교회에서 어엿한 직분까지 맡고 있다. 그러나 그의 일상 생활에서는 성경의 가르침과 명령을 의식적이건 무의식적이건 무시하며, 또 필요하면 그런 태도를 정당화하는 논리를 전개한다. 실제적으로 그는 중요한 결정을 할 때 근본적으로 하나님의 뜻과 관계 없이 한다. 그는 하나님께 순종하지도 않고, 또한 예수 그리스도로 하여금 그의 생활을 지배하시도록 전혀 맡기지 않는다. 그의 사고와 생활 양식은 그가 속해 있는 전형적인 한국문화의 산물(産物)이지 결코 상이한 것은 발견할 수 없다. 그는 소위 명목상(名目上)의 교인인 것이다.

둘째 유형의 사람은 교회에 관심이 없는 사람이다. 그는 과거 학창 시절 기독교를 배울 기회가 있었거나, 아니면 어렸을 때 교회에 다닌 적이 있을 수도 있다. 그러나 그의 의식 속에는 하나님이 없거나, 있다면 그의 생애와 전혀 무관한 "어떤" 분일 뿐이다. 그의 인생관은 전적으로 현세적이어서 주중에는 열심히 일하고, 주말이 되면 가능한대로 즐거운 시간, 쾌락의 시간, 놀러가는 시간, 쉬는 시간을 계획하며 실시한다. 그에게 어려움이 생긴다면 하나님을 찾는대신 신세와 환경을 탓하는 현세주의자이다.

세째 유형의 사람은 교회를 반대하며 기회가 있다면 교인들과 논쟁하는 것을 주저하지 않는다. 그의 세계관은 세상과 현재 뿐이다. 그는 먹고, 마시고, 즐기는 관능적인 인생을 살아갈 수도 있고, 아니면 한 발 더 나아가서 하나님과 종교를 부인(否認)하면서 적극적으로 무신론자적 세계관을 제시할 수도 있다. 그가 더 적극적이라면 기독교인들이나 교회를 논박(論駁)하는 공언(公言)이나 저술을 시도할 것이다. 사람들은 세속적이지는 않지만 무신론자이

며, 더 나아가서 유물주의자(唯物主義者)이거나 공산주의자일 수
도 있다.

물론 세속화된 사람들을 교회에 대한 그들의 태도에 따라 더 자
세히 분류할 수도 있을 것이다. 예를 들면, 이 교회 저 교회를 배회
하는 사람, 이사다닐 때마다 교회를 옮기는 사람, 한 때 교회 생활
을 열심히 했던 사람 등이다.25) 그러나 그들이 어떤 유형에 속해
있는가보다 더 중요한 것은 세속화된 사람들의 상태일 것이다.

그들은 무엇보다 하나님과 관계를 맺지 못한, 다시 말해서, 영적
으로 잃어진 사람들이다. 성경은 이런 사람들을 영적으로 "죽은 자
들"이라고 지칭한다.26) 이들은 하나님을 배제(排除)시키는 세상
의 습관과 사상, 육체와 마음의 정욕 등에 속박되어, 해방 없는 "자
유"라는 환상(幻想) 속에서 짧은 인생을 영위해 나간다. 그 결과
세속화된 사람들은 심층(心層) 깊이에 아무도 그리고 어떤 것도 채
워줄 수 없는 진공(眞空)과 외로움을 안고 살아간다. 그러나 그들
은 자신들을 진단할 수 있는 지식도 없고, 그 원인을 분석하고 해결
할 수 있는 능력도 지니지 못하고 있다. 자신들의 진정한 필요가 무
엇인지 모르면서, 여러 가지 다른 요인(要因)들을 통하여 그들의
"상태"에서 벗어나려고 안간힘을 쓴다.27)

III. 회 심

세속화된 사람들도 하나님의 사랑을 필요로 한다는 사실은 자명
(自明)하여졌다. 그러나 문제는 그들이 그 사랑의 멧세지를 받아들
일 준비가 되어 있지 않다는데 있다. 받아들이기는 커녕 오히려 그
들은 그 멧세지를 냉소적(冷笑的)으로 대하거나 적대감으로 대면

할 것이다. 그렇다면 어떻게 그들에게 그들이 처한 상태를 일깨워 주어 그 멧세지의 필요성을 절감(切感)하게 하겠는가? 그리할 때 비로서 그들은 하나님을 추구(追究)하게 되고 또한 하나님의 궁극적 계시(啓示)인 예수 그리스도를 만나 회심을 경험하게 되기 때문이다. 그들의 추구를 유발하기 위하여 무엇보다 먼저 하나님의 사랑을 전하려는 사람들의 개념(槪念)과 자세(姿勢)가 변화되어야 할 것이다. 왜냐하면 변화된 삶은 세속화된 사람들 속에서 하나님의 사랑에 대한 갈증(渴症)을 일으키게 되기 때문이다.

1. 회심의 과정

우선, 개념적으로 변화가 있어야 한다. 회심의 경험은 한 순간에 일어나나, 특히 세속화된 사람들은 상당한 기간의 과정이 필요하다.28) 이러한 과정을 생생하게 묘사하는 성경적인 비유가 있는데, 그것이 바로 탕자의 이야기이다. 그 탕자는 아버지의 집을 떠나 세상과 육체를 마음껏 즐긴 세속화된 사람이었다. 그러나 어느 날 그가 처한 처참한 상태를 한탄하고 고향을 그리워하며, "내가 일어나 아버지께 가리라..."는 결단을 하였다. 그러나 그 결단에도 불구하고 그는 여전히 비참한 처지에 놓여 있었으며, 아직도 아버지에게로 돌아오지 않았고, 따라서 아직도 회심을 경험하지 못한 상태였다. 그가 돌아가겠다는 결심은 돼지 우리에서 아버지의 넓은 품과 풍족한 농토로 되돌아가는 오랜 동안의 여행 기간에 걸친 육체적이면서도 정신적인 노력의 과정이었다.29)

이러한 과정을 제임스 엥겔(James F. Engel)은 ⑴ 파종(播種), ⑵ 수확, ⑶ 양육, ⑷ 보존, ⑸ 성숙 등 크게 다섯 단계의 과정

으로 묘사한다.30) 물론 엥겔은 각 단계마다 복잡한 사고(思考)와
적극적/부정적 반응의 가능성을 인지(認知)하면서, 각 단계에서
복음의 내용 중 전해야 될 것과 전하지 말아야 될 것을 제법 구체적
으로 제시한다.31) 특히 파종의 단계를 중시하면서, 듣는 사람이 복
음의 내용을 파악하고 있는 정도에 맞추어 복음을 전해야 한다고
힘주어 말한다. 이 과정은 세속화된 사람의 복음에 대한 인식(認
識)과 반응에 따라 복음의 내용을 전달하면서 점진적으로 그 의미
를 알려주는 과정이다. 이것은 복음 전달자가 알고 있는 복음의 멧
세지를 한꺼번에 전하지 말고, 듣는 사람을 중심으로 멧세지를 전
달해야 하는 중요성을 알려준다.32)

회심의 과정에서 간과(看過)할 수 없는 또 하나의 중요한 요소가
있는데, 그것은 시간이다. 물론 사람과 단계에 따라 그 시간의 길이
가 다를 수 있으나, 그래도 회심의 과정에서 시간은 없어서는 안될
요소이다. 알랜 티펫(Alan R. Tippet)은 이러한 관점에서 회심의
과정을 다음과 같이 다섯 단계로 나눈다: (1) 의식의 기간(period
of awareness), (2) 자각의 순간(point of realization), (3) 결단
의 기간(period of decision), (4) 대면의 순간(point of
encounter), (5) 편입의 기간(period of incorporation).33)

세속화된 사람이 지금까지 영위해 온 생활이나 가치관에 회의를
느끼게 되고, 다른 생활 방식이나 가치관을 인식하는 데에는 물론
한 순간에 이루어지지 않는다. 교육, 실험, 경쟁 등의 과정을 통하
여 자연스럽게 인식될 수도 있고, 아니면 외적 문제, 내적 갈등, 전
도 활동 등을 통하여 인식될 수도 있다.34) 이와 같은 수동적 인식
은 적극적 자각으로 발전될 수도 있고 적대적인 자각으로 발전될
수도 있다. 그리고 이 자각은 결단을 일으키는데, 다음의 네 가지

중 하나로 나타낸다: 거부, 수용(收容), 수정 또는 분열(分裂).35)
여하튼, 복음의 멧세지를 받아들이고자 결단하면, 과거의 가치관을
포기하는 위기 또는 대면의 순간을 지나 세례라는 신앙 간증을 통
하여 편입의 기간으로 들어간다.36)

2. 회심을 위한 접근

세속화된 사람들이 회심을 경험하는데 상당한 시간이 요구될 수
있으나, 그렇다고 어떤 일정한 시간의 과정만 지나면 저절로 회심
에 이를 수 있다는 것은 결코 아니다. 그들은 오히려 복음에 대하여
더욱 적대감을 갖게 될 수도 있고, 또 반대로 복음에 대하여 호의적
(好意的)이 될 수도 있다. 그러므로 하나님의 사랑을 전하려는 사
람들이 어떠한 자세로 접근하느냐에 따라 복음의 역풍을 순풍으로
바꿀 수 있는 것이다.

세속화된 사람들을 크게 세 가지 유형으로 나눌 수 있다고 언급
한 바 있다. 그들은 교회에 다니는 명목상의 교인이거나, 교회에 관
심이 없거나, 아니면 교인들을 적극적으로 반대하는 사람이다. 그
런데 복음 전달자가 이들의 유형에 관계없이 같은 방법으로 접근한
다면 대부분의 경우 비효과적일 것이다. 그러므로 복음의 전달자는
먼저 그들이 속해 있는 유형을 발견하고 거기에 걸맞는 접근을 시
도해야 할 것이다.37)

먼저, 교회에는 열심히 출석하나 성경적인 삶과 전혀 무관(無關)
하게 살아가는 세속화된 사람들에 대한 접근 방법을 생각하여 보
자. 이런 사람들은 십중팔구 기독교의 중심 멧세지를 별로 들어보
지 못했거나, 아니면 들어도 곡해(曲解)하여 교회 생활을 그들이

처해있는 문화의 정도로 이해한다. 러셀 헤일(J. Russell Hale)
은 이런 사람들을 다음과 같이 묘사한다:

> ...많은 사람들은 그들이 알고 있는 교회와 강단에서 '좋은 소식'
> 보다는 '나쁜 소식'을 더 많이 들었다. 이들 많은 사람들에게 전
> 달되는 단편적인 기독교 멧세지는 율법, 도덕, 심판, 거부 등으로
> 가득찬 것이다. 많은 사람들은 그들이 아직도 죄인일 때 그들을
> 있는 그대로 받아 주시는 사랑의 하나님에 대하여 결코 들어 본
> 적이 없다....그들에게 교회에서 들려오는 많은 바벨(Babel)은
> 이해할 수 없는 소리에 불과한 것이다.38)

그러므로 이들 세속화된 사람들에게 접근하려면 비록 높은 수준
의 학문이나 지식의 소유자라 할지라도 기독교의 핵심 멧세지에 대
하여는 무지하다는 사실을 인지(認知)하여야 한다.39) 그리고 그들
에게 기본적이면서도 정확한 성경의 가르침을 전달해야 할 것이다.
특히 하나님과 인간의 관계, 그리스도의 구속과 인간의 반응, 성령
의 역사와 경험적 구원, 신앙 공동체의 중요성과 새로운 삶의 방식
등을 명확하게 가르쳐야 할 것이다.40) 다른 말로 표현한다면, 기독
교 "케리그마"(kerygma)를 이해할 수 있도록 전달해야 한다.41)

물론 이 "케리그마"를 강단에서 선포하는 것만으로는 충분하지
못할 수 있다. 오히려 개인적으로 만나서 그들이 처해 있는 정황
(情況)에 맞추어 대화하는 방법이 효과적일 수 있다. 그들의 말에
경청하고 이해하면서, 그들이 이해하지 못하고 있는 부분을 설명한
다면, 그들로부터 신뢰는 물론 기독교에 대한 올바른 깨달음을 이
끌어 낼 수 있을 것이다. 그리할 때 그들도 회심을 경험하고 성경적
생활 방식을 영위하기 시작할 것이다.42)

예수 그리스도는 니고데모와의 대화에서 완전한 본을 보이셨다.

비록 그는 그 당시 유대교에 깊은 조예(造詣)와 높은 지위를 향유(享有)하고 있었지만, 성경의 핵심적 가르침을 이해하지 못하였다. 그러나 저 늦은 밤, 그들만의 조용하고 진지한 대화를 통하여 그리스도는 그가 혼돈(混沌)하고 있는 기독교의 가장 기본적이면서도 중요한 진리인 회심을 간단명료하게 전해 주셨던 것이다.43)

그 다음, 기독교에는 무관심한 채 현세적인 세계관(worldview)을 소지(所持)한 세속인들에 대한 접근 방법이다. 먼저, 분명한 사실은 이런 사람들이 교회에 발을 들여 놓지 않으리라는 사실이다. 그러므로 복음의 전달자는 그들이 있는 곳으로 찾아가 그들과 접촉해야 한다. 그리고 그들의 관심사에 진지한 흥미를 보이면서 그들 속으로 끌려 들어가야 한다. 그 결과 상호 신뢰적인 관계가 구축(構築)되면, 인생의 본질--인생의 무의미, 인생의 공허, 인생의 무상(無常)--에 대하여 그들의 주의를 환기(喚起)시킬 수 있을 것이다. 그리고 그들이 이러한 내용에 동의할 때, 그 원인과 해결책을 복음적으로 제시하여야 한다.44)

예수 그리스도는 이러한 접근 방식에도 역시 완전한 본을 보이셨다. 그는 사마리아 여인을 예루살렘이나 회당으로 초청하지 않으셨다. 오히려 그 여인이 처한 삶의 현장으로 찾아가셨다.45) 그리스도와 그 여인 사이에 가로 놓여 있는 장벽은 한 두 가지가 아니었다. 300여리나 되는 거리의 장벽, 삼킬 듯 쏟아지는 불볕의 장벽, 서로 깊은 갈등 관계에 있는 종족의 장벽, 서로를 절대로 용납할 수 없는 종교의 장벽, 남(男)과 여(女)라는 성(性)의 장벽, 물과 종교라는 상이(相異)한 관심의 장벽, 그리고 무엇 보다도 편만한 편견의 장벽 -- 그리스도는 이 모든 장벽을 넘으셨다.46) 그리고 그는 그 여인을 있는 그대로 받아들였을 뿐 아니라 사마리아에 나흘간이나 더

머물면서 성도의 교제를 나누셨던 것이다. 이것이야말로 성경적인 "코이노니아"(koinonia)가 아니면 무엇이겠는가?

"코이노니아"는 복음적 회심을 위하여 없어서는 아니될 중요한 부분이다. 특히 교회와 기독교에 무관심한 세속적인 사람들에게는 말이다. 왜냐하면 이런 사람들은 내적으로 깊은 외로움을 느끼며, 그것을 극복하려고 세상적/육체적 방법을 동원한다. 그러나 그런 방법은 미봉책이요, 일시적이요, 가면적(假面的)일 뿐이다. 그러므로 복음 전달자는 희생적 사랑을 토대로한 "코이노니아"를 나눌 때 그들은 그가 전하는 복음의 멧세지를 수용하여 회심을 경험하게 된다.47)

마지막으로, 무신론적 세계관을 자랑하는 세속적인 사람들에 대한 접근 방식이다. 이들은 복음의 전달자가 접근하기조차 어려운 사람들이다. 오히려 이들은 기독인들을 찾아서 조롱하고 핍박하기를 주저하지 않는다. 그러므로 복음 전달자는 그들을 위하여 간절히 기도하며 인내를 가지고 기다릴 수 있어야 한다.48) 그러나 동시에 그들도 인간이기에 스스로 해답할 수 없는 많은 질문이 있다는 사실을 간과해서는 안될 것이다. 인생의 의미와 목적에 대한 질문, 사후(死後)의 세계에 대한 질문, 신의 존재에 대한 질문, 성경에 대한 질문, 기적에 대한 질문, 예언에 대한 질문, 기독교에 대한 질문.... 그러나 아무런 해답도 없어 보이는 질문들을 그들도 가지고 있는 것이다. 그러므로 복음 전달자는 이런 정직한 질문들에 논리적으로 변증(辨證)할 수 있어야 한다.49)

복음 전달자는 이처럼 지적(知的)으로만 준비되어서는 효과적으로 복음을 전할 수 없다. 그는 세속화된 사람들이 절실한 문제 또는 필요에 부딪히면 그 필요를 가능한대로 채워주어야 한다. 그들의 필요는 육체적인 것일 수도 있고 정신적인 것일 수도 있다. 심리학자 아브라함 매슬로우(Abraham Maslow)는 인간의 필요를 (1) 육체의 필요, (2) 안전의 필요, (3) 사랑의 필요, (4) 자기 존중의 필요, (5) 자기 실현의 필요 등 다섯 단계로 나누었다.50) 세속인들의 필요가 어떤 것이든 복음 전달자는 그들의 필요를 채워주어야 하는데, 특히 그들의 기본적인 필요—육체의 필요와 안전의 필요—에 과감해야 한다.51) 이러한 봉사야말로 복음의 멧세지가 능력있게 받아들여지게 하는 가교(架橋)의 역할을 할 것이다.

　예수 그리스도는 이런 접근 방식에도 역시 완전한 본이 되셨다. 그는 성전을 등지고 살아가는, 그러나 헛된 소망 속에서 38년 동안이나 괴롭게 지낸 중풍병자를 찾으셨다.52) 그리스도는 그 병자에게 죄를 회개하고 하나님을 믿으라고 선포하지 않으셨다. 왜냐하면 그의 간절한 필요는 육체적 고질(痼疾)과 사회의 냉대(冷待)이었기 때문이었다. 그리스도는 먼저 중풍병을 아무런 조건 없이 고쳐주셨다. 그리고 그리스도의 이 "디아코니아" 때문에 병자였던 그 사람은 감사의 예배를 드리고자 성전을 찾았을 것이고, 거기서 구세주이신 예수 그리스도를 새로운 차원에서 만났던 것이다.

3. 회심의 경험

　어떤 유형의 세속인들이든 그들의 상태가 정확하게 진단되고 또 그 진단에 걸맞는 접근 방식이 적용된다면 시간이 걸릴 수도 있지만 많은 경우 복음적 회심이 경험될 것이다. 그런데 "케리그마," "코이노니아," "디아코니아"를 동시에 적용한다면 전도의 효과는 그만큼 더 클 것이다. 그러므로 조지 헌터(George G. Hunter)는 다음과 같은 명언(名言)을 남겼다:

> 만일 케리그마에 의하여 기독교의 신앙이 교육될 수 있고, 코이노
> 니아에 의하여 그것이 나뉠 수 있다면, 디아코니아의 산물(産物)
> 로서 기독교의 신앙이 팔릴 수 있다![53]

세속화된 사람들이 이처럼 적절한 접근방식에 의하여 기독교에 대한 편견과 선입견을 극복하면 그리스도의 복음을 수용할 수 있는 준비가 된다. 이 때에 하나님은 그들을 말씀과 성령의 역사로 부르신다.[54] 이 하나님의 부르심에 그들이 회개와 믿음으로 호응하면 그들은 회심을 경험하게 된다.[55]

회심은 성경적으로 살펴볼 때 소극적인 면과 적극적인 면을 내포한다. 구약성경은 "죄에서 돌아서서 하나님에게로 돌아오는", 다시 말해서, 방향과 자세와 관계를 완전히 전환시킨다는 뜻을 갖는다.[56] 신약성경도 같은 맥락에서 쓰였는데, 특히 사도행전 26장 18절은 조명적(照明的)인 말씀이다: "그 눈을 뜨게 하여 어두움에서 빛으로, 사단의 권세에서 하나님께로 돌아가게 하고 죄 사함과 나를 믿어 거룩케 된 무리 가운데서 기업을 얻게 하리라."

우선, "어두움에서 빛으로"는 하나님에 대한 무지(無知)에서 벗어나서 그가 어떤 분인지 알게 되었다는 뜻이다.[57] 세속화된 사람들이 어떤 원인에서이건 하나님에 대하여 그릇된 개념을 가지고 있었으나, 이제 그 분의 은총으로 창조주요 동시에 구속자이심을 깨닫게 되었다. 이 사랑의 하나님이 그들을 환영하며 받아주신 것이다.

그러나 "어두움에서 빛으로"는 거기에서 끝나는 것이 아니다. 바울이 회심 이전에 교회와 기독인들을 핍박한 "훼방자요 핍박자요 포행자이었으나", 이제는 "이 복음을 위하여 반포자와 사도와 교사로 세우심을 입은 것"처럼,[58] 세속화된 사람들도 교회에 해(害)가 되던 행위를 버리고 오히려 복음의 전파를 위하여 살게 되었다는

의미도 포함된다.

회심을 경험할 때 세속화 된 사람들이 누리는 또 다른 축복은 "사단의 권세에서 하나님께로 돌아간" 것이다. 공중의 권세 잡은 자와 세상의 풍속과 육신의 정욕이 삼위일체가 되어 죄와 좌절감 속에서 허위적거리며 죽음을 향해 밀려가던 그들이 죄의 용서는 말할 것도 없고 죄에 대한 승리를 구가(謳歌)하게 된 것이다!59) 이것이 바로 회심인 것이다.

IV. 결 론

세속화된 사람들에 대한 복음 전달과 회심의 유발은 결코 쉬운 문제가 아니다. 그러나 오늘날 한국교회가 처해 있는 정황을 둘러볼 때 그것은 결코 간과(看過)할 수 없는 크나큰 도전이 된다. 비록 그것이 무거운 과제일 수 있으나, 복음 전달자가 하나님께 매달려 기도하면서 삶의 본을 보인다면, 그 과정 속에서 세속화된 사람들이 하나님의 사랑을 받아들일 것이다.

그들이 복음의 멧세지를 수용하고 회심을 경험할 때 복음 전달자는 말할 수 없는 보람과 기쁨을 맛볼 것이다. 그러나 회심의 과정이 모두 끝났다고 생각해서는 아니될 것이다. 오히려 이제부터 시작이라는 각오를 가지고 복음 전달자는 회심자를 보살펴야 할 것이다. 여기에서 바울 사도의 간증(干證)을 계속 살펴보는 것도 의미가 있을 것이다: "나를 믿어 거룩케 된 무리 가운데서 기업을 얻게 하리라."

이 말씀에서 회심 이후의 과정에서 없어서는 아니될 세 가지의 중요한 교훈을 얻을 수 있을 것이다. 첫째로, 복음적 회심을 경험한 사람들은 "거룩케 된..." 삶을 영위하기 시작해야 한다. 거룩한 삶은 개인적으로 성별(聖別)된 삶일 뿐 아니라, 사회적으로 윤리적 책임을 지는 삶을 가르킨다. 둘째로, 회심자들은 "무리 가운데서" 함께 살아가는 법을 배워야 한다. 이것이 바로 신앙의 공동체, 곧 교회이며, 그 속에서 하나님께 예배를 드리며, 서로 사랑하며, 훈련 받으며, 함께 성숙해 가는 것이다. 마지막으로, 회심자들은 "기업을 얻을" 때까지, 다시 말해서, 주님을 만나 상급을 얻을 때까지 그리스도의 형상으로 닮아가야 된다는 것이다. 그 과정 중에 그리스도의 모습을 다시 세속화된 사람들에게 나누어 주면서 말이다. 이처럼 연쇄적(連鎖的)인 회심의 과정이 일어날 때 "주님의 나라가 속히 임하게 될 것이다!"

주 (註)

1) 『기독교 대연감』에 의하면 1992년의 교인 증가는 81,451에 그쳤다. 『기독교 대연감』(서울: 기독교문사, 1992-1993), 278과 363을 각각 참고하라.

2) George G. Hunter, III., *How to Reach Secular People* (Nashville, TN: Abingdon Press, 1992), 24.

3) Os Guiness, "The Impact of Modernization," in *Proclaim the Christ until He Comes: Calling the Whole Church to Take the Whole Gospel to the Whole World*, ed. J. D. Douglas (Minneapolis, MN: World Wide Publication, 1990), 284. Guiness는 "현대화"를 세속화의 의미로 사용하였다.

4) Peter Berger, *The Sacred Canopy* (New York: Doubleday & Co., Inc., 1969), 107.

5) Wolfhart Pannenberg, *Christianity in a Secularized World* (New York: Crossroad, 1989), vii.

6) Martin E. Marty, *The Modern Schism: Three Paths to the Secular* (New York: Harper & Row, Publishers, 1969), 10.

7) Guiness, "The Impact of Modernization," 284.

8) Gary Scott Smith, *The Seeds of Secularization* (St. Paul, MN: Christian University Press, 1985), 128.

9) Harvey Cox, 『세속 도시』 손명걸 외 역 (서울: 대한기독교서회, 1967), 11.

10) 특히 Copernicus와 Galileo의 지구 회전론, Newton의 중력설, Darwin의 진화론, Freud의 심리학은 서구교회를 세속화하는데 결정적 역할을 하였다. Hunter, *How to Reach Secular People*, 27-28을 보라.

11) Norman Geisler & Ron Brooks, *When Skeptics Ask* (Wheaton, IL: Victor Books, 1990), 211f.

12) 교회는 Copernicus나 과학적 발견을 반 교회적 행위로 정죄하기도 했다. Hunter, *How to Reach Secular People*, 29를 보라.

13) Cox도 세속화의 결과는 실용주의라고 하였다. Cox, 『세속 도시』, 84 이하를 보라.

14) Newbigin은 프린스톤 신학교의 Warfield 강의에서 서구교회에서

계몽주의가 반신적(反神的) 목적론, 이성, 행복의 추구, 국가-국민주의, 현세적 종말론 등을 일으킨 주범(主犯)이라고 힘주어 언급한다. Lesslie Newbigin, *Foolishness to the Greeks: The Gospel and Western Culture*, 2nd ed. (Grand Rapids, MI: William B. Eerddmans Pub. Co., 1986), 24 이하를 보라.

15) Norman L. Geisler, *Christian Apologetics*, 4th ed. (Grand Rapids, MI: Baker Book House, 1976), 166ff.

16) Cox, 『세속 도시』, 31.

17) 로마서 1:18-21, 2:4-5, 3:10-18, 23, 5:6-12, 6:23 등을 참고하라.

18) 자유주의 신학은 Friedrich Schleiermacher로부터 시작되어, 개신교에서는 William Ernest Hocking, J. A. T. Robinson과 같은, 그리고 가톨릭교에서는 Karl Rahner와 Hans Küng 같은 학자를 통하여 대중화 되었다. Kenneth S. Kantzer, "The Claims of Christ and Religious Pluralism," in *Evangelism on the Cutting Edge*, ed. Robert E. Coleman (Old Tappan, NJ: Power Books, 1986), 17ff.

19) Ibid., 17.

20) Cox, 『세속 도시』, 9-10.

21) Thomas C. Oden, *After Modernity... What?* (Grand Rapids, MI: Academie Books, 1990), 33.

22) Os Guiness, "Sounding Out the Idols of Church Growth," in *No God But God*, eds. Os Guiness and John Seel (Chicago: Moody Press, 1992), 160ff.

23) Newbigin, *Foolishness to the Greeks*, 28.

24) 물론 이 유형과 다르게 묘사할 수도 있다. David Martin, *A General Theory of Secularization* (New York: Harper & Row Publishers, 1978), 5ff.

25) Hale은 세속화된 사람들의 유형을 10 가지로 분류한다. J. Russel Hale, *The Unchurched: Who They Are and Why They Stay Away* (San Francisco, CA: Harper & Row, Publishers, 1977), 100ff.

26) 에베소서 2:1-3.

27) Soper는 이런 상태를 "필요감의 상실"(a loss of a sense of need)이라고 한다. Donald Soper, "The Setting for Making Christians Today," in *Focus in Evangelism*, ed. George Hunter, Jr. (Nashville, TN: Discipleship Resources, 1978), 76.

28) C. Earl Leininger, "The Dynamics of Conversion: Toward

a Working Model," *Perspective in Religious Studies*, vol. 2, no. 2 (Fall 1975): 194-95; Charles H. Kraft, *Christianity in Culture* (Maryknoll, NY: Orbis Books, 1984), 328ff.

29) 누가복음 15:11-21.

30) James F. Engel, "The Road to Conversion: The Latest Research Insights," *Evangelical Missions Quarterly*, vol. 26, no. 2 (April 1990): 186. 그러나 Rambo는 (1)상황, (2)위기, (3)추구, (4)대면, (5) 상호작용, (6)결단, (7)결과 등으로 세분(細分)한다; Lewis R. Rambo, "Conversion: Toward a Holistic Model of Religious Change," *Pastoral Psychology*, vol. 38, no. 1 (Fall 1989): 52ff. Morris는 이 과정을 크게 적응(Orientation), 탈선(Disorientation), 및 재적응 (Reorientation)으로 분류한다; George E. Morris, *The Mystery and Meaning of Christian Conversion* (Nashville, TN: Discipleship Resources, 1981), 106.

31) James F. Engel & H. Wilbert Norton, *What's Gone Wrong with the Harvest?* (Grand Rapids, MI: Zondervan Publishing House, 1975), 45ff.

32) Charles H. Kraft, *Communication Theory for Christian Witness* (Nashville, TN: Abingdon Press, 1983), 89ff.

33) Alan R. Tippett, "Conversion as a Dynamic Process in Christian Mission," *Missiology*, vol. 5, no. 2 (April 1977): 206f.

34) Ibid., 207f.

35) Ibid., 208ff.

36) Ibid., 210f.

37) Edward R. Dayton, *That Evangelism May Hear: Reaching the Unchurched* (Monrovia, CA: MARC, 1979), 43: Donald A. McGavran, *Understanding Church Growth*, rev. ed. (Grand Rapids, MI: William B. Eerdmans, Pub. Co., 1980), 260ff.

38) Hale, *The Unchurched*, 184-85.

39) Guiness는 기독교 핵심 멧세지에 대한 무지의 원인을 (1) 의미없는 설교, (2) 자유주의의 영향, (3) 보수주의의 고립이라고 진단한다. Os Guiness, "Evangelism among Thinking People," in *Let the Earth Hear His Voice*, ed. J. D. Douglas (Minneapolis, MN: World Wide Publication, 1975), 715-16.

40) 이러한 내용은 다음과 같은 저술에서 찾을 수 있다: Jerry

Bridges, *Transforming Grace* (Colorado Springs, CO: NavPress, 1990); Anthony A. Hoekema, *Created in God's Image* (Grand Rapids, MI: William B. Eerdmans Pub. Co., 1986); Robert P. Lightner, *Sin, the Savior, and Salvation* (Nashville, TN: Thomas Nelson Publishers, 1991); Ken Stephens, *Discipleship Evangelism* (Scottsdale, AZ: Good Life Production, 1978); John Stott, *Christian Basics* (Grand Rapids, MI: Baker Book House, 1991).

41) Michael Green, *Evangelism in the Early Church, 4th ed.* (Grand Rapids, MI: William B. Eerdmans Pub. Co., 1977), 58ff.

42) Rebecca Manley Pippert, *Out of the Salt-Shaker & into the World* (Downers Grove, IL: Inter-Varsity Press, 1979), 127ff.

43) 요한복음 3:1-15.

44) Paul E. Little, *How to Give away Your Faith, 17th ed.* (Downers Grove, IL: Inter-Varsity Press, 1977), 26ff.

45) 요한복음 4:1-26.

46) 그런 까닭에 예수 그리스도를 "다리 건축가"(bridge builder)라고 한다. Robert D. Dale & Delos Miles, *Evangelizing the Hard-to-Reach* (Nashville, TN: Broadman Press, 1986), 123.

47) 이런 전도 접근을 관계적(relational)/성육신적(incarnational) 전도라고 한다. Joseph C. Aldrich, *Life-Style Evangelism* (Portland, OR: Multnomah Press, 1981), 81.

48) Ludrig Munthe, ed. *Christian Witness to Secularized People* (Wheaton, IL: Lausanne Committee for World Evangelization, 1980), 21.

49) 과학적 변증을 위하여, Leon M. Morris, *The Biblical Basis for Modern Science* (Grand Rapids, MI: Baker Book House, 1984); 신론의 변증을 위하여, James Orr, *The Christian View of God and the World* (Grand Rapids, MI: Kregel Publications, 1989); 성경과 예수 그리스도의 변증을 위하여, Joseph McDowell, *Evidence That Demands a Verdict*, 14th ed. (San Bernardino, CA: Campus Crusade for Christ, Inc., 1972); 기독교의 변증을 위하여, Bernard Ramm, *Protestant Christian Evidence*, 17th ed. (Chicago: Moody Press, 1977); 그리스도의 부활의 변증을 위하여, Frank Morison, *Who Moved the Stone?*, 8th ed. (Downers Grove, IL: Inter-Varsity Press, 1971); 난해 성경의 변증을 위하여, Norman Geisler & Thomas

Hawe, *When Critics Ask* (Wheaton, IL: Victor Books, 1992); 고난 의 변증을 위하여, C. S. Lewis, *The Problem of Pain* (New York: Collier Books, 1962) 등을 각각 참고하라.

50) Abraham Maslow, *Motivation and Personality* (New York: Harper & Brothers, Publishers, 1970), 88ff.

51) Aldrich, *Life-Style Evangelism*, 90ff. Raymond Fung, "Evangelising a Secular Society," in *Proclaiming Christ in Christ's Way*, eds. Vinay Samuel & Albrecht Hauser (Oxford: Regnum Books, 1989), 150.

52) 요한복음 5:1-15.

53) George G. Hunter, Ⅲ, *The Contagious Congregation*, 7th ed. (Nashville, TN: Abingdon Press, 1979), 30.

54) Cedric B. Johnson & H. Newton Malony, *Christian Conversion: Biblical and Psychological Perspective* (Grand Rapids, MI: Zondervan Publishing House, 1982), 76-77.

55) Ibid., 77.

56) Hans Kasdorf, *Christian Conversion in Context* (Scottdale, PA: Herald Press, 1980), 42ff.

57) William Barclay, *Turning to God*, 2nd ed. (Grand Rapids, MI: Baker Book House, 1972), 29.

58) 디모데전서 1:13과 디모데후서 1:11.

59) Barclay, *Turning to God*, 30.

목회와 회심

이 동 원

서 론

바울 사도는 유명한 부활의 장인 고린도전서 15장에서 "만일 그리스도께서 다시 사신 것이 없으면"이라는 문제를 제기하였다. 그리고 그는 이어서 대답하기를 "만일 그리스도께서 다시 사신 것이 없으면 너희의 믿음도 헛되고 너희가 여전히 죄 가운데 있을 것이라"(고전 15:7)고 밝히 천명하였다.

그런데 오늘의 목회의 장을 바라보면서 "만일 목회에서 회심이 강조되지 않는다면"이라는 문제를 제기하면 그 대답은 무엇일까? 사실상, 회심 사건은 부활 신앙의 전제가 된다. 참 믿음의 사람이 아닌 사람에게 몸의 부활의 약속은 무의미한 것이기 때문이다.

실제로 오늘의 목회의 장에서 회심이 더 이상 가장 중요한 명제로 중시되지 않고 있음은 분명한 목회의 위기가 아닐 수 없다. 최근에 어느 교회성장 세미나에서 "회심에 의한 성장"이 중요한 영역으로 다루어졌으며, 소위 설교 세미나에서 회심을 주제로 한 '전도 설교'가 그 주종을 이룬 적이 있었는가. 심지어 각종 전도 세미나에 있어서도 결신자를 얻는 다양한 방법과 기술은 제시되면서도 그 결신에 도달하는 회개와 믿음의 중요성이 강조되는 사례는 찾아보기 힘든 때가 되었다.

현대에서 목회의 기능은 참으로 다양해지고 있다. 그런데 이런 다양한 목회 기능의 영역에서 회심이 강조되지 않는다면 어떤 결과가 초래될 것인가? 비관적 예언(pessimistic prophecy)은 때로 비관적일 수 있는 전망을 예방하고 극복하게 하는 예언적 축복을 가져올 수 있다. 본 소고는 몇 가지 예수 그리스도의 교회를 교회되게 하는 기능적 목회 사역들을 중심으로 회심이 강조되지 않는 그 비관적 현실들을 고찰하기로 한다. 이는 21세기를 내다보는 우리의 목회의 장이 참으로 낙관적일 수 있는 역설의 미래를 위한 것이라고 할 수 있다.

I. 설교 사역과 회심

전도자 빌리 그래함(Billy Graham)은 "회심은 심리적 현상 이상의 것이다. 회심은 전인(全人)이 하나님께로 돌이키는 사건이다. 이것은 죄인이 회개와 믿음을 통하여 자신을 그리스도께 '각성적으로 의탁'(a conscious commitment) 하는 사건이다. 그러므로 결단을 위한 회심에로의 초청이나 부르심은 설교의 끝에 추가되는 그무엇이 아니라 모든 설교의 목표이어야 한다"[1]고 말한 바가 있다.

그럼에도 불구하고 오늘의 설교자들의 대부분의 설교에서 회심의 초점이 상실되고 있는 까닭은 무엇 때문일까? 그것은 아마도 텍스트(text)보다 더 컨텍스트(context)가 중시되는 시대 정신과 무관하지 않은 듯하다. 전통적인 설교 준비의 핵심인 강해(exposition)보다는 전달(communication)이 설교 세미나의 주종을 이루는 것도 ′실용주의적 시대′(pragmatic age)의 요청이기 때문이다. 설교자 자신도 ‘목회적 필요′(pastoral needs)에 끌려다니다 보면 죄인의 ‘근본적 필요′(basic need)인 회심을 너무나 쉽게 간과해 버릴 수가 있는 것이다.

그러나 예수 그리스도의 선주자(先走者)인 요한은 “회개하라 천국이 가까웠느니라”(마 3:2)는 회심을 촉구하는 설교로 사역을 시작했고, 주 예수 그리스도의 공생애의 사역도 “회개하라 천국이 가까웠느니라”(마 4:17)는 회심의 메시지의 선포와 함께 시작되었다. 마이클 그린(Michael Green)은 그의 역작 『초대교회에서의 전도』(Evangelism in the Early Church)에서 신학자 다드 (C. H. Dodd)의 말을 인용하여 사도들의 설교의 특성에 대해서 설명하기를 “초대교회의 설교는 분명한 복음의 제시에 이어서 사람들이 그리스도를 받아들이거나 거절할 것을 선택하도록 반응을 요구한 회심에 대한 설교이었다”[2]고 증언하였다.

스펄전(Spurgeon)은 “나는 회심을 염두에 두지 않고 행한 어떤 설교도 기억할 수 없다”[3]고 고백한 바가 있다. 이런 성서와 교회사의 전통에서 볼 때 우리는 회심이 빠져버린 설교도 설교인가를 묻지 않을 수가 없다. 죄인의 회개가 없고 예수 그리스도에 대한 신앙의 고백을 초래하지 못하는 설교도 설교일 수가 있는가라고. 분명한 것은 회심의 강조가 없는 강단의 미래는 세속적이고 도덕적인 수준을 넘지 못하는 인본주의적 메시지에로의 타락일 것이라는 사실이다.

우리는 스펄전의 경고를 다시 정중히 경청해야만 한다: "예수 그리스도가 그 목표와 기초가 되지 못한 설교, 사람들을 그리스도에게로 인도할 수 없는 설교는 악마를 웃게 하고 천사를 울게 할 뿐이다."4) 만일 이 시대의 설교자들이 회심을 설교하지도 않고 회심을 기대한다면 이것은 '일하지 않고 먹으려는' 무위도식의 범죄가 아니겠는가. 회심의 강조가 없는 설교의 미래는 결국 명목상의 교회원들, 구령의 열정이 없는 교회, 구원과 섬김의 환희를 상실한 종교화된 기독교가 될 것이다.

이것은 분명 성경에 나타난 기독교의 모습은 아니다. 설교학자 데이빗 라슨(David L. Larsen)은 이렇게 말한다:

> 창세기 3장 15절의 원복음(protoevangelium)에서 계시록의 마지막 장, 그 절정의 초청에 이르기까지 우리는 범죄한 죄인들에 대한 하나님의 초청을 본다. 성령과 신부가 말씀하시기를 오라 하시는 도다 듣는 자도 오라 할 것이요 목마른 자도 올 것이요 또 원하시는 자는 값없이 생명수를 받으라 하시도다(계 22:17). 이 명령은 오늘의 모든 교회와 그리스도인들에게 남겨진 유산이다. 그러면 이제 우리는 '모든 성도에게 단번에 주신 믿음의 도'(유 3)에 대한 충성스러운 선포의 책임을 결코 등한히 말아야 하겠다.5)

II. 교육 사역과 회심

목회 사역에서 결코 간과될 수 없는 중요한 영역은 교육이다. 교회성장과 함께 자연스럽게 목회의 장에서 교육은 절대적 비중을 갖게 되고 교육의 활성화를 위한 교육 투자가 이루어진다. 교회학교의 부서들은 전문적으로 세분화되고 연령에 맞는 교육 커리큘럼들이 검토되고 교육 지도자들이 영입된다. 그러나 이런 모든 바람직한 교육 사역의 성장의 마당에서 교회 전체가 공감할 수 있는 기독교 교육의 목표는 얼마나 검증되고 확인되었을까? 1930년대 이후 오늘에 이르기까지 기독교 교육 전반의 경향은 "믿음의 자녀들을 전인적으로 성숙된 인간되게 함"을 매우 일관된 목표로 삼아온 듯하다.6) 그러나 유감스러운 것은 이와 같은 기독교 교육의 전제나 목표로서 회심의 교리나 체험은 매우 빈약하게 강조되어 왔다는 사실이다.

로렌스 리차즈(Lawrence O. Richards)는 "양육하는 교회의 실현은 성도의 성장을 촉진시키므로써 자연스럽게 복음의 살아있는 표현으로써의 하나님의 생명의 전달과 재생을 초래할 것이다"7)고 낙관한다. 그러나 존 웨스터호프(John Westerhoff)는 "기독교 신앙은 본질상 회심을 요청한다. 우리는 사람들을 전인적으로 그리스도인이 되게 교육할 수는 없다"8)고 반론을 전개한다.

물론 사람들이 교육에 의하여 그리스도에 대한 믿음을 이해하는 것은 회심에 필수적이지만 교육은 이런 이해에 근거한 믿음을 자기의 믿음으로 고백하게 되는 것을 저절로 보장하지는 못한다는 사실이다. 그러므로 웨스터호프는 "회심은 내가 믿기에는 주어진 믿음(교육에 의하여)에서 소유된 믿음에로의 급진적인 돌이킴을 뜻하는 것이다"9)고 설명한다. 결국 기독교 교육 대상자들에 대한 회심의 첨예한 관심을 상실한 기독교 교육은 회심의 체험 없이 율법의 규범에 충성하는 바리새인의 양산이라는 최악의 결과를 가능케 할 수도 있는 것이다.

예수께서 교회에 위임한 지상명령도 분명히 "내가 너희에게 분부한 모든 것을 가르쳐 지키게 하라"(마 28:20)는 교육적 명령을 포함하고 있다. 그러나 이 명령의 근거는 "너희는 가서 모든 족속으로 제자를 삼아 아버지와 아들과 성령의 이름으로 세례(침례)를 주는"(마 28:29) 회심의 결실을 전제로 한것이다.

다니엘 엘샤이어(Daniel Aleshire)는 기독교 교육 사역의 목표를 다음 세 가지로 적절하게 요약한다10): ① 사람들로 하여금 예수 그리스도와의 바른 관계를 갖도록 돕는 것이고, ② 회심자로 하여금 성숙한 제자가 되도록 돕는 것이고, ③ 오늘의 제자들이 다시 주의 사역을 재생산하도록 무장시키는 것이다. 그러므로 우리의 모든 목회에서의 교육 사역에 있어서 위의 언급한 교육의 세 가지 목표에 의해 정당화 될 수 없는 일체의 교육 행위는 '기독교적'이라고 명명될 가치가 없다고 본다.

III. 상담 사역과 회심

금일의 목회 사역에는 상담 사역이 매우 중요한 부분을 차지하게 되었다. 오늘날 대부분의 복음주의 신학교들에서는 앞을 다투어 목회상담학 강좌를 개설하고 있고, 많은 목회자들도 상담 훈련을 이수하는 여러 기회들을 얻고 있다. 그러나 이런 상담 훈련이 얼만큼 실제로 교회원들에게 도움을 제공하고 있는지에 대해서는 명확한 통계가 제시되고 있지 못하다. 그러나 분명한 것은 이와 같은 상담 사역에서 죄인들로 하여금 하나님과 바른 관계를 맺도록 촉구하는 회심의 강조점은 점점 희석되고 있다는 사실이다. 그리고 이런 경향을 만드는 가장 큰 원인은 오늘의 목회상담 사역이 상당한 부분에서 소위 자아 숭배(self-worship)를 이상화하고 있는 종교화의 특성을 드러내기 시작한 인본주의적 심리학의 영향에 기인한다고 할 수 있다.

기독교 심리학자 폴 비츠(Paul C. Vitz)11)는 이런 경향에 기여해온 대표적인 심리학자들로 칼 융(Carl Jung), 에릭 프롬(Erich Fromm), 칼 로저스(Carl Rogers), 아브라함 매슬로우(Abraham Maslow) 그리고 롤로 메이(Rollo May) 등을 들고 있다.

사실상 오늘날의 목회상담에서의 가장 큰 흐름이 칼 로저스의 내담자 중심이론(client-centered theory) 혹은 비지시적 상담(non-directive counseling)의 영향을 받고 있음은 주지의 사실이다. 그러나 제이 아담스(Jay E. Adams)가 이미 지적한 것처럼 이런 비지시적 상담체계는 자유주의적이고도 인본주의적인 전제 곧 인간의 죄성을 부인하는 세속적 휴머니즘의 주장에 뿌리를 둔 것이다.12)

로저리안(Rogerian) 카운셀링의 이론대로 인간은 심리적으로 독립적인 개인의 윤리를 가져야 하며 따라서 상담은 결국 내담자의 질문에 대한 반응의 체계라는 주장을 수용한다면 우리는 인간이 스스로의 문제를 해결할 수 있고 따라서 궁극적으로 하나님의 도움을 필요로 하는 것이 아니라는 무서운 반기독교적 전제를 동의한 셈이 되고 만다.

그러나 예수께서 니고데모와 상담하실 때 충분한 공감대(rapport)의 형성 없이 '당신은 거듭나야 한다'13)고 지적하신 것이나, 사마리아 땅의 여인과의 대화에서 대화의 맥을 깨고 '네 남편을 불러오라'14)고 직면한 것은 분명히 상식적인 내담자 중심의 비지시적 상담의 케이스는 아니었다.

결국 "회개하고, 복음을 믿으라"는 회심의 도전과 직면이 없는 상담이 불신자와 신자에게 함께 얼마나 궁극적으로 유익할 수 있느냐는 궁극적인 물음을 이 시점에서 우리는 묻지 않을 수 없다. 제이 아담스의 소위 오늘의 목회 상담에 대한 경고와 분석은 가장 적절한 진단이라고 하겠다:

> 오늘날의 많은 상담이 전도의 이슈를 회피하면서도 기독교적 상 담으로 불리워 지기를 원한다. 어떤 이는 상담이 전도를 수반하는 것을 반대한다. 그 이유는 상담자가 자신의 표준이나 가치를 강요 해선 안 된다는 이유에서이다. 그러나 실상은 전도 자체가 새로운 표준과 가치를 부여하는 것이 아닌가. 복음전도는 결국 인간을 복음에 직면시켜 회개하고 믿게 하는 것이다....그러므로 내담자가 추구하는 궁극은 하나님 자신의 표준임을 잊어서는 안 된다.15)

IV. 친교 - 봉사 사역과 회심

코이노니아는 단순한 친교 이상의 의미를 지닌다. 코이노니아는 본질적으로 참여(partnership)이며 이웃에게 구체적 '도움을 베 풀기 위한 기여'(contribution in aid)의 의미까지 포함한다.(롬 15:24-26; 히 13:16) 초대 교회가 보여주는 생동하는 모본은 죄로부터의 회개, 그리고 예수 그리스도에 대한 믿음이 가져온 분명한 회심 사건이 즉각적이고 자연스럽게 성도의 코이노니아를 낳았고 그 코이노니아는 다시 연쇄적 회심을 자극한 것이었다. 그리고이 친교는 단순한 만남이 아닌 삶의 나눔의 차원에로 확장된 것이었다. 이것이 많은 부수된 문제들에도 불구하고 초대 교회가 매우일관성있게 보여주고 있는 친교-봉사 사역 현장의 모습이었다.

그에 비해서 오늘의 교회들이 코이노니아 현장의 현주소는 무엇일까? 우선 회심과 교제가 연결되고 있는가? 그리고 성도의 교제는 회심의 축복을 낳고 봉사의 열매를 맺고 있는가? 현대의 구도자들이 교회에 대해 갖는 가장 첨예한 비판은 교회에 가서도 여전히 '잃어버린다'는 불평이다. 그것은 간접적으로 오늘의 교회 구조가 비대화되면서 낳는 불가피한 소외 현상일지도 모른다. 여기에 가세한 것이 오늘의 극도의 이기주의적 '미-제네레이숀'(Me-generation)의 특성의 결과인 나그네에 대한 무관심 때문일 것이다.

로렌스 리차즈는 그의 저서 『교회의 새얼굴』(A New Face For the Church)에서16) 이런 소외감과 무관심의 질병을 극복하는 유일한 대안은 성장을 목적으로 한 소그룹, 즉 *growth-group* 이라고 주장한다. 리챠드는 "최선의 영적 성장은 다른 신자들과의 긴밀한 교제 안에서만 가능하다. 그럼에도 불구하고 오늘날 대부분의 교회 회집은 매우 비인격적이다. 우리는 교회에 와서 앉아 들을 뿐이다. 타인들과 대화는 자연히 피상적일 수밖에 없다"고 지적한다.17)

우리의 이런 교제의 피상성을 극복하기 위해서는 목회의 장에서 여러 유형의 소그룹 조직들이 회심의 핵심 마당이 되게 할 필요가 있다. 개인이 그리스도와의 믿음의 관계를 통해서 구원을 얻게 하려는 관심보다 이웃에게 보일수 있는 더 적극적인 관심이 어디 있을까?

초대 교회의 복음전도의 생동성은 그 전도가 교회의 공식적인 회집에서 뿐이 아닌 세상 한 복판에서 특히 가정에서 이루어졌기 때문이었다. 누가는 "저희가 날마다 성전에 있든지 집에 있든지 예수는 그리스도라 가르치기와 전도하기를 쉬지 아니하니라"(행 5:42)고 증언하였다.

그리고 이런 교제는 단순히 영혼 구원의 차원에만 머문 것이 아니라 이웃들의 삶의 모든 현실에 동참하는 전인적 현존(現存)을 가능케 하였다. 누가는 "믿는 무리가 한 마음과 한 뜻이 되어 모든 물건을 서로 통용하고 제 재물을 조금이라도 제 것이라 하는 이가 하나도 없더라"(행 4:31)고 기술하고 있다. 그리하여 초대 교회의 코이노니아는 성(聖)과 속(俗), 영혼과 육체, 영혼구원과 사회 구원의 이분법(dichotomy)을 자연스럽게 극복할 수 있었다. 초대 교회에 있어서는 친교가 곧 봉사일 수 있었다는 것이다.

그러나 이 모든 친교의 생명력은 회심의 관심에서 솟아오르고 있었다고 하겠다. 만일 교회의 교제가 이런 회심의 초점을 상실하면 즉각적으로 다시 우리의 교제는 피상적이고 우리의 봉사는 육신적인 차원으로 후퇴하고 말 것이다. 그러므로 바울 사도는 "하나님의 성령으로 봉사하고 그리스도 예수로 자랑하고 육체를 신뢰하지 아니하는 우리가 곧 할례당이라"(빌 3:3)고 고백한다.

V. 전도 사역과 회심

어트리(C. E. Autrey)는 "복음전도의 첫째 목표는 이 세상을 그리스도의 복음에 직면케 하는 것이다"[18]고 말한다. 어트리의 이 복음에 직면함이란 사람들로 하여금 죄를 회개하고 예수 그리스도를 믿음으로 영접하도록 결신을 촉구하는 것, 곧 회심 외에 다른 무엇이 아니다. 전도 사역의 목표는 회심인 것이다. 그러나 이 당연한 사실이 오늘의 한국 교회 전도의 장에서는 간과되는 것처럼 보인다.

이 간과의 원인 중의 첫째는, 교회성장운동의 영향과 무관하지 않았다고 보여진다. 교회 성장 신학이나 교회 성장 운동이 한국 교회의 전도를 촉진함에 매우 주목할 만한 기여를 한 것도 사실이다. 그러나 지나친 수적 양적 강조는 소위 교회에 영입되는 사람들의 질(質)을 따지기 보다 영입의 결과만을 중시하게 된 것이다. 따라서 회심의 체험 없는 많은 사람들이 교인이 되는 결과를 초래하였다.

둘째는, 한국 교회의 전도에 대한 이해의 결핍이다. 어트리는 복음전도의 정의에서

① 교회가 하는 모든 일이 전도는 아니다.

② 교회와의 연합이 곧 전도는 아니다.

③ 교회 활동에 참여시키는 일도 전도는 아니라고 말한다.19)

한국이 산업화 되는 과정에서 우리는 조직을 중시하는 것을 배웠고 이런 사회적 현상은 교회 이해에 있어서도 유기체적 이해 보다는 조직적 이해가 앞서 간 것이다. 따라서 한 사람이 교회 조직과 연결되면 우리는 성급하게 그에 대한 전도의 책임이 완료된 것으로 믿기에 이르렀다.

셋째는, 물량주의적 전도 방법의 접근이 전도자나 전도 대상자를 함께 세속화 시켜버린 점도 지적되어야 한다. 이런 현상이 첨예화된 대표적 사례는 최근 수 년간 한국 교회에서 유행되어 온 총동원 전도 운동에서 볼 수 있다. 물론 이 운동이 지닌 긍정적 영향을 과소 평가할 의도는 없다. 문제는 이 운동에서 가장 가시적인 동원이 각종 선물의 동원 및 유명하거나 인기있는 연예인들의 동원이라는 사실이다.20)

이것은 단순한 복음과 사랑 안에서 투명한 영혼과 영혼의 만남을 경험하던 초대 교회의 전도의 컨텍스트와는 너무나 이질적으로 느껴진다. 이 운동의 결실로 제시되는 간증들에서 정확한 복음의 충격에 의한 회심 간증을 찾아보기 힘든 것은 당연한 결과가 아니겠는가. 콘스탄틴 대제의 승인에 의한 로마의 기독교 국교화는 이런 복음의 여과 과정을 밟지 않는 세속적이고 물량적인 교인화를 초래

하였으나, 이것은 기독교 복음의 승리가 아닌 복음의 변질과 교회 타락의 시작이었고 긴 중세기의 암흑시대의 입문이었다는 역사적 교훈을 잊어서는 안 되겠다.

한국 교회는 초대 교회의 순전한 복음의 케리그마를 다시 회복해야 한다. 그리고 단순한 교회 조직체에로의 회원의 영입의 차원에서가 아닌 교회의 머리되신 예수 그리스도를 증거하는 진정한 복음 전도를 회복해야만 한다. 그때 비로소 주께서는 구원받은 사람들을 날마다 더하시는 회심의 축복을 한국 교회에 부어주실 것이다.

오늘의 한국 교회는 수적 성장에 있어서도 이미 성장기를 지나 정체기에 들어 섰다고 진단되고 있다고 한다. 그렇다면 지금이야말로 한국 교회는 진정한 의미에서 전도의 도전을 받아야 할 때가 된 것이다. 복음전도는 궁극적으로 "너희는 가서"라는 명령에 입각한 순종의 사건이어야 하기 때문이다.

결 론

우리는 지금까지 목회에서 회심이 강조되지 않았을 때의 비관적인 사역 현장들을 가정적으로 성찰해 볼 수 있었다. 청중을 구원하지 못하는 설교, 피교육자들을 변화시키지 못하는 교육, 내담자들에게 도움이 될 수 없는 상담, 피상적이고 육신적인 성도의 코이노니아, 교회 조직체의 일원이 되는 데에서 그치는 전도아닌 전도의 비극--이 모든 것들이 회심이 중시되지 못한 사역들의 쓴 열매들이었다. 늦은 것은 포기 보다는 언제나 지혜로운 선택이다.

한국 교회는 다시 한 번 부흥을 체험해야 한다. 우리는 시편 기자와 더불어 "우리를 다시 살리사 주의 백성으로 주를 기뻐하게 아니하시겠나이까"(시 85:6)라고 기도해야만 한다. 이 말씀에서 '다시 살림'(to revive)이 곧 '부흥'(revival)이다. 우리는 다음과 같은 부흥의 환상을 바라보자:

> 주일마다 강단의 설교를 통해 회개하고 참 믿음을 소유하는 청중들, 말씀을 나누는 교실마다 변화와 성숙을 경험하는 제자들, 고통스런 마음의 부담이 나누어지는 상담의 장마다 성령의 치유를 경험하는 성도들, 하늘의 기쁨으로 충만한 교제에서 땅을 고치기 위해 나아가는 봉사의 현장들, 그리고 교회에 있든, 집에 있든 예수를 그리스도라고 증거하는 이들을 통해 구원받은 사람들이 구름처럼 일어나는 21세기 사도행전의 장을!

이 모든 부흥의 역사가 회심의 사역에의 회복에서 시작될 수 있는 것이라면 회심은 더 이상 늦출 수 없는 우리의 목회 사역에 있어서의 관심과 기도의 우선순위가 되어야 할 것이다.

주 (註)

1) J. D. Douglas, ed., *The Calling of an Evangelisit* (Minneapolis, Minnesta: World Wide Publications, 1987), pp. 172-73.

2) Michael Green, *Evangelism in the Early Church* (Grand Rapids, MI: William B. Eerdmans Publishing Co., 1982), pp. 150-51.

3) Tom Carter, compiled, *Spurgeon at His Best* (Grand Rapids, MI: Baker Book House, 1991), p. 158.

4) Ibid., p. 159.

5) David L. Larsen, *The Evangelism Mandate* (Wheaton, IL: Crossway Books, 1992), p. 56.

6) Marvin J. Taylor, ed., *An Introduction to Christian Education* (Nashville: Abingdon Press, 1984), p. 95. Randolph Crump Miller 는 그의 글 "The Objective of Christian Education" 에서 1930년대 이래의 기독교 교육의 목표로 인식된 것들을 정리하는 가운데 믿음의 자녀들에 대한 전인적 성숙이 일관되게 강조되어 온 목표이었음을 지적한다.

7) Lawrence O. Richards, *A Theology of Christian Education* (Grand Rapids, MI: Zondervan, 1975), p. 122.

8) Bruce P. Powers, ed., *Christian Eduaction Handbook* (Nashville, TN: Broadman Press, 1981), p. 35. John Westerhoff 가 쓴 책중 *Will Our Children Have Faith?* 에서 Westerhoff 교수는 회심이 교육에 의해서만 불가능하다는 입장을 피력하였다.

9) Ibid.

10) Ibid., pp. 34-36.

11) Paul C. Vitz, *Psychology as Religion* (Grand Rapids, MI: William B. Eerdman Publishing Co., 1977) 심리학이 가진 비성서적 전제를 경계하고 자기 숭배의 우상성을 분석해서 보여준 우수한 역작이다.

12) Jay C. Adams, *Competent to Counsel* (Netley, NJ: Presbyterian and Reformed Publishing Co., 1970), pp. 81-83.

13) 요한복음 3:1-15 을 보라.

14) 요한복음 4:1-26 을 보라.

15) Adams, *Competent to Counsel*, pp. 68-69.

16) Lawrence O. Richard, *A New Face For the Church* (Grand Rapids, MI: Zondervan Publishing House, 1975).

17) Ibid., pp. 32-33.

18) C. E 어트리, 『기본전도학』 정진황 역 (서울: 침례회 출판사, 1965), p. 17.

19) Ibid., 30-35.

20) 나겸일 목사가 쓴 『총동원 전도와 교회성장』(도서출판 샘물사 간행) 이라는 책 335-336면 "전도를 위한 노력들"에서 사용된 선물란과 같은책 부록 "전도간증 모음편"(226-254면)을 참고하였다.

9

선교와 회심

이 태 웅

서 론

주후 1960년대까지는 세계 선교에 있어서 회심이 차지하는 위치는 확고부동했다. 이는 선교의 목표 자체가 세계 복음화라는 움직일 수 없는 커다란 틀을 가지고 있었기 때문이다. 그 틀 속에서 선교 단체와 교회와 상황에 따라서 여러 가지 총체적인 선교(Holistic Mission)가 실현되었다. 하지만 이와 같은 판단은 1960년대에 와서 급선회 하기 시작했다. 이제 더 이상 세계 선교의 궁극적인 목표가 성서적인 의미에서의 세계 복음화가 아닌 데서부터 이 문제의 발단이 되었다. 더 나은 세계, 인간답게 살 수 있는 세계를 만드는 것이 선교의 틀로 변하는 과정이었기 때문이다.[1] 이런 움직임은 우연의 일치라고 말할 수 없다. 이것은 조직적으로 선교의 궁극적인 목표를 재해석하고 그 틀에 맞춰서 선교신학을 형성해가는 운동과 사람들이 있었기 때문이다.

대표적인 것은 1910년 이후에 일어난 에큐메니칼 운동으로서 특히 1960년대에 이르러서 선교의 방향을 전환시키는 데 중추적인 역할을 했다. 맥가브런(McGavran)은 이런 선교를 "새로운 선교" (New Mission)라고 명명했다. 이 선교의 주역들은 필 포터 (Philip Potter), 에밀 카스트로(Emil Castro) 등 WCC운동을 이끄는 사람들이었다. 이들은 새로운 선교신학을 형성하는데 지도력을 발휘하기 시작했다.2) 로마 가톨릭교회 선교에 있어서는 바티칸 제2차 공회 (Vatican II)를 생각하지 않을 수가 없다. 궁극적으로 볼 때 회심의 의미에 가장 두드러지게 영향을 준 해방신학도 여기에 제일 큰 뿌리를 내리고 있다. 복음주의 진영에 있어서도 큰 변화를 경험했다. 그 중에서 대표적인 것은 로잔 제1차 대회이다.

우리는 이와 같은 커다란 그림을 가지고 이제 선교와 회심의 관계에 대해 세 가지 관점에서 고찰해 보는 것이 좋겠다. 첫째로, 사도들과 초기 현대 선교사들에 있어서 선교와 회심의 관계를 검토해 보고, 둘째로, 선교에 있어서 회심의 의미가 변절된 이유를 규명하고, 셋째로 어떻게 해야 선교에 있어서 회심의 중요성을 재인식시킬 수 있는가에 대해서 좀 더 구체적으로 살펴보기로 하자.

I. 사도들과 초기 선교사들에게 있어서 선교와 회심의 관계

오순절 이후 사도들이 강조했던 가장 중요한 면은 회심이라는 사실을 우리는 베드로 사도의 설교 내용과 설교를 듣고 변화된 모습으로 가정에서 모여 예배드리고 교제한 초대 교회 성도들을 통해서 알 수 있다.3) 베드로와 요한이 미문에 앉아 있던 앉은뱅이를 고친 후에도 예외없이 회심을 강조하는 메시지를 전했다. 그 결과 5000

여명이 믿게 되었고 그 여파는 그 당시 종교 지도자들에게까지 나타났다.4) 스데반의 긴 설교도 역시 회심을 목표로 한 설교였음을 알 수 있다. 회심이란 말 자체는 나오지 않지만 이 메시지를 들은 것으로 추정되는 사울과 그밖에 청중들을 회심시키려는 의도가 스데반에게 있었음은 의심의 여지가 없다.5) 사도행전 저자는 에디오피아의 내시가 정규적인 종교 집회에 가서는 삶의 변화를 받지못했으나, 이사야에 나타난 고난받는 구속주에 대한 빌립의 강해를 듣고서 변화를 받고 세례를 받았다고 기록하고 있다.6) 무엇보다도 가장 혁혁한 회심에 대한 강조는 사울의 개종 간증을 통해서 나타났다. 이것은 주님께서 직접 사울에게 나타나심으로써 이루어진 것으로 그 의미가 더욱 크다. 주님께서는 이 세상에 또 다시 잠깐 나타나서서 해결해야 할 일들이 많으셨을 것이다. 그럼에도 불구하고 다른 일을 제쳐놓고 사울을 회심케 하는 일 하나만을 택하신 사실을 보아서도 회심의 중요성을 알 수 있다.

후에 바울 사도는 자신의 선교에 있어서 가장 중요한 사역을 회심케 하는 복음을 전하는 것이라고 말씀했다.7) "유대인과 헬라인들에게 하나님께 대한 회개와 우리 주 예수 그리스도께 대한 믿음을 증거한 것이라." 이는 바울 사도가 에베소 지역에서 행한 선교 사역의 요약이라고도 볼 수 있다. 바울이 아그립바 왕 앞에서 증거할 때도 아그립바 왕은 자기를 회심시키려는 바울 사도의 의도를 분명히 알고 있었던 것 같다. 그는 이렇게 말했다: "네가 적은 말로 나를 권하여 그리스도인이 되게 하려 하는도다." 이에 대하여 바울 사도는 이렇게 말했다: "말이 적으나 많으나 당신 뿐 아니라 오늘 내 말을 듣는 모든 사람도 다 이렇게 결박한 것 외에는 나와 같이 되기를[회심] 하나님께 원하노라."8) 지금까지는 사도행전을 통해서 나타난 회심과 선교와의 연관성들만 보았다. 이상의 것들만 보아도 성서적인 선교는 회심과 불가분의 관계를 갖고 있는 것을 알 수 있다.

이제 잠깐 바울 서신을 보기로 하자. 바울 서신이 대부분 선교 상황 속에서 쓰여졌다는 사실을 감안할 때 선교와 회심의 관계를 이해하는데 필요한 중요한 자료가 될 수 있다. 가령 로마서 1장부 터 8장은 죄인이 하나님의 은혜로 구원받고 그 후에 죄성이 없어지 는 과정을 말씀하고 있다는 관점에서 볼 때 회심의 큰 그림이라고 말하지 않을 수 없다. 그리고 같은 책 9장부터 16장까지는 회심 후 에 갖는 성도들의 성서적인 역사관과 사랑의 행위들을 나타낸다고 볼 수 있다.

좀 더 구체적으로 회심에 대해 표현한 부분은 데살로니가전서 1 장 9절 말씀이다. "저희〔선교지민〕가 우리〔선교사〕에 대하여 스스 로 고하기를 우리가 어떻게 너희 가운데 들어간 것과 너희가 어떻 게 우상을 버리고 하나님께로 돌아와서 사시고 참되신 하나님을 섬 기며〔회심〕 또 죽은 자들 가운데서 다시 살리신 그의 아들이 하늘 로부터 강림하심을 기다린다고 말하니 이는 장래 노하심에서 우리 를 건지시는 예수시니라." 이것은 선교와 회심의 불가분의 관계와 회심의 정의와 성격을 간단 명료하게 표시한 가장 중요한 성서적 근거이다. 다른 바울 서신이 그렇듯이 데살로니가전서 역시 선교 상황 속에서 쓰여진 것으로 미루어 볼 때에 다시 한 번 선교와 회심 의 밀접한 관계를 알 수 있다. 이 짧은 글에서 성서 전체를 관찰한 다는 것은 어려운 일이다. 그러나 이상의 내용들에 입각하여 선교 와 회심의 연관성에 관해 다음과 같은 결론을 내릴 수가 있다. 첫째 로, 사도들과 초대 교회 전도자들은 회심을 선교의 가장 중요한 목 표로 삼았다. 둘째로, 회심을 통해 피선교인들의 삶이 변했다. 이들 은 변화된 생애와 새로운 차원의 세계관을 갖게 되었다. 셋째로, 변화된 이들은 새로운 공동체를 형성해서 교회를 개척하고 새로운 관계들을 맺고, 또 다른 사람의 회심을 위해서 자신을 바쳤다. 이런 선교형태는 다만 하나의 페러다임(paradigm)으로만 볼 수 있는 것이 아니라, 성서에 나타난 불변하는 선교의 형태이다.9)

초기 현대 선교사의 경우도 예외는 아니다. 윌리엄 캐리(William Carey)로부터 시작해서 1960년대까지 선교사들은 회심의 메시지를 중시하는 선교신학을 고수했다. 윌리엄 캐리가 쓴 선교에 대한 중요 문헌을 봐도 이를 알 수 있다. 캐리가 현대 선교 운동을 일으키는 데 결정적인 역할을 했던 책자도 역시 이교도들의 회심을 그 핵심으로 하는 내용이었다. 이교도의 회심을 위하여 수단을 강구해야 할 그리스도인의 책임에 관한 조사10)란 제목이 이를 잘 반영해 주고 있다. 회심에 대한 중요성은 그 이외에도 아도니람 저드슨(Adoniram Judson), 허드슨 테일러(Hudson Taylor), 모라비안 교도들 외에 수많은 선교사들에 의해 강조되었다. 그러나 1960년 이후 선교신학이 위기를 맞이하면서 회심의 의미도 퇴색되거나 변절 또는 무시되기 시작했다. 이러한 경향은 비단 에큐메니칼 진영에서만 아니라 가톨릭교의 선교와 심지어는 복음주의 선교에서까지 나타나기 시작했다. 복음주의 선교에서도 정도는 다르지만 서서히 회심의 의미가 변질되거나 중요성이 감소되고 있다.

II. 선교에 있어서 회심의 의미가 변절된 이유

1. 에큐메니칼 운동의 선교신학적 관점에서 본 이유

1) 초기 다원주의의 영향

에큐메니칼 운동이 시작되고서도 어느 기간 동안은 선교

에 있어서 회심이 중시되었다. 그러나 서서히 회심의 의미와 그 중요성이 등한시되기 시작하였다. 이러한 회심에 대한 경시하는 징조들은 먼저 1960년 이전에도 보이기 시작했다. 그 중의 하나가 어니스트 하킹(Honest Hocking)의 "선교의 재고"(Rethingking Mission)라는 보고서 사건이다. 하킹은 1928년 세계선교협의회(IMC)의 예루살렘 대회 이후에 세계를 여행하면서 선교사들을 방문하며 자료를 수집했다. 그 자료에 근거해서 그는 현 상태의 선교에 대해서 재고하지 않으면 안 된다는 보고서를 내게 되었다. 그는 이교도들이 기독교로에로의 회심이 필요없다고 주장했다.11) 1938년에 열린 세계선교협의회 대회에서 헨드릭 크레머(Hendrik Kraemer)에 의해서 그의 생각은 좌절되었다. 그러나 이것은 일시적인 패배이고 후에 종교 다원주의 사상은 에큐메니칼 선교신학계에 정착하게 된다. 그리고 이런 일시적인 승리는 광의적 전도 개념이 선교에 침투하는 계기를 마련하여 회심을 중요시하는 선교에 보이지 않는 타격을 주었다.

2) 광의적 전도(Larger Evangelism) 개념의 등장

회심을 등한시하게 된 또 하나의 이유는 광의적 전도 개념의 등장이다. 1938년에 열린 국제선교협의회의 마드라스 대회에서는 타종교에도 구원이 있으므로 선교를 하는데 회심이 필요없다고 주장하는 하킹과, 타종교에는 구원이 없으므로 그리스도를 통해서만 구원이 가능하다고 주장한 헨드릭 크레머가 대결하게 되었다. 이 대결에서는 크레머의 승리로 끝났다. 그는 성경의 계시로 돌아와야 한다고 주장했으며, 타종교와 혼합주의적인 요소를 사용할 수 없다고 했다.12) 그후 바르트(Barth) 신학의 영향과 필립 포터 등의 지도력으로 인하여 광의적 전도 개념이 에큐메니칼 운동에 침투하기 시작했다.13) 바르트 신학은 전도에 있어서 인간의 필요를 중시했다. 궁극적으로 발트신학의 영향은 그리스도의 십자가보다는 성육신을 더 중시하고, 영원한 심판보다는 현세상에서 인간의 필요를 채워주는데 더 관심을 갖는 방향으로 전도가 흘러가게 만들었다.14) 이러한 차원의 전도를 영혼이 회심하여 구원받는다는 기존의 전도 개념과 구별하여 광의적 전도라고 했다. 더 나아가서 이는 총체적 전도의 초기 형태이다. 이렇게 주장하는 사람들은 당장에 큰 세력으로 나타나지는 않았지만 후에 회심을 간과하거나 혹은 경시하는 선교신학 형성의 한 지류가 되었음을 알 수 있다.15) 광의적 전도에 있어서 회심은 성서적이고 하나님 주도의 변화가 아니라 "계속적인 과정"(continuing process)으로 본다.16)

3) 세상 중심 신학 (Theology of the World)으로의 전환

주후 1947년에 있었던 횟비(Whitby) 세계선교협의회 대회를 기점으로 해서 호켄다익(Hoekendijk)이란 화란 선교 학자가 활약하기 시작했다. 그는 이 당시 선교신학을 형성하는데 지대한 영향력을 발휘했다. 그의 지론은 교회는 단순히 선교를 목적으로 존재한다는 것이다. 따라서 교회가 선교를 하지 않을 경우 교회는 존재 가치가 없어진다는 것이다. 그래서 그는 원래 존재하던 하나님, 교회, 세상의 순서에 따라서 선교가 진행되던 것을 거꾸로 바꾸어 놓았다. 즉 하나님, 세상, 교회의 순서로 재정립했던 것이다. 이로써 호켄다익은 세상이 선교의 중심이지 교회가 아니라고 주장했다. 더 나아가서 세상은 종말론적인 하나님의 왕국과 같은 선상에 있는 것으로 간주했다. 따라서 선교는 교회에서 교회로 되는 것

이 아니라 "왕국(Kingdom)에서 세상(World)"으로 직접가는 것으로 여기에 교회가 가교의 역할을 할 수 있다고 생각했다. 이같은 선교의 형태를 그는 "샬롬"(shalom)이라고 불렀다. 이것은 구속적인 개념이 아니라 "사회적인 개념"(social happening)과 "도덕적인 것"으로 보았다. 그리고 화목이란 것은 범세계적으로 일어나는 "인간화"(humanization)의 과정을 의미한다고 주장했다.17) 이 같은 호켄다익의 사상은 교회가 세상에 대하여 관심을 갖게 하는데는 유익이 있었다. 반면에 교회를 단지 선교의 수단으로만 보는 오류를 범했다. 또 세상을 왕국과 동일시하는 소위 세상 중심 신학을 형성하게 되었다. 이런 선교신학에서는 성서적인 회심의 개념은 존재하지 않는다. 죄의 개념도 성서가 말씀하는 것과 다르다. 이들은 인간답지 못하게 만드는 모든 것이 죄라고 규정했다. 그리고 보다 나은 사회로 만들어가는 "인간 중심 선교"(human mission) 곧 인간화가 선교라고 주장했다. 이같은 선교신학의 경향은 1960년대 이후 에큐메니칼 선교신학으로서 그 자리를 굳히게 된다.18)

4) 하나님의 선교(Missio Dei) 개념의 변절

주후 1952년 세계선교협의회 윌링켄(Willingen) 대회에서는 교회와 선교의 관계를 그 주제로 채택했다. 그러나 이들이 교회의 선교에 대하여 논의하는 중에 보다 근본적인 선교의 기초가 무엇인가 규명하기 시작했다. 그 결과 선교의 시작점은 궁극적으로 교회가 아니라 하나님이라는 결론을 얻게 된다. 이로써 "하나님의 선교"의 개념이 생기게 되었다. 그러나 애석하게도 "하나님의 선교"는 그 의미와 성격이 계속 변하게 되었다. 1960년 이후에는 "하나님의 선교"는 "교회와 상관없이 이 세상에서 일어나는 하나님의

숨은 행위이며, 교회가 세상에서 일어나는 하나님의 숨은 행위이
며, 교회는 세상에서 일어나고 있는 이 하나님의 행위들을 발견하
여 참여해야 한다"고 주장하게 되었다.[19] "하나님의 선교"는 "인
간화", "해방신학"등의 선교신학이 형성되는데 중요한 공식이 되
었다. 에큐메니칼 진영에서는 1960년대 이후 "하나님의 선교"를
그들의 공식적인 선교신학으로 인정하게 되었다. 이런 선교신학의
방향은 회심을 선교와 불가분의 관계로 생각했던 사도들과 초대 전
도자들과 초기 선교 운동 이후의 선교사들이 펼친 선교와는 전혀
다른 양태의 선교를 전개하게 만들었다. 회심 대신 봉사와 구제, 가
난과의 투쟁과 정치적 구조의 변경 등의 사회 참여와 사회 운동 행
위로 이어지게 했다.

5) 증거에서 대화로의 전환

　기독교가 갖는 타종교에 대한 입장들은 편의상 세 가지 정도
로 구분해 볼 수 있다. 첫 번째는 "유일주의"(Exclusivism)이다.
이는 바르트 같은 사람들이 주장한 것으로 다른 종교에는 결코 하
나님의 계시가 있을 수 없다는 것이다. 따라서 모든 다른 종교는 기
독교와 불연속(discontinuity) 상태에 놓여있다고 본다.[20]

두 번째는 "포용주의"(Inclusivism)가 있다. 이 주장에 의하면
모든 인간에게는 하나님의 빛(divine logos)이 있다 한다. 그리고
그 빛은 궁극적으로 그리스도께서 주신 것이므로 그리스도는 우주
가운데 내재한다고 주장한다. 따라서 모든 진정한 타종교인과 비그
리스도인들은 은밀히 그리스도와 연결되어 있다고 본다. 이 주장에
따르면 타종교인이나 비그리스도인이 회심을 하지 않고서도 그리
스도인이 될 수 있다. 칼 라너(Karl Rahner, 1904-1987)는 이런

사람들을 "익명의 그리스도인"(Anonymous Christian)이라고
불렀다.21) 이런 주장을 하는 사람의 대표적인 인물은 아마도 폴 니
터(Paul Knitter)이며, 그는 그의 저서 『다른 이름은 없는가?』
(No Other Name?)에서 그의 이론을 표명했다.22) 그는 그리스
도는 유일하신 분도 아니시며 모든 종교의 기준(Normative)이 되
지도 않는다고 주장했다. 그리스도는 다만 하나님이 세상에 나타내
시고자 하는 계시와 구원의 "표현"(manifestation) 중 하나에 지
나지 않는다는 것이다.23) 즉, 다른 종교 가운데서도 이와 같은 "표
현들"이 있을 수 있음을 의미한다. 이와 같은 주장은 결국 기독론
적(Christo-centrism) 축에서 신적(Theo-centrism) 축으로서
의 전환(paradigm shift)을 전제로 하고 있다.24) 결국 구원은 타
종교에도 있으므로 반드시 회심을 통해서만 구원 받을 필요는 없게
된다.

세 번째로 다원주의(Pluralism)가 있다. 이것은 그리스도와 상
관없이 다른 종교에도 구원이 있으며 계시가 존재한다는 사실을 주
장하는 견해이다. 존 힉(John Hick)이 그 대표적인 인물이라 말
할 수 있다. 포용주의에서는 타종교에서도 구원이 있으나 그것도
결국은 하나님으로부터 나온 것으로 본다. 이는 이 세상의 모든 진
리가 하나님의 것이기 때문이다. 반면에, 다원주의에서는 타종교
가운데에도 그리스도와 상관없이 구원이 있다고 주장한다.25)

에큐메니칼 운동사를 보면 세계선교협의회의 1928년 예루살렘
대회에서 미국 쪽의 하킹 등이 다원주의 입장을 취했었다. 그러나
1938년 타람밤 대회에서 핸드릭 크레머의 활약으로 일단 유일주의
가 승리하였다. 그러나 1961년 세계선교협의회가 세계교회협의회
(WCC)와 합병한 후 새로운 계기가 왔다. 1960년말 세속신학이

선교신학을 지배하는 가운데 유일주의에서 벗어나 포용주의와 다
원주의 입장을 취하기 시작했다. 이런 상황 속에서 선교의 방법도
"증거"(witness)에서 "대화"로 전환되기 시작했다.26) 1971년에
"대화"에 대한 신학적 지침이 제시된 이래 1977년에는 챙마이 선
언(Changmai Guideline)이 있었고, 이는 1979년에 개정되어
"대화"는 보다 보편화된 선교 양식이 되었다.27) 물론 에큐메니칼
운동에 참여하는 모든 사람들과 교회가 "대화"를 통한 선교로만 일
관하는 것은 아닐 것이다. 세계 선교와 전도위원회(CWME)의 총
재인 유진 스톡웰(Eugene L. Stockwell)도 이를 부인했다.28)
그러나 선교신학적으로 타종교를 통한 구원을 인정하게 된 것은 에
큐메니칼 선교가 구원과 회심에 연연하지 않고 다양한 관심사에 그
역점을 두게 되었다는 것을 의미한다. 궁극적으로 이는 선교 그 자
체를 서서히 상실케 하는 결과를 초래했다.

6) 해방신학의 출현

　주후 1968년 움살라 대회에서 주장한 선교의 의미는 인간화
였다. 이로써 새 인간을 창조하는데 역점을 둔 "샬롬" 신학이 선교
신학으로서 자리를 잡았다. 이런 선교신학의 관점에서 보았을 때
전통적인 의미로서의 전도는 양을 도적질(proselytism)하는 것으
로 보았다. "회심"의 의미도 재해석 되었다. 올바른 "회심"은 오히
려 "세상으로 향하게 하는 것"으로 재정의를 했다.29) 니콜스는 이
를 다음과 같이 설명했다: "움살라 총회 이후 구원사로서의 선교는
교회의 구원보다는 도리어 점점 역사와 세상의 구원이 되었다. 교
회와 세상의 경계선은 모호해졌다."30) 이렇게 하는 것이 하나님의
선교라고 이들은 보았다. 이는 원래 1952년 웰링겐 대회에서 채택

한 "하나님의 선교"의 의미에서 벗어난 것이다. 이제는 인간답게 살게하기 위해 세상에서 일어나는 모든 것이 하나님의 선교일 수 있다는 의미로 받아들여졌다. 또 일부 해방신학자들이 주장하듯이 건설적인 폭력을 사용해서 정치적 변화를 가져오는 것이나, 인권 운동, 노동 운동 등도 선교라고 규정지었다.31) 이는 선교가 성서적인 것에서 벗어나 막스주의 영향까지도 포용하는 것이 되었음을 의미한다.32) 이같은 변화들은 1973년 방콕에서 있었던 "오늘의 구원"이란 주제로 열린 세계 선교와 전도 분과회(CWME)에서 좀더 명확해지기 시작했다. 여기서 필 포터는 인간을 얽매이게 하는 모든 것을 없애야 한다고 했다. 그리고 회심의 의미도 인간을 비인간적으로 만드는 모든 요인으로부터의 해방이라고 주장하기에 이른 것이다.33) 이같은 추세는 1975년에 열린 WCC 나이로비아 대회로 연결된다. 여기서는 드디어 인간화와 샬롬이 너무 제한적인 개념으로서 복음과 사회 참여를 구분시키는 역할을 한다라고 지적했다. 따라서 결국은 선교가 정치적 변화까지도 초래해야 한다라는 개념이 형성된다. 이로써 해방신학이 샬롬과 인간화 선교신학으로 대치되게 되며 세계교회협의회(WCC)의 선교비 일부를 인권 투쟁을 하는 게릴라에게도 공급하는 것을 정당화하게 된다.34) 이같은 추세는 80년대 말 90년대 초 공산 세계가 와해될 때까지 엄청난 충격을 선교계에 던지게 된다. 90년 중반에 들어서면서 해방신학의 세력은 고개를 수그리게 되었다. 그러나 과거 20여년 간은 해방신학에 의해 선교신학이 잠식되었다. 해방신학에 있어서의 회심은 결코 성서적인 의미를 갖지 않는다. 여기서는 구원 자체가 죄를 회개하고 주 예수 그리스도를 개인의 구주로 영접하는 의미를 갖지 않게 되기 때문에 회심도 의미가 달라진다. 구원 자체는 관심사가 되

지 않고 모든 인간성을 무시하는 모든 제도와 억압으로부터의 해방
을 그 축으로 하고 있다. 이런 상황 속에서 회심도 결국은 그러한
축에 맞는 의미를 띄게 된다. 이들에게는 의식화를 시키는 과정을
통해서 새 의식을 갖게 해 주는 것이 더 중요하다. 새의식을 가짐으
므로써 가난한 자와 압박하는 자들이 자신의 정체를 인식케 해야만
한다고 주장한다. 그리고 새 질서를 건설하기 위해서는 계층간의
갈등이 중요한 요소가 된다. 이와 같은 의식을 갖는 것이 세상으로
향해 전환하는 것이요, 곧 "회심"이다. 이는 세상에서 우상을 등지
고 죄를 회개하고 하나님의 교회의 일원이 되기 위해 회심하는 것
과는 전혀 다른 의미이다.[35]

2. 바티칸 제2차 공회(Vatican II)이후의
   선교신학과 회심의 중요성이 감소된 이유

로마 가톨릭 선교 역사상 가장 커다란 사건 중의 하나는 바티칸
제2차 공회일 것이다. 이 공회를 통해서 여러가지 중요한 선교신학
적 문서들이 나왔다. 그 중에서 선교에 가장 큰 영향을 준 문서는
"선교에 관한 문헌"(Ad Gentes, 1965)과 "교회론에 관한 문헌"
(Lumen Gentium, 1964)과 "타종교와 로마 가톨릭교에 관한 문
헌"(Nostra Aetate, 1965)이다. 대체적으로 요약하자면 교회 자
체 갱신으로는 부족하며 교회가 선교 사명을 인식해야 한다는 방향
으로 이 문서는 기록하고 있다.[36] 따라서 세상과 이웃과 타종교등
에 대한 관계도 지적하고 있다. 선교 상황 속에서는 선교사가 문화
적으로 동일시하고 토착신학을 강조해야 하며 연합을 창출해야 한
다고 주장했다. 선교 원리로서는 영혼을 구원하고 교회 개척을 한

후에 교회는 연합 운동을 벌여야 한다고 주장했다. 이로써 전 교회
는 전 복음을 전 세상에 선포한다는 것을 강조했다.37) 이 문서들은
전반적으로 매우 성경적인 것으로 보인다. 문제는 여기저기에 비성
경적인 면이 내포되어 있다는 것이다. 더 큰 문제는 후에 바티칸 제
2차공회 문서들을 해석하는 것이 지역과 사람들에 따라 달라서 매
우 큰 혼돈을 초래했다는 데 있다.

　간하배(Harvie Conn)박사는 바티칸 제2차 공회의 이와 같은
새 선교 방향이 최소한도 중요한 세 가지 종전의 입장을 포기한 것
으로 간주한다. 첫째로, 오직 교회만이 하나님께로 가는 유일한 길
이 아니라는 것이다. 이는 타종교의 다른 길로써도 하나님께 갈 수
있다는 사실을 암시하는 것이다. 이런 사실로 보았을 때 비그리스
도인은 더 이상 비그리스도인이 아니라 "익명의 그리스도인"으로
간주한다는 것이다. 둘째로, 이제 기독교가 유일한 참 종교로서의
위치를 더 이상 주장하지 않는다는 것이다. 셋째로, 로마 가톨릭교
가 더 이상 기독교를 독점하지 않고 이를 포기한 것을 의미한다. 이
제는 신교도들을 형제들이라고 인정하기 시작하였고, 연합 사역에
도 적극적으로 참여하게 된 것이다. 바티칸 제2차 공회는 결과적으
로 타종교에 대해서 비난하지도 않고, 공식적으로 좋은 점은 인정
하기에 이르렀다. 특히 유대교는 그렇게 하였다. 그리고 종교는 모
든 인간을 빛으로 인도하는 외적 표현이라고 말하기에 이르렀다.
따라서 타종교와의 대화를 인정하고 대화를 이끌어가기 위한 부서
를 개설하였다. 이제 중요한 질문은 과연 이같은 바티칸 제2차 공
회의 선교 방향이 "회심하지 않고서도 선교를 할 수 있는 길을 열어
놓았는가"라는 질문으로 압축된다. 이 질문에 대한 대답은 쉽지않
다. 왜냐하면 바티칸 제2차 공회의 문서가 워낙 방대하기 때문에

어떤 부분에서는 그리스도께 회심하지 않고서는 안 된다고 주장하는 부분이 있는가 하면 또 다른 부분에서는 회심을 시키지 않고서도 선교를 할 수 있는 가능성을 표현하고 있기 때문이다.38) 바로 이같은 불투명한 회심에 대한 태도가 종교다원주의의 길을 열었고 더 나아가서는 해방신학에 징검다리가 되었다. 종교다원주의와 해방신학을 고수하는 한 회심없는 선교가 가능하다.

바티칸 제2차 공회가 있은 지 25년이 지났다. 교황은 로마 가톨릭 선교를 재평가하지 않으면 안된다고 생각하기에 이르렀다. 그 결과 1991년 1월 22일 요한 바오로 2세가 "구세주의 선교"(Redemptoris Missio)라는 교황 칙령을 발표하였다. 이전까지는 회심없는 선교 신학들이 난무했다. 이런 상황 중에서 "구세주의 선교"는 다시 한 번 선교의 영구성을 강조하고 선교에 대한 각성을 촉구했고, 그리스도를 통한 구원에 대해 강조했다. 그러나 계속해서 타종교를 통한 구원의 길을 소극적으로나마 열어 놓았다.39) 로마 가톨릭 교회의 선교를 한 마디로 논한다는 것은 너무 황당한 일이지만 위의 사실로 미루어 보아 이론적으로는 "회심"을 통한 선교를 촉구하고 있으나, 아직도 "회심"없는 선교가 가능한 실정이다.

3. 복음주의 선교 운동에 있어서 회심이 약화된 이유

십팔 세기 이후 초기 현대 선교 운동에서는 경건주의 운동의 영향으로 회심을 선교의 핵심적인 것으로 간주했다. 1960년대에 들어서면서는 에큐메니칼 운동과 맥을 같이 할 수 없음을 인식하고 복음주의 계통에서도 선교 대회를 개최하기 시작했다. 이런 대회의 계기로 새로운 복음주의 선교 운동이 일어났다. 이런 운동은 몇 차

례에 걸친 세계 대회로 이어지며 선교와 회심의 관계에 있어서도 큰 영향을 끼치게 되었다. 그 중 하나가 1966년에 있었던 베를린 세계복음화 대회이다. 이 대회는 빌리 그래함 박사가 발상한 것으로서 세계 선교에 있어서 복음전파의 중요성을 재확인하는 복음주의적 선교신학 정립의 기회를 마련하는 계기가 되었다. 이 때까지만 하더라도 복음주의자들은 에큐메니칼 운동과 합세해서 에큐메니칼 선교신학 형성에 복음주의적 입장을 피력하려는 데 노력을 가해왔다. 특히 베를린 대회에서는 선교의 정의를 세계를 복음화하기 위해 타문화권 내에서 복음을 전하는 것이 최우선 순위를 차지해야 되는 것으로 규정하였다. 이 대회에서는 이것을 "하나의 일"(One Task)로 표현하였다. 이러한 사실은 필연적으로 성서적인 회심을 강조하는 것과 "회심과 중생은 하나님의 은혜로 인한 개인적인 경험에 의해 일어난다"는 주장으로 이어졌다.40) 1970년에 들어서면서 복음주의 진영에서도 회심에 대한 강조가 약화되는 일연의 사연들이 생기기 시작하였다.

1) 1974년 세계 복음화를 위한 로잔 국제대회

복음주의 진영에서 회심을 강조하는 데서 벗어나게 하는 선교신학 형성은 바로 로잔대회에서부터 시작되었다. 이런 영향은 대개 두 가지로 생각해 볼 수 있다. 첫째는 문화에 대한 강조이다. 여기에서는 주로 복음과 문화의 차이에 대해서 심각하게 다루었다. 그 방향 자체는 매우 중요했으며 선교사들이 현지에 가서 복음을 증거할 때 자신들의 문화로 포장된 복음을 증거하지 않게 하기 위해 매우 중요한 역할을 했다. 반면에 이같은 토의는 문화를 중시하고 또 나아가서는 그 문화에 맞는 복음 증거를 하기 위한 선교사가 많은 문화적 연구를 해야 하는 계기를 마련했다. 문화적 연구를 하다보니 사회학적으로 많이 치우치게 되었다. 이런 사회학적인 치중이 결국은 하나님의 주권적인 회심의 역사를 등한시하게 하는 계기를 마련했다고도 볼 수 있다.41)

둘째는 선교의 정의에 대한 변화이다. 존 스톳트(John Stott)가 주축이 되어 선교는 곧 타문화권에 있어서의 복음전파와 사회적인 책임을 완수하는 것으로 정의되었다. 둘 중에 복음전파가 우선순위를 차지한다라고 말한 것도 사실이다. 여기에서 반드시 지적하고 넘어가야 할 점은 베를린 대회에서 규정한 복음전파를 핵심으로 하는 선교의 정의에 있어서도 사회적 책임을 등한시한 것은 아니었다는 사실이다. 다만 로잔대회 전까지만 해도 사회적 책임이 복음전파의 종속적인 개념으로 받아졌었다. 하지만 74년 로잔대회 이후부터는 복음전파와 사회적 책임을 지는 것은 하나의 평행적인 개념으로 생각하게 되었다.42)

이와 같은 복음주의 선교신학의 변화는 강점과 약점을 동시에 내포하게 되었다. 강점이라면 전문인 선교(Tentmaking)가 한참 일어나기 시작한 때 전문인들이 자신의 전문성을 사용해서 미전도 종족에게 들어가서 여러 가지 전인적인(Holistic) 사역을 하기 위한 신학적 정체 의식을 줄 수 있다는 점이었다. 가령 의료행위 그 자체도 복음전도와 대등하게 선교 행위로서 정당화 될 수 있다는 점이다. 이로써 많은 전문인 선교사들이 선교신학적 정체감을 가지고 세계의 미전도 종족을 향해서 선교를 하는데 중요한 활력소가 되었다. 반면에 약점은 선교가 더이상 전도를 핵심으로 보지 않고, 다양화되었다는 점이다. 에큐메니칼 선교신학의 "하나님의 선교"만큼 포괄적인 개념은 아니나, 이제 복음주의자들의 선교도 세계복음화

라는 명확한 한 목표만 갖지 않고 다양해 졌다는 것이다. 이 다양화
된 선교 개념 때문에 전도를 하지 않고서도 얼마든지 선교를 할 수
있는 분위기가 조성되었다. 따라서 이제 복음주의 진영에서도 서서
히 전도 내지는 회심을 중시하지 않고서도 선교를 할 수 있는 길이
신학적으로 열렸던 것이다. 이에 대해서는 헷셀그레이브 박사가 로
잔대회 이후 과거 14년간을 회고하며 신랄하게 스톳트의 입장을 공
격하였다.43)

2) 맥가브란(McGavran)의 교회성장학의 영향

또 하나의 복음주의 선교신학에 있어서의 중요한 현상은 도
날드 맥가브란(Donald McGavaran) 박사와 교회성장학의 출현
이다. 맥가브란은 1960년말까지 WCC의 운동에 가담해서 그 운동
속에서 복음주의적인 영향력을 사용하고자 노력했다. 하지만 1968
년 WCC 웁살라 대회에서 "20억의 구원받지 않은 영혼들은 어떻
게 할 것인가?"라는 질문을 남기고 새로운 선교의 장을 열기 시작
했다.44) 복음주의 선교신학계에서 맥가브란만큼 선교신학 형성에
기여한 사람은 드물 것이다. 교회성장학 하면 도날드 맥가브란을 이
야기했고 또 교회성장학 하면 복음주의 선교신학으로서 간주되었다.
그는 거의 반세기 동안 복음주의 선교계에 영향력을 발휘하였다.45)

우선 맥가브란의 교회성장학 형성 배경을 알아 보자. 그의 중요
한 명제는 하나님께서 영혼이 구원받는 것을 가장 기뻐하는 것이었
다. 그러나 영혼들이 모자이크같은 많은 문화권들에 살고 있기 때
문에 각 문화권마다 그 문화에 적합한 방법을 연구하여 전도해서
교회에 입문케 하여 교회가 성장하게 해야 한다고 주장했다. 그렇
게 하는 데 있어서 그는 몇 가지 원리를 제시했다. 그 중에 대표적

인 원리 몇 가지만 명시하면 다음과 같다. 첫째로, 동질성의 원리가 있다. 이는 영혼들이 되도록 문화적인 장벽을 적게 넘을 때 쉽게 구원을 받는다는 이론이다. 둘째로, 교회성장 방법은 과학적으로 사회과학등을 적용시켜서 만들어 내야 한다는 것이다. 이로써 그는 문화인류학이라든지 기타 일반 사회과학들이 선교에 접목될 수 있는 길을 열었다. 셋째로 맥가브란은 제자화(discipling)와 완전화(perfecting)를 구분했다.46) 맥가브란에게 있어서는 문화적으로 너무 혁혁한 전환이 있을 경우 고립될 가능성이 있으므로 "중간단계"(intermediate)에서 집단적으로 교회에 입문할 것을 주장한다. 이것을 "제자화"의 단계라 하면 "완전화"는 그 다음 단계에 해당된다고 그는 보았다. 이 중간 단계까지를 그는 제자화로 보았던 것이다. 이상과 같은 몇 가지 원칙에 따라서 문화권마다 그 문화에 맞는 교회성장 이론들이 나오게 되었고, 또 이를 통해서 엄청난 영향을 세계 각처에 미쳤다. 하지만 맥가브란 박사의 의도와는 달리 부작용도 없지 않았다. 즉 맥가브란 박사는 교회성장을 증진시킴으로써 성장 정도를 숫자적으로 측정하는 쪽으로 갈 수 밖에 없는 분위기를 조성했다. 그리고 더 나아가서 동질성의 사람들이 집단회심 운동(Mass Conversion Movement)을 통해서 많은 숫자가 한꺼번에 구원을 받을 수 있다는 사실은 성령의 참된 역사를 통해서 이루어질 때 매우 고무적일 수 있으나 참된 회심을 하지 않고서도 "한 종교에서 또 다른 종교로 옮기듯" 대중과 함께 한꺼번에 교회에 들어옴으로 회심이 등한시될 수 있는 가능성도 제시한 것이다.47) 더 나아가서는 회심을 통한 교회성장에 있어서 하나님의 능력을 의지하는 것 보다는 사회과학을 더 의지하는 위험성이 생겼다.48)

3) 선교신학의 과학화

복음주의 선교학계에서 회심이 등한시 될 수 있는 가능성이 있는 또 한 가지는 소위 선교신학의 과학화였다. 롬만(Rommen) 박사는 선교학이 어떤 과정을 통해서 과학화되며 학문화 되었는가에 대해 언급했다. 그런 과정 중에 마땅히 강조되어야 할 하나님의 역사와 하나님의 능력과 신학적인 기초들이 서서히 제거되고, 선교학이라는 독특한 분야가 형성되었다.49) 선교학은 사회과학적인 면과 신학과 기타 다른 학문들의 복합적인 요소로서 제시되기도 했던 것이다. 따라서 현대에 와서는 신학을 기초로 하지 않고서도 선교신학이 형성되었다.50) 폴 히버트(Hiebert) 박사는 이에 대해서 신학 뿐만 아니라 하나님의 계시로 선교신학이 다시 돌아와야 된다고 주장했다.51) 이같은 선교신학의 방향은 단순하고 명확한 예수 그리스도를 전하는 초대교회 선교나 바울 사도가 가지고 있던 선교에 대한 입장으로부터 달라진 것이다. 이것은 성서적인 선교의 명제로부터의 이탈을 의미하며 계시로부터 벗어난 것이다. 이런 상황 속에서 회심은 등한시되고 오직 과학적인 학문만이 논의될 가능성이 있다. 롬만 박사는 선교신학계에 있어서 회심의 중요성을 되찾는 것에 대해 이렇게 말한다. "성서에 나타난 권위를 인정하는 것은 주님이 선교 명령을 하신 이후 선교를 위한 가장 강력한 동기 부여의 요소가 된다.... 또 우리에게 인간의 요구에 대해 확신을 주게 되는데, 그 첫째가 개인의 회심이며, 그 이유 때문에 이는 선교의 명백한 목표가 된다."52)

4) 능력대결 운동의 영향53)

능력대결 또는 능력전도 등 하나님의 현저한 통치와 이에 따른 영적 능력의 현실성에 대한 강조는 미국의 경우 80년대 초부터 머리를 들기 시작했다. 80년말 90년초에 와서는 능력대결에 대한 과목은 비단 미국 뿐 아니라 영국 및 전 세계의 선교학계에 빼놓을 수 없는 필수 과목으로 등장했다. 능력대결 운동의 발단으로써 다음 몇 가지 요소를 들 수 있다. 첫째는 200년 동안 계속되는 세속시대(Secular age)가 가져다 준 세계적인 영적 공백이다. 둘째는 1960년대 이후부터 미국의 지도하에 선교신학이 과학화됨으로 영적 능력 면을 소홀히 한 점을 들 수 있다. 이러한 공백을 메꾸기 위해서 "이적과 기사"(Signs and Wonder)에 대한 관심이 대두되었다. 피터 와그너(C. Peter Wagner) 박사는 존 윔버(John Wimber) 등과 함께 이 분야에 대해 지도적인 역할을 했다. 셋째로 왕국신학(Kingdom Theology) 출현이 여기에 기여했다. 왕국신학은 정확히 말해서 언제 어디서 추진했다고 말하기 어렵다. 그러나 80년대부터 서서히 왕국신학 운동이 고개를 들기 시작했다. 영국에서는 마이클 그린(Michael Green) 같은 이의 저서가 이 운동에 기여했으며, 미국 쪽에서는 피터 와그너(Peter Wagner)등 영적인 은사를 중시하는 이들을 통해 이런 운동이 서서히 고개를 들기 시작했다.54) 특히 존 윔버 등과 나중에는 찰스 크래프트(Charles Kraft)나 존 화이트(John White) 같은 이들도 여기에 가세했다. 왕국신학의 요점은 회심신학(Conversion Theology), 즉 한 사람이 구원받고 변화되는 것을 중시하는 것보다는 현존하는 하나님의 왕국(Realized Eschatology) 관점에서 현실을 보아야 한다는 것이다. 하나님은 그리스도를 통해서 이 세상에 오셨고 십자가와 부활을 통해서 사단의 세력을 꺾으셨으며 현재 우주를 통치하고 계시다는 것이다. 따라서 우리의 선교나 사역은 단순히 한 개인의 구원에서 끝나지 않고 하나님의 현존하시는 역사가 이 세상에 능력으로 나타나는 데까지 가야 한다는 것이다. 즉 하나님의 영광 속에 찬란한 왕국을 미래에만 국한시킬 것이 아니라 현재에도 우리가 경험해야 한다는 것이다. 따라서 이들은 왕국과 하나님의 사역을 동일시하는 경향이 있다. 즉 하나님은 단순히 보좌에 앉아 계시는 것이 아니라 지금도 기적적인 능력을 발휘하시며, 그의 통치는 정적인 것이 아니라 능력으로 나타난다는 것이다. 따라서 모든 악령의 세계와 사단의 세력들도 꺾어야 되며 꺾여질 수 있다는 것이다. 이것은 구약과 신약에서만 나타나는 일이 아니라 성령이 오신 교회 시대인 현재에도 경험할 수 있으며, 이것을 통해 악의 영들을, 그리고 심지어는 악한 정치적 세력들을 꺾을 수 있다는 것이다.[55] 왕국신학은 하나님과 사단의 대결에 대한 것을 공개적으로 나타내고 있는데 능력대결에서도 역시 마찬가지로 하나님과 사단의 대결에 대해 많은 집중을 하고 있다. 이런 경우 자칫하면 죄와 회개, 하나님의 은혜와 섭리, 겸손 등으로부터 촛점이 벗어나, 능력대결에만 지나친 강조점을 둘 가능성이 있다. 그 밖에도 능력에 대한 개념이 너무 부각된 나머지 선교를 가시적인 악의 세력을 이기는 것으로 한정할 위험성이 있다. 악의 세력을 가시적으로 이긴 예는 구약의 엘리야 선지자를 통해서 바알 선지자들이 굴복된 경우도 있고, 또 예수께서 귀신을 쫓아내어 돼지에게 들어가게 해서 몰살시키게 한 예들을 볼 수 있다. 하지만 예수께서는 순전한 말씀을 통해서도 사람들을 회심시킨 예가 허다하다. 사마리아 여인의 경우가 그랬고, 니고데모의 경우가 그렇다. 따라서 우리는 능력대결을 통해 전도를 할 때마다 과연 죄에 대한 참된 회개를 통한 회심이 있었는가에 대해 면밀히 검토하지 않으면 안 된다. 많은 경우에 능력대결을 전문으로 하는 사람에게 있어서는 회심보다는 능력에 대한 악의 세력의 굴복과 즉각적으로 나타나는 치유에 더 큰 관심을 둘 가능성이 크다. 따라서 선교에 있어서 회심은 약화될 가능성이 많다.

선교에 있어서 회심의 의미가 변질되거나 약화된 이유를 규명한다는 것은 간단한 일이 아니다. 그러나 에큐메니칼 운동과, 로마 가톨릭 선교 운동과, 복음주의 선교 운동 등을 살펴보면서 중요하게 영향을 끼칠 수 있는 요소들에 대하여 보았다. 이제는 이런 상황 속에서 어떻게 하면 선교에 있어서 회심의 역할이 강화될 수 있는가에 대하여 알아보기로 하겠다.

III. 선교에 있어서 회심의 중요성을 재인식시키기 위한 방안 모색

1. 성서적 선교신학의 재정립

선교에 있어서 회심이 약화된 이유를 분석해 볼 때 놀라게 되는 사실은 대부분의 경우 선교신학의 방향이 문제의 근원이 된다는 점이다. 선교신학이 성서적 교리 위에 세워지지 않았을 때 오는 폐단은 실로 가공할만하다. 결국 1960년대 이후 선교신학이 성서적인 데서 벗어나기 시작한 것은 우리가 피상적으로 생각했던 것보다 더 많은 피해를 선교와 회심에 대해 끼쳤다. 롬만 박사는 이를 "비신학화된 선교신학"(De-Theologizing Missiology)이라고 불렀다.56) 이제 선교학은 제 위치로 돌아와야 한다. 이는 성서에 나타난 기본 교리의 틀(Axiom)57)에서 벗어나지 말아야 됨을 의미한다. 이 기본적인 교리들은 성서의 무흠무오설, 영혼의 회개를 통한 회심과 구원, 그리스도의 유일성, 교회의 선교적 사명, 재림, 성령론 등이다.58) 그 밖의 이슈들에 대해서도 성서에서 그 기본적인 대답을 찾아야 된다.59) 가령, 타종교를 통한 구원의 가능성이라든지, "대화"에 대한 개념 정립 및 "총체적 전도"와, 사회 참여 등에 대하여 성서에 나타난 계시대로 이행해야 된다. 이럴 경우 자연히 선교의 목표는 영혼구원을 통한 교회 개척과 이로 말미암는 하나님의 왕국 확장이 될 것이다. 선교가 이렇게 될 때에 "회심"도 그 원래의 의미를 되찾게 될 것이다.

예수께서는 누가복음 24장 46절부터 47절에서 두 가지 사실을 강조하셨다. 먼저는 예수께서 구속 사업을 십자가와 부활 사건을 통해 완성하신 점이다. 그 다음에는 이 복음의 메시지가 "예루살렘에서부터 시작하여 모든 족속에게 전파되어야 함"에 대해 말씀하셨다. 복음과 복음이 예루살렘으로부터 각 족속에게 전파되는 것은 둘이 아니요 하나이다. 사실 이 둘은 합하여 하나, 곧 "선교"가 된다는 사실이 예수님의 선교관이시기도하다. 이 선교에 대해서는 구약 전체에 기록되었다고 예수께서 말씀하셨다.60) 따라서 구약 전체의 선교관이기도 하다. 구약과 신약에 나타난 선교 내지는 선교의 핵심이 이것이라면 "회심"은 선교에 있어서 빼놓을 수 없는 요소(Agenda)가 된다.61) 우리는 선교신학에 있어서 이 사실을 양보해서도 안 되고, 잃었던 부분까지 되찾아야 된다.

2. 교회와 선교 단체의 역할 정립

원래 선교는 그 근원을 따지자면 삼위일체 하나님까지 거슬러 올라간다. 따라서 성서적으로 "하나님의 선교"이지 교회의 선교가 아니다. 하지만 주님께서 지상명령을 주셨을 때 교회에게 커다란 위임을 하신 것이다.[62] 교회가 선교를 이 세상에서 주도하도록 위임을 받은 것이다. 이는 호켄다익이 주창하는 하나님(왕국)으로부터 세상으로 직접 가는 공식이 아니다. 따라서 교회는 당연히 성서적인 선교가 이루어지도록 지도력을 발휘하고, 감독할 의무와 권한이 있다. 때에 따라서 교회는 이 권한의 일부를 선교 단체에 위임할 수 있다. 이 경우 교회의 감독하에 선교 단체도 선교사역을 교회와 함께 감독해야 한다. 첫째는 성서적 선교가 이행되도록 감독해야 한다. 이는 "회심"이 선교 현장에서 제위치를 차지하는 것을 의미한다. 이말은 총체적 선교를 할 수 없거나, 전문인 선교사가 전문직을 통해서 선교를 해서는 안 된다는 의미가 아니다. 총체적 선교를 하되, 그 핵심 목표는 회심이어야 한다. 전문인 선교사가 전문직을 통해 선교하되 그 궁극적인 목표는 "회심"을 통한 구원이어야 한다. 성경에서는 분명히 영혼 구원의 우위성에 대해서 언급하고 있다.[63]

둘째로, 선교 전략면에 대해 감독해야 한다. 최근에 들어서 세계가 다양해지므로 응당 선교 전략도 다양하게 적용되어야 한다. 전문인을 통한 직업 선교, 개발 사업, 비거주 선교사 활용, 미전도 종족 개념 적용, 단기 선교, 교회성장학적 접근, TEE, 성경 번역, 교회 대 현지 접촉, 평신도 활용 등 수없이 많은 방법들을 고전적인 장기 정규 선교사 개념 이외도 활용할 수 있어야 한다. 하지만 교회나 선교 단체는 선교의 핵심인 "회심"없이 선교 활동 그 자체를 선교로 알고 만족해서는 안 된다. 오히려 선교를 감독하고 시정하여 성서적인 선교가 일어나도록 최선을 다해야 한다. 선교는 여론에 따라서 하는 것이 아니라, 지상명령과 성서가 지시하는 방법에 따라서 해야 된다. 종종 현지의 필요에 따라서 하는 인도주의적인 사업들이 있다. 이런 것이 한 선교 단체의 사역과, 중간 목표가 될 수는 있다. 그러나 그것이 교회가 지향하고, 전 선교 사역이 지향하는 주목표가 되어서는 안 된다. 오히려 영혼 구원(회심)과 교회 개척과 이에 따른 하나님의 왕국의 현실화가 주목표가 되어야 한다. 남침례선교부가 몇 년 전 전 선교사들에게 그들이 갖고 있는 직책을 불문하고 모두가 "전도"(회심) 사역에 직접 참여하도록 대강령을 내렸다. 이는 성서적 선교를 선교사들로 하게 한 좋은 예이다.64)

셋째로, 교회와 선교단체는 선교사 자신이 "회심"의 경험이 있고, 이에 대한 분명한 신학적 이해를 갖고 있는가 확인하지 않으면 안 된다. 또 교회가 회심을 위한 사역을 하여 그 모델을 제시해야 한다. 회심한 사람이 제자훈련을 받아서 그 삶이 혁혁하게 변화하는 모습을 보고 자라야 한다. 아마도 선교사들이 선교지에 가서 "회심"에 대하여 등한시하고 프로젝트에 연연해하는 가장 큰 이유가 바로 여기에 있다고 볼 수 있다. 본인이 교회와 신앙 생활 중 이에 대한 경험이 부족하고, 모델을 보지 못했기 때문이다. 교회와 선교 단체는(위임받은 범위 내에서) 성서적인 선교를 선교사들이 하게 하는데 열쇠를 가졌다. 하루 속히 교역자들과 선교 단체의 책임자들이 이 사실을 알고 자신의 의무를 다하고 권리를 행사해야 "회심"의 꽃이 선교지에서 다시 적극적으로 피게 될 것이다.

3. 선교사 준비의 강화

주후 1989년 세계복음주의 협의회 선교위원회(WEF/MC)는 마닐라에서 선교 훈련에 관한 대회를 가졌다. 이후 선교 훈련에 대한 각성이 2/3 세계 선교 운동권 가운데 일어났다. 그 여파가 서구 세계로 향해져서 이제는 서구권에서도 선교 훈련의 중요성에 대한 재각성이 일어나고 있다. 선교 훈련을 통해 교회와 선교 단체는 선교사가 올바른 선교신학을 정립할 수 있도록 도울 수 있다. 수없는 프로젝트를 통해 손쉽게 사람들을 돈으로 사는 것은 이미 19세기에 네비우스 등에 의해 심판을 받은 선교 방법이라는 사실도 가르칠 수 있다.65) 외형보다 "회심"을 통해 사람이 변화되어야 지도자도 나와 참된 교회가 개척될 수 있음을 가르칠 수 있다. 무엇보다도 손쉽게 숫자를 모아서 본국에 보고하는 것에만 급급해 하는 선교사가 되지 않고 진정으로 영혼들을 사랑하여 그들을 위해 복음을 전하기 원하는 사람으로 그 의식을 개조시키지 않는다면 그 훈련도 제 구실을 다하지 못한 것으로 보아야 마땅하다.

참된 회심이 없으면 한 문화를 기독교 문화로 변화시키는 것도 요원한 일이다. 교회 역사가 스티븐 닐(Neil)은 2000년의 기독교 역사상 오직 두 번만 기독교와 문화가 접합되었는데, 어거스틴 때와 15세기 단테의 시기가 바로 그 때였다고 말한다.66) 나머지 기간은 단지 문화적 기독교(Culture Christianity)가 득세하였을 뿐이라고 주장한다. 뿐만 아니라 회심을 통한 내적인 변화가 없이는 참된 문화와의 접합(integration)도 불가능하다고 그는 주장했다. 참된 회심이 없으면 선교조차도 오랫동안 지탱할 수 없다. 따라서 "에큐메니칼 운동권 내에는 선교가 거의 전무하다"라는 평가가 나오고 있다.67)

회심을 중시하지 않는 선교의 종말은 에큐메니칼 진영이나, 로마 가톨릭교 선교 운동이나, 복음주의 선교 운동권에 동일한 결과를 초래할 것이다. 즉 "다른 사람에게 믿음에 대하여 전파하는 일을 등한시하는 어떤 단체이든지 간에 사멸의 길로 내려가게 될 뿐이다".68) 한국 교회와 선교 단체와 선교사는 물론 세계 교회가 이제 다시 한

번 성서적인 선교신학과 선교 방법과 선교 전략으로 돌아와서 주께
서 우리에게 주신 지상명령을 이행하되 성령께서 주도하시는 개인
적인 회심과 집단 회심을 통해 주님의 참 제자들을 각 족속과 각 나
라 중에서 삼을 수 있다면 주님께서 의도하신 선교의 궤도로 재돌
입하는 결과가 될 것이다.

주 (註)

1) David Bosch, *Witness to the World* (Atlanta: John Knox, 1980), 178-80.

2) Donald McGavran, "The Conciliar Theology of Mission," in *Contemporary Theologies of Mission* eds. Authur F. Glasser & Donald A. McGavran (Grand Rapids: Baker, 1983), 69.

3) 사도행전 2:38-47. 그 생활이 현저하게 변화된 모습을 묘사하고 있는데, 이는 회심을 전제로 하고 있음을 알 수 있다.

4) 사도행전 3:1-4:12

5) 사도행전 7:54-8:1; 22:20.

6) 사도행전 8:26-40.

7) 사도행전 20:21.

8) 사도행전 26:28-29.

9) 데이비드 보쉬는 그의 마지막 대 저서 *Transformation of Mission.* (Maryknoll: Orbis, 1991) 에서 선교신학이 패러다임의 변환을 통해 상황에 따라 달라지는 것으로 묘사했는데, 성서적 선교는 점진적으로 발전하는 개념이 아니다. Donald McGavran, "New Mission: A Systematic Reinterpretation of the Concept of Mission" in *Contemporary Theologies*, 47-48. 양태는 교파와 단체에 따라서 다소 다르나, 회심은 선교의 그 핵심 교리였다.

10) Herbert Kane, 생명말씀사 刊. 1981년 한국책 펴냄, 123.

11) R. E. Hedlund, *Roots of the Great Debate in Mission.* (Madras: Evangelical Literature Service, 1981), 55-6. 이 보고서는 타종교에 대해 호의적이며 회심에 대해서는 배타적이었다.

12) Ibid. 65. 크래머는 다음과 같이 주장했다: "가장 숭고하고 훌륭한 종교라 할지라도 회심과 중생이 필요하다. 그 이유는 이들이 하나님과 그리스도안에서 주시는 선물인 '속죄'에 대해 무지하기 때문이다."

13) Arthur Johnston, *The Battle for World Evangelism* (Wheaton: Tyndale, 1978), 64.

14) Ibid., 70.

15) Bosch, *Witness*, 167-70. 보쉬는 이 당시 사회적 봉사를 강조하는 것이 정도에 지나쳐서 복음전파를 격하시키는 데까지 가지 않았다고 주장하고 있다.

16) Hedlund, *Roots*, 77.

17) Bosch, *Witness*. 176-78, Hedlund, *Roots*. 82-3.

18) Ibid., 178-81.

19) Ibid., 180. *Gospel, Church, & Kingdom: Comparative Studies in World Mission Theology* (Minneaplois: Augsburg. 1987), 98. *Missio Dei*의 원래 개념은 매우 성서적이고, 하나님의 사랑과 그리스도의 구속과 성령의 역사로 하나님과 화목되는 것을 의미했다.

20) Chris Wright, *What's So Unique About Jesus?* (Eastbourne: MARC, 1990), 33-4

21) Ibid., 41.

22) Paul F. Knitter, *No other Name?: A Critical Survey of Christian Attitudes Toward the World Religion* (MaryKnoll: Orbis, 1986).

23) Ibid., 171-72.

24) Lesslie Neobigin,"Religious Pluralism and the Uniqueness of Jesus Christ," in *International Bulletin of Missionary Research* (1989년 4월), 51(이후로는 *IBMR*로 칭함).

25) Gavin D'Costa, "the New Missionary: John Hick and Religious Pluality" in *IBMR* (1991년 4월), 66-9.

26) John R. W. Stott, *Christian Mission in the Modern World* (Downers Grove: InterVarsity Press. 1975), 65-6, Johnston, *Battle*, 148, 231, Kim-Sai Tan, *The Great Digession* (Malaysia Bible Seminary. 1981), 64.

27) Bosch, *Witness*, 188.

28) Eugene L. Stockwell, "Mission as Seen from Geneva: a conversation with Eugene L. Stockwell," in *IBMR* (1987년 7월), 116.

29) Hedlund, *Roots*, 113.

30) 부르스 니콜스, 『상황화: 복음과 문화의 신학』 (서울: 생명의 말씀사, 1992), 29.

31) Arthur F. Glasser, "Liberation Theology Bursts on the Scene," in *Contemporary Theologies*, 165.

32) Ibid., 159.

33) Donald McGavran, "The Current Conciliar Theologies of Mission," in *Contemporary Theologies*, 68.

34) McGavran, "New Mission," 49-57.

35) Emilio A. Nunezc, *Liberation Theology* (Chicago: Moody, 1985), 203-45.

36) W. Richey Hogg, "Vatican Ⅱ's Ad Gentes: A Twenty-year Retrospective," in *IBMR* (1985년 10월), 146.

37) Donald McGavran, "Official Roman Catholic Theology of Mission," in *Contemporary Theologies*, 185, 189-90.

38) Harvie M. Conn, *The Missionary Encounter with World Religion*. 강의안 (Grand Rapids: Institute of Theological Studies) 편 중에서 인용함. Hogg "Vatican Ⅱ's" 147-52. 여기에서도 바티칸 재차 공회 이후의 선교를 설명하고 있다.

39) John Paul Ⅱ, Encyclical Letter "Redemtoris Missio: On the Permanent Validity of the Church's Missionary Mandate (Excerpts)," in *IBMR* (1991년 4월), 50-52

40) Johnston, *The Battle*, 181.

41) Ibid., 359. 존스톤은 로잔 언약이 전도에 대한 개인적인 책임 한계를 교회의 그룹으로 옮기므로 책임 한계가 불분명해졌고, 신약 시대의 전도의 단순성이 교회성장의 사회학적 방법을 채택함으로써 퇴색되었다고 주장하고 있다.

42) Ibid., 301-302.

43) David Hesselgrave, "Holes in Holistic Mission," in *Trinity World Forum* (1990년. 봄), 2-6.

44) Hedlund, *Roots*, 115. 맥가브란은 웁살라를 위한 Church Growth Bulletin에서 "Will Uppsala betray the two billion?"이라는 질문을 했다.

45) Tim Stafford, "The Father of Church Groth," in *Christianity Today*. 1986년 2월호, 19.

46) Donald McGavran, *Understanding Church Growth* (Grand Rapids: William B. Erdmans, 1970), 31-48. 83ff. 107ff. 215. 230 등 등. 맥가브란의 교회성장학에 대한 기본 개념은 Stafford의 "The Father of Church Growth" 기사 중에 가장 잘 요약되었다. 21-23.

47) Robert L. Ramseyer, "Anthropological Perspectives on Church Growth Theory," in *The Challenge of Church Growth: A Symposium*, Wilbert R. Shenk, editor, 68-9. 람세이어는 교회성장 운동이 성서적인 회심을 격하시키고, 단순히 한 종교로부터 또 다른 종교로 옮기는 것과 같은 데서 그칠 수가 있다고 했다. 비슷한 위험성에 대해 존 요더 (John H. Yoder)도 그의 기사에서 언급했다. 그는 이것이 "제자화"와 "완전화"를 구분한 결과로 보고 있다. "Church Growth Issues in Theological Perspective," in *The Challenge*, 34.

48) Ramseyer, "Anthropological Perspective," 73.

49) Edward Rommen, "Missiology's Place in the Academy" in *Trinity World Forum* (1992년 봄), 3.

50) Alan Tippet, *Introduction to Missiology* (Pasadena : Wm. Carey, 1987), 24-25.

51) Edward Rommen, "The De-Theologizing of Missiology" in *Trinity World Forum* (1993년 가을), 3.

52) Ibid., 4.

53) 이태웅, "능력대결 운동의 선교학적 의의", 『선교연구』 (1993년 11월). 이 부분은 선교 연구지에 실린 본인의 글을 요약한 것임.

54) 이런 일련의 운동에 대하여 존 웰리스(John Wallis)는 왕국신학 (Kingdom Theology)이라고 명명했다. 왕국신학은 잘 쓰여지지 않고, "능력대결"과 "능력전도"와 "이적과 기사" 등의 이름으로 더 잘 알려졌다.

55) Gailyngan Van Rheenen, *Communicating Christ in Animistic Context* (Grand Rapids: Baker, 1991), 131-2.

56) *TWF*, 1993 가을호.

57) McGavran, "Contemporary Evangelical Theology of Mission," in *Contemporary Theologies*, 101.

58) Ibid., 101-106.

59) Ibid., 108-10.

60) 누가는 등위접속사(και)로 연결된 46절과 47절 내용을 복수로 보지않고 단수 대명사로 받아서 기록했다. "Ουτως γεγραπται…" 이로 보건대 누가도 복음과 복음전파를 따로 떼어서 보지 않고 "선교"라는 한 덩어리로 본 것이라고 믿어진다.

61) 신약의 핵심은 예수님이시다. 따라서 예수님의 선교관은 신약의 선교관이기도 하다.

62) 마태복음 28:18-20.

63) McGavran, "Contemporary Evangelical Theology of Mission," in *Contemporary Theologies*, 111. 마가복음 8:36; 9:43-48.

64) 1992년 미국 남침례교 연례보고서에서는 이를 "Bold Mission Thrust, 1976-2000"이라고 명명했으며, 교회의 배가 운동과 더불어 각종 전도에 대해 강조했다.

65) 전호진, 『한국교회선교: 과거의 유산, 미래의 방향』 (서울: 성광문화사, 1993), 172.

66) Wilbert R. Shenk, "Encounter with 'Culture 'Christianity", in *IBMR* (1994년 1월), 8.

67) Lesslie Newbigin, "Ecumenical Amnesia", in *IBMR* (1994년

1월), 4.

68) Ibid., 5.

도서출판 세 복의 발간 도서

QT를 위한 묵상집

기적을 만드는 사람들
워렌 위어스비 지음 / 구교환 옮김 / 신국판 / 초판 1쇄 / 182쪽 / 6,000원
사도로 변화된 베드로의 이야기를 통해 현대의 그리스도인들이 하나님의 기적을 만들며 살아
가도록 도전하는 책.

날마다 솟는 샘
존 T. 시먼즈 지음 / 이영기 옮김 / 크라운판 (양장본) / 초판 1쇄 / 378쪽 / 12,000원
사복음서에 나타난 예수님의 삶과 가르침을 통하여 일년 동안 큐티를 위한 매일의 영적 양식
으로, 독자의 영적 삶을 풍성하게 해주는 책.

너희는 나를 누구라 하느냐?
존 T. 시먼즈 지음 / 홍성철 옮김 / 신국판 / 초판 1쇄 / 198쪽 / 6,500원
예수님의 인격과 비유와 기적을 통해 "너희는 나를 누구라 하느냐?"에 대한 질문을 신학적으로
나 신앙적으로 명쾌하게 제시한 책.

십자가 앞에서
리차드 바우크햄, 트레보 하트 지음 / 김동욱 옮김 / 신국판 / 초판 1쇄 / 156쪽 / 5,000원
십자가 앞에 서 있던 열한 명의 삶의 관점에서 십자가를 묵상하므로 우리의 삶을 깊이 있게
변화시켜 줄 것을 기대할 수 있는 책.

하나님의 임재를 연습하라
로렌스 형제 지음 / 스티브 트락셀 편집 / 류명욱 옮김 / 신국판 / 초판 2쇄 / 172쪽 / 6,500원
일상생활 속에서 하나님을 사랑하라는 명령을 실천하는 것이 무엇인가를 보여 주어 하나님의
임재 안에서 사는 법을 훈련할 수 있는 명저.

새신자 및 초신자에게 추천할 책

나는 어떻게 예수님을 만났는가?
홍성철 편집 / 신국판 / 초판 1쇄, 개정판 10쇄 / 332 / 8,000원
각계 각층에서 그리스도의 향기를 진하게 풍기고 있는 21명의 신앙 고백으로, 새신자 및 전도
용 선물로 최적인 책.

당신의 생애도 변화될 수 있다
알란 워커 지음 / 홍성철 옮김 / 신국판 / 초판 2쇄 / 104쪽 / 4,000원
삶의 목적과 변화를 원하는 모든 현대인들에게 예수 그리스도가 제공하는 구원의 은혜로 변화
된 생애를 살 수 있도록 도전하고 길잡이 역할을 할 명저.

첫 걸음부터 주님과 함께
션 던 지음 / 전현주 옮김 / 신국판 / 초판 3쇄 / 115쪽 / 3,500원
반복되는 일시적인 결단의 공허함을 극복할 수 있는 원리를 제시하며, 그 원리를 삶에 적용할
때 믿음의 진보와 주님과 하나 되는 매일의 삶으로 인도하는 책.

참된 믿음을 가지려면

존 슈와츠 지음 / 전현주 옮김 / 신국판 / 초판 1쇄 / 148쪽 / 5,000원

성경 개관, 기독교 역사 이해, 기독교 특성 이해, 그리스도인의 성장 방법 등을 설명하는 기독교의 기본 안내서.

전도 및 선교를 위한 안내서

서로 사랑하자 성경적 복음전도의 모형

진 게츠 지음 / 허도균 옮김 / 신국판 / 초판 2쇄 / 228쪽 / 7,000원

사랑의 동기로 시작하는 복음전도에서 그리스도인들이 사랑으로 하나 됨을 통해 사람들을 그리스도께로 인도할 구체적인 방법을 안내하는 베스트셀러 작가 진 게츠의 명저.

주님의 지상명령 성경적 의미와 적용

홍성철 지음 / 신국판 / 초판 2쇄 / 218쪽 / 7,000원

주님의 지상명령이 함축하고 있는 의미를 깊이 조명하여 그리스도인들로 하여금 그 명령에 보다 확실히 순종할 수 있게 할 저자가 심혈을 기울인 책.

타문화권 복음 전달의 원리와 적용

존 T. 시먼즈 지음 / 홍성철 옮김 / 신국판 / 초판 3쇄, 2판 2쇄 / 342쪽 / 8,000원

복음과 타종교와의 관계 및 복음 전달의 원리와 방법을 깊게 다루어 복음 전달의 이론적 인도자가 되는 명저.

현대인을 위한 복음전도의 성경적 모델

홍성철 지음 / 신국판 / 초판 2쇄 / 322쪽 / 11,000원

복음적인 안목으로 성경에 접근하고자 하는 그리스도인과 복음전도 지향적인 설교를 준비하는 사역자를 위해 길잡이 역할을 할 명저.

회심 거듭남의 의미와 적용

홍성철 편집 / 신국판 / 초판 2쇄, 개정판 3쇄 / 232쪽 / 7,000원

기독교에서 가장 핵심적 교리인 "회심"의 문제를 신학적, 경험적, 적용적으로 이 분야의 권위자들이 다룬 9편의 글.

강해설교집

고난 중에도 기뻐하라 (빌립보서 강해설교)

홍성철 지음 / 신국판 / 초판 2쇄 / 506쪽 / 10,000원

고난 중에도 기뻐할 수 있는 사도 바울의 비결을 성경적으로 파헤치고, 목회적으로 제시한 41편의 강해설교집.

눈물로 빚어 낸 기쁨 (룻기 강해)

홍성철 지음 / 신국판 / 초판 1쇄 / 182쪽 / 6,000원

룻기에 담겨진 아름다운 이야기를 새로운 각도로 접근하여 전개한 강해집.

시편 강해 (I-IV)

강선영 지음 / 신국판 (양장본) / 초판 1쇄 / 550쪽 / 권당 15,000원

저자가 4년여 동안 시편 전체를 연구하며 설교한 것을 정리하여 펴낸 강해설교집.

심령의 호소를 들으시는 하나님 (시편 강해 1-23편)
이태웅 지음 / 신국판 / 초판 1쇄 / 304쪽 / 7,500원
시편을 기록한 지 수천 년이 지났으나, 시편 기자들이 경험한 변함없는 하나님의 실재와 냉엄한
현실 사이에서 의에 주리고 목말라하는 사람에게 한 모금의 냉수와 같은 책.

알기 쉬운 히브리서 (히브리서 강해)
네일 라이트푸트 지음 / 홍성철 옮김 / 신국판 / 초판 1쇄 / 244쪽 / 7,500원
대제사장이요 단번에 드려진 속죄물이신 예수 그리스도를 소개하여 모든 그리스도인들의 신
앙을 깊게 하며 예수 그리스도를 깊이 만나게 하는 명저.

요한복음 강해 (I-IV)
강선영 지음 / 신국판 (양장본) / 초판 1쇄 / 590쪽 / 권당 12,000원
저자가 6년여 동안 요한복음을 연구하며 설교한 것을 정리하여 펴낸 강해설교집.

우리에게 일용할 양식을 주소서 (주기도문 강해설교)
홍성철 지음 / 신국판 / 초판 2쇄 / 228쪽 / 6,000원
주기도문에 나타난 하나님의 영광과 우리의 필요를 깊이 조명시켜 주는 강해설교집.

하나님의 사람들 　마태복음 1장 1절 강해설교
홍성철 지음 / 신국판 / 초판 1쇄 / 272쪽 / 9,000원
14회에 걸친 강해설교로, 아브라함, 다윗, 예수 그리스도의 비천에서 존귀로의 삶을 통해 21세
기를 살아가는 그리스도인들에게 실제적인 교훈과 열정을 회복시키는 메시지.

교역자 및 지도자에게 추천할 책

가정교회 　21세기 목회의 새로운 대안
박승로 지음 / 신국판 / 초판 1쇄 / 214쪽 / 7,500원
교회 성장을 위하여 소그룹의 특성을 살리며 살아 있는 교회의 세포인 "교회 안의 작은 교회"
의 가정교회의 사례 연구와 교회 갱신의 전략으로서 구체적인 방향을 제시한 책.

목회자의 자기 관리
로이 오스왈드 지음 / 김종환 옮김 / 신국판 / 초판 2쇄 / 276쪽 / 7,000원
자기 관리에 게으르거나 무관심한 그리스도인이 어떻게 자기 관리를 해야 하는지 구체적으로
제시하는 책.

복음주의 실천신학개론
복음주의 실천신학회 편 / 신국판(양장본) / 초판 4쇄 / 430쪽 / 15,000원
한국 교회의 목회자와 그리스도인들에게 신학의 복음주의적인 안목을 갖게 함으로 목회 현장
을 더욱 풍요롭게 하는 지침서.

불타는 전도자 존 웨슬리
홍성철 지음 / 신국판 (양장본) / 초판 5쇄 / 346쪽 / 12,000원
존 웨슬리가 어떻게 불타는 전도자가 될 수 있었는지를 제시하여, 현대 그리스도인들도 불타는
전도자가 되도록 인도해 주는 책.

성령 안에서 설교하라

데니스 F. 킨로 지음 / 홍성철 옮김 / 신국판 / 초판 3쇄 / 176쪽 / 4,500원

방법과 기교를 강조하는 현대 설교에서 성령의 임재를 회복할 수 있는 설교의 원리와 방법을 분명하게 제시하는 책.

영혼을 돌보는 목자

캐롤 와이즈, 존 힝클 지음 / 이기승 옮김 / 신국판 / 초판 1쇄 / 248쪽 / 6,500원

잠재력이 있는 영혼들을 돌보는 사역을 감당하고자 하는 목사, 전도사, 평신도 지도자, 구역장 등에게 안내자 역할을 하는 책.

웨슬리안 조직신학

오톤 와일리, 폴 칼벗슨 지음 / 전성용 옮김 / 신국판 / 초판 2쇄 / 572쪽 / 15,000원

신학의 기초 과정을 위한 교과서일 뿐만 아니라, 평신도들이 사용할 수 있도록 간략하면서도 체계를 갖춘 기독교 교리를 제시한 신학의 고전.

이렇게 예수 그리스도의 제자가 되자

홍성철 지음 / 신국판 / 초판 2쇄 / 238쪽 / 7,000원

예수 그리스도께서 모범적으로 이루신 제자 훈련의 방법과 원리가 무엇인지에 대한 해답을 성경적으로 명쾌하게 제시한 책.

존 웨슬리 그의 생애와 신학

로버트 G. 터틀 2세 지음 / 김석천 옮김 / 신국판 / 초판 1쇄 / 480쪽 / 13,000원

하나님께 전적으로 헌신하며 살았던 존 웨슬리의 이야기를 통해 독자를 예수 그리스도의 충만한 믿음으로 인도하는 책.

항상 은혜가 먼저입니다

류종길 지음 / 신국판 / 초판 1쇄 / 365쪽 / 9,000원

저자가 일생을 목회에 헌신하고 목사 안수 30주년 기념으로 그의 사역을 회상하며 하나님의 은혜를 고백한 책으로, 설교집, 칼럼 및 목회 서신 등이 수록되어 있으며, 저자의 헌신, 희생, 비전, 지혜를 엿볼 수 있는 책.

평신도에게 추천할 책

그리스도의 마음

데니스 킨로 지음 / 홍성철 옮김 / 신국판 / 초판 1쇄 / 188쪽 / 6,000원

성령이 믿는 자에게 주시는 "그리스도의 마음"이 의미하는 바가 무엇인지 잘 설명해 주는 명저.

당신의 인생을 다시 시작하라

데일 겔러웨이 지음 / 류선욱 옮김 / 신국판 / 초판 1쇄 / 202쪽 / 6,500원

인생에서 위기를 당하거나 상처를 입었을 때 어떻게 극복할 수 있는지 저자의 경험을 통해 새롭게 다시 시작할 수 있는 길을 감동적으로 조명해 주는 책.

도움의 기술 상처받은 사람에게 무엇을 말하고 행할 것인가

로렌 리타우어 브릭스 지음 / 이영기 옮김 / 신국판 / 초판 1쇄 / 392쪽 / 12,000원

우리의 도움을 필요로 하는 상처받은 사람들에게 우리가 의미 있는 격려를 할 수 있는 상식적이면서도 민감한 방법들을 제시해 주는 필독서.

마음의 숨겨진 상처를 치유하시는 예수님 성령님과 치유 사역
브래드 롱, 신디 스트릭클러 지음 / 전현주 옮김 / 신국판 / 초판 1쇄 / 318쪽 / 11,000원
독특하고 실제적인 방식으로 전인적이고 균형 있는 영적인 치료법을 다룬 상담과 치유 사역을
위한 필독서.

상처난 아버지와의 관계 회복
제임스 L. 쉘러 지음 / 이기승 옮김 / 신국판 / 초판 2쇄 / 272쪽 / 8,000원
인생의 풀리지 않는 아버지와의 문제들이 무엇이며 그것을 어떻게 다루어야 할지, 더 나아가
하나님 아버지께로 인도하는 책.

성결의 아름다움
베인즈 에트킨슨 지음 / 홍성국 옮김 / 신국판 / 초판 1쇄 / 184쪽 / 5,500원
성결이라는 성경적 진리의 핵심에 직면하여 마음의 감동과 함께 성결하게 되는 것을 체험하도
록 인도해 주는 책.

성령과 동행하라
스티븐 하퍼 지음 / 홍성철 옮김 / 신국판 / 초판 3쇄 / 224쪽 / 5,500원
기독교 영성이 무엇이며, 또 어떻게 그 영성을 체험하고 유지할 수 있는지에 대한 좋은 안내자
가 되는 책.

성령님, 나를 변화시켜 주세요 그리고 사용하여 주세요
커리 매비스 지음 / 홍성철 옮김 / 신국판 / 초판 1쇄 / 180쪽 / 5,500원
분노와 죄의식 등 감정의 문제들이 어떻게 성령의 역사로 변화되어 성장할 수 있고, 주님께
쓰임받을 수 있는가를 제시하는 책.

성령의 충만을 받으라
존 T. 시먼즈 지음 / 홍성철 옮김 / 신국판 / 재판 4쇄 / 152쪽 / 4,000원
성령의 충만과 능력을 갈구하는 모든 그리스도인에게 그 방법을 단계적으로 제시한 책.

잃어버린 퍼스낼리티를 찾아서
최병전 지음 / 신국판 / 초판 1쇄, 개정판 1쇄 / 206쪽 / 5,000원
구원은 받았지만 인격의 상처는 개인과 가정과 교회와 사회에 문제를 일으키는 것을 진단하고
해결의 실마리를 제시하는 책.

자살을 애도하며
알버트 쉬 지음 / 전현주 옮김 / 신국판 / 초판 1쇄 / 262쪽 / 7,000원
사랑하는 사람이 자살한 후 남겨진 자살 생존자들을 돕는 안내서이며, 자살을 예방할 수 있도
록 돕는 책.

절망과 소망 사이에서 어떻게 육체의 질병을 이길 수 있는가
알 B. 와이어 지음 / 박현주 옮김 / 신국판 / 초판 1쇄 / 280쪽 / 9,500원
육체의 질병에 대해 심각한 진단을 받을 때, 어떻게 대처하고, 어떠한 선택을 하고, 어떻게 하
나님과 함께 동행하며 승리하는가를 보여 주는 책.

주님, 나를 변화시켜 주세요
에벌린 크리스튼슨 지음 / 이혜숙 옮김 / 신국판 / 초판 1쇄 / 280쪽 / 9,500원
하나님이 어떻게 사람들을 변화시키시는지를 놀랍게 경험한 저자는 변화를 이루시는 분이 하나님
이심을 확신하게 하며, 실제적이고 획기적으로 변화되는 길을 안내해 주는 명저.

최후의 승리
어네스트 젠타일 지음 / 이혜숙 옮김 / 신국판 (양장본) / 초판 1쇄 / 398쪽 / 15,000원
예수님의 영광스러운 재림이 어떠할 것인지를 알려 주고, 영적으로 깨어서 기쁨으로 준비할
수 있게 할 역작.

현대인을 위한 존 웨슬리의 메시지
스티븐 하퍼 지음 / 김석천 옮김 / 신국판 / 초판 2쇄 / 168쪽 / 5,000원
존 웨슬리의 메시지를 현대인을 위해 재해석한 책으로, 현대의 그리스도인들에게 빛과 방향을
제시해 주는 책.

그룹 교재로 활용할 수 있는 책

그리스도인의 문제들 어떻게 극복할 것인가?
맥시 더남 지음 / 하도균 옮김 / 신국판 / 초판 1쇄 / 264쪽 / 7,000원
그리스도인이 매일의 삶 속에 당면하는 문제들을 어떻게 대처하고 극복해 나갈 수 있는지 안
내하는 책.

성령의 열매와 생활
맥시 더남, 킴벌리 더남 레이스먼 지음 / 박재승 옮김 / 신국판 / 초판 1쇄 / 270쪽 / 7,000원
그리스도인의 믿음을 강화시켜 줄 재료로 일곱 가지 기본 덕목을 제시하며, 하나님이 창조하신
대로 선한 자가 되어, 독자를 성령의 열매를 맺는 생활로 안내하는 책.

영적 훈련
맥시 더남 지음 / 이연승 옮김 / 신국판 / 초판 1쇄 / 230쪽 / 7,000원
승리하는 그리스도인의 삶을 형성하기 위한 훈련 과정의 워크북으로, 개인적인 묵상뿐만 아니
라 소그룹에서 사용할 수 있는 훈련 교재로도 적합한 책.

예수님처럼 사랑하자
맥시 더남 지음 / 류명욱 옮김 / 신국판 / 초판 1쇄 / 202쪽 / 7,000원
사도 바울의 사랑장인 고린도전서 13장의 내용을 구체적으로 파악할 수 있고, 독자로 하여금
사랑할 수 있는 구체적인 사랑의 길로 인도하는 책.

죽음에 이르는 죄 어떻게 극복할 것인가
맥시 더남, 킴벌리 더남 레이스먼 지음 / 서대인 옮김 / 신국판 / 초판 1쇄 / 288쪽 / 7,000원
피할 수 없는 일곱 가지 죄가 우리의 삶에 어떻게 나타나며, 이러한 죄를 다루는 방법을 제시하
여 죄를 극복하게 하는 책.

중보기도
맥시 더남 지음 / 구교환 옮김 / 신국판 / 초판 1쇄 / 266쪽 / 7,000원
본서는 중보기도의 이해를 도울 뿐만 아니라, 개인이나 그룹이 중보기도를 실제로 하게 하기
위한 구체적이고 실제적인 지침서.

그리스도인들의 신앙 고백 / 전기

거룩한 삶을 산 믿음의 영웅들
웨슬리 듀웰 지음 / 홍성철 옮김 / 신국판 / 초판 1쇄 / 312쪽 / 8,000원
거듭난 후 성령으로 충만함을 받은 경험을 하고 하나님이 사용하신 믿음의 영웅들의 전기집.

나는 어떻게 예수님을 만났는가?

홍성철 편집 / 신국판 / 초판 1쇄, 개정판 10쇄 / 332쪽 / 8,000원
각계 각층에서 그리스도의 향기를 진하게 풍기고 있는 21명의 신앙 고백을 기록한 책.

사망의 골짜기를 지날지라도

볼레터 스틸 크럼리 지음 / 유정순 옮김 / 신국판 / 초판 1쇄 / 158쪽 / 4,500원
말로 다 표현할 수 없는 인간의 비극 가운데서 하나님의 평강을 발견한 저자의 믿음과 용기에
관한 능력 있는 체험적인 이야기.

수잔나 존 웨슬리의 어머니

아놀드 댈리모어 지음 / 김석천 옮김 / 신국판 / 초판 2쇄 / 230쪽 / 6,000원
존과 찰스 웨슬리의 어머니 수잔나의 경건의 모범, 자녀 교육과 양육, 고난과 어려움을 이겨
풍성한 영적 유산을 남겨 준 이야기.

위대한 그리스도인들은 어떻게 성령의 충만을 받았는가

제임스 로손 지음 / 홍성철 옮김 / 신국판 / 초판 2쇄 / 298쪽 / 7,000원
하나님의 장중에 사로잡혀 위대하게 살았던 20명의 감동적인 성령 충만의 체험담을 기록해
놓은 책.

하나님과 함께 한 스탠리 탬의 놀라운 모험

스탠리 탬 지음 / 류선욱 옮김 / 신국판 / 초판 1쇄 / 334쪽 / 8,500원
하나님의 주권을 인정할 때 얼마나 놀라운 모험을 할 수 있으며, 무엇보다도 영혼을 구원하는
일에 하나님의 동역자가 될 수 있음을 체험적으로 보여 준 책.

하나님의 회초리 능력을 위한 사랑의 매

스탠리 탬 지음 / 성미영 옮김 / 신국판 / 초판 1쇄 / 234쪽 / 6,500원
어떻게 하나님의 능력을 갖게 되고, 기도의 응답을 받으며, 매일 당면하는 문제를 초월하여
승리하고, 열매 맺는 삶을 누릴 수 있는지를 체험적으로 쓴 책.

영어권 독자에게 추천할 책

How I Met Jesus

John Sung-Chul Hong 편집 / 신국판 / 초판 1쇄 / 296쪽 / $9.99 (10,000원)
「나는 어떻게 예수님을 만났는가」의 영어판. 한국 평신도 남녀 각 5인, 한국 목사 5인 및 외국
인 5인의 신앙 고백.

기독교 고전 시리즈 (1-16권 / 문고판 / 초판 2쇄 / 권당 1,500원)

1. 왜 하나님은 무디를 사용하셨는가   R. A. 토레이 지음 / 홍성철 옮김

2. 보다 깊은 삶   로버트 머레이 맥체인 지음 / 구교환 옮김

3. 하나님의 임재를 연습하라   로렌스 형제 지음 / 이소연 옮김

4. 성결   J. C. 라일 지음 / 서대인 옮김

5. 예수님을 위하여 선하게 증거하자   존 왓슨 지음 / 이대규 옮김